马克思现代性思想及其在我国的守正创新研究

徐 平 著

新 华 出 版 社

图书在版编目（CIP）数据

马克思现代性思想及其在我国的守正创新研究 / 徐平著 .
北京：新华出版社 , 2025.3
ISBN 978-7-5166-8055-1

Ⅰ . D61

中国国家版本馆 CIP 数据核字第 2025S5L967 号

马克思现代性思想及其在我国的守正创新研究

著者：徐　平　　　　　　　　　责任编辑：张　程
出版发行：新华出版社有限责任公司
　　　　　（北京市石景山区京原路 8 号　邮编：100040）
印刷：三河市君旺印务有限公司

成品尺寸：170mm×240mm　1/16　　　印张：15.25　字数：248 千字
版次：2025 年 7 月第 1 版　　　　　　印次：2025 年 7 月第 1 次印刷
书号：ISBN 978-7-5166-8055-1　　　　定价：66.00 元

微店　　　　　　视频号小店　　　　京东旗舰店　　　　微信公众号

喜马拉雅　　　　小红书　　　　　　淘宝旗舰店　　　　企业微信

序 言

　　欣闻徐平博士的新著《马克思现代性思想及其在我国的守正创新研究》即将出版，并邀我作序，在此表示祝贺。徐平博士读博期间踏实认真，取得了较好的科研业绩，工作之后很快就成功获批了有关马克思现代性思想方面研究的教育部人文社科专项项目，这是对他从事科研工作的鼓励和鞭策，作为老师为他的每一次成长都感到由衷的高兴。

　　众所周知，人类文明正经历着百年未有之大变局，现代性作为理解当代社会变革的核心范式，不仅关乎技术与经济的进步，更涉及社会结构、文化观念以及人类生存方式的深刻变革。马克思现代性思想对现代性作出了深刻而独特的分析，为我们洞察现代社会、把握其发展规律提供了有力的理论武器。这部《马克思现代性思想及其在我国的守正创新研究》，正是在深入挖掘马克思现代性思想宝库的基础上，立足中国式现代化的伟大实践，系统梳理马克思现代性思想的发展脉络与理论内核，揭示其在当代中国守正创新的演进逻辑与伟大成就。

　　马克思生活在一个充满变革的时代，资本主义兴起带动了生产力的巨大飞跃，也引发了诸多社会矛盾问题。他敏锐地洞察到现代性的复杂性与矛盾性，将其视为一个包含进步与危机、解放与异化的历史过程。马克思对现代性的批判并非简单的否定，而是力图揭示其内在逻辑与发展规律，为人类解放与全面自由发展寻找新的路径。他从资本主义生产方式的分析出发，剖析了资本主义现代性的本质特征，指出资本的逐利性与扩张性是现代性危机的根源。同时，马克思也看到了现代性所蕴含的积极因素，如生产力的发展、社会分工的精细化及人类交往的全球化等，这些为人类的全面发展创造了物质基础与历史条件。

在现代性问题日益凸显的今天，重新审视马克思的现代性思想具有重要的理论与现实意义。马克思现代性思想不仅为我们提供一种批判性思维范式，从而超越资本主义现代性表面的繁荣与进步，深入剖析现代性背后的权力结构、利益关系和文化困境；在中国在现代化进程中所取得的巨大成就与面临的诸多挑战，也促使我们思考如何在继承马克思现代性思想的基础上，结合中国国情进行创新与发展。中国共产党在领导中国现代化建设的实践中，始终坚持以马克思主义为指导，不断探索适合中国国情的发展道路。从新中国成立初期对社会主义现代化的探索，到改革开放后对经济体制与社会结构的深刻变革，再到新时代中国特色社会主义现代化建设的全面推进，中国在现代化进程中积累了丰富的经验，也面临着诸多新的问题。如何在继承马克思现代性思想的基础上，在全面建设社会主义现代化强国的新征程中实现其在中国的守正创新，这是本书所要探讨核心问题，并给予了读者很好回答。

本书结构严谨、逻辑严密、思路清晰，从对现代性概念深入探讨入手，分析了现代性的起源、内涵与特征，为后续研究奠定了基础；追溯了马克思现代性思想的理论来源，提出马克思的现代性思想深受德国古典哲学、英国古典政治经济学以及法国空想社会主义等思想的影响；详细阐述了马克思现代性思想的发展脉络，从"自我意识"启蒙到"理性国家"追寻，从实践现代性批判到资本现代性剖析；探讨马克思对资本主义现代性批判与超越便的现代性理论主题；回顾了马克思现代性思想在中国的早期探索，阐述新中国成立以后以毛泽东为代表的中国共产党人对马克思现代性思想的理论探索与实践，以邓小平等为代表的中国共产党人在改革开放后对马克思现代性思想的继承与发展；以习近平为代表的中国共产党人立足新时代的历史方位，统筹"五位一体"总体布局，发展新质生产力，构建新型生产关系，贯彻以人民为中心的价值理念，在坚持"两个结合"中全面推进中国社会主义现代性转型，走出一条既具时代特色又具民族风格、既批判借鉴又辩证超越西方现代性的中国社会主义现代性之路。

马克思现代性思想为我们理解、审视与超越资本主义现代性提供了宝贵的理论资源。在中国社会主义现代化进程中，马克思现代性思想得到了继承发展与守正创新。本书通过对马克思现代性思想及其在中国的实践历程的系统研究，揭示了其在中国的守正创新之路与当代价值，为当代中国乃至全球的现代化进程提供有益的启示。在全面推进中国式现代化的征程上，我们应结合时代特征与国情实际，不断推进马克思现代性思想的创新发展和开拓践行，为实现中华民族伟大复兴汇聚时代力量，勇毅前行，为构建人类命运共同体贡献中国智慧与中国方案。

李明

安徽大学马克思主义学院院长、教授

2025 年 3 月于合肥

前 言

    "现代"是相对于"传统"而言关于人们在生产方式、生活样式、社会组织、文化风格、思想观念、价值体系等方面所呈现的变化与演进的状态,"现代性"则是对这一状态的样式所进行的设计、反思与批判。马克思尽管没有直接提及"现代性"概念,但在马克思思想体系中无不渗透着丰富系统的现代性思想光辉。近代以来的中国现代转型与新时代现代化建设全面推进迫切需要在马克思现代性思想原则指导下,形塑具有鲜明时代特色、制度风格与文化品格的中国现代性样式。

    现代性从产生起便伴随着对现代与传统、理想与现实、应然与实然等方面进行辩证思考与批判考证。现代化是现代性的现实化,现代性是现代化追求的目标指引,是对现代社会质态的价值批判与反思。民族国家的现代转型要立足本国实际、合理借鉴资本主义现代化有益经验,充分吸收马克思现代性思想原则基础上建构适合本国特点的现代性模式。马克思现代性思想是在批判继承前人成果的基础上形成发展起来的,马克思从"感性现实"出发,批判改造了德国古典哲学人的主体性、自由理性和市民社会思想等,通过对资本主义政治经济运行规律的分析,揭示了资本主义生产关系剥削的秘密与历史命运,提出无产阶级通过共产主义运动,建立自由人联合体才能实现人的全面而自由发展的科学结论,批判性超越了对其产生直接影响的德国古典哲学、英国古典政治经济学和英法空想社会主义思想。

    当然,马克思并非天生的马克思主义现代性思想家,最初他以黑格尔理性国家为参照去追寻意识自由与政治民主，伴随对物质利益发表意见的难题转而与费尔巴哈人本主义结缘，展开对黑格尔理性主义的清理并提出人类解放的命题，但由于费尔巴哈"强调自然过多而强调政治太少"，马克思最终在对理性主义与人本主义双重批判中确立唯物史观，从生产方式、阶级斗争与世界交往等层面揭示现代性特征、弊病与出路，尤其通过政治经济学现代性批判，论析了现代社会运行的资本逻辑基础和现代性替代方案与实现路径。

马克思现代性思想以资本主义社会为分析对象，围绕现代社会的历史生成、现代建制、社会异化、市场主义、工业化与全球化等问题进行批判剖析所构成的理论体系。对资本主义现代性的批判与超越是贯穿现代性思想的理论主题，其思想内容集中体现为：首先，生产方式是资本主义现代性生成动力根源，主导着社会整体的全过程，资本增殖逻辑与扩张本性是催生现代性的基本动力，市民社会与政治社会的分离与内在分裂构成滋生现代性问题的社会温床，全球化进程把资本主义现代性输送到世界的各个角落；其次，现代社会运行机制具有悖反性，商品作为劳动产品成为人的生活主宰，资本作为现代性悖反的内在逻辑演化为一种颠倒的主体性逻辑，充满自我增值与贬值、扩张与限制、创造与毁灭的悖反性怪诞，启蒙理性的反理性化、现代文明的反文明化、个性发展的反个性化构成现代性逻辑的外在表征；最后，资本主义现代性孕育着其内在超越的可能就在于现代生产力与生产关系的剥离，无产阶级作为先进生产力的代表，唯有通过现实的共产主义运动才能彻底超越资本主义现代性。马克思现代性思想具有个体批判的总体性、科学批判的价值性、辩证批判的实践性、原则奠基的发展性等理论特质。马克思所揭示的现代性特征依然是认识现代社会的科学方法，当前无论是展开现代社会批判还是推进中国的现代性转型与建构，都必须坚守马克思现代性思想原则，全面理解其理论特质与时空限度，科学对待并不断发展马克思现代性思想。

　　近代中国的现代转型是考察中国现代性的核心议题，近代帝国主义侵略把中国卷入世界殖民体系，中国民族资本主义在帝国主义与封建势力的夹缝中蠕蠕延展，中国现代转型必须处理好国内与国外、传统与现代、革命与改良等多重关系，"救亡""资本"与"启蒙"成为近代中国转型与建构必须面对的主题。毛泽东等中国共产党人领导了新民主主义革命胜利，建立了社会主义制度并进行社会主义现代化建设的现代性思考，开启了中国社会主义现代性转型的历史实践；邓小平、江泽民、胡锦涛等中国共产党人通过改革开放，充分发挥工具理性增值效能，坚守社会主义价值理性的方向指引，并以制度理性的优势规范价值理性、规制工具理性，初步建构了中国社会主义现代性的发展模式；以习近平为代表的中国共产党人，立足中国特色社会主义新时代历史方位，擘画了现代性转型中国梦的理想愿景，统筹推进"五位一体"总体布局协调推进"四个全面"战略布局，全面推进新时代中国现代性建构，以实现人民对美好生活需要为现代转型的价值遵循，走出一条既具时代特色又具民族风格、既批判借鉴又辩证超越西方现代性的中国社会主义现代性之路。

目 录

导 论

一、研究缘起与研究意义

（一）研究缘起

现代性是人类步入现代社会以后，在推进现代社会转型、反思社会问题的过程中，针对主体理性、工业主义、市场机制、自由个性等所进行的辩证认知与思考。当前学界对现代性思想的研究，或者主张回归康德、黑格尔等古典哲学中去追寻现代性根源，或者深入韦伯、涂尔干等思想家的理论去探求现代性理据，或者从后现代主义的解构中去体验后现代性狂欢，现代性思想史中马克思现代性思想的缺失使其失去了应有的光环。当然我们绝非否定对马克思之外现代性思想研究的必要，通过不同理论的思想对话、碰撞、交流与互鉴，更能激发理论的穿透力。但是马克思主义作为我们党的指导思想，是指引当代中国现代化建设的行动指南，中国现代性研究中马克思现代性思想的话语缺失，可能造成要么把西方现代化奉为圭臬而膜拜，要么畏惧西方现代性的代价而陷入反现代化、逆现代化的旋涡，这些都不利于全面推进中国特色社会主义现代化建设的伟大征程。以下问题是促成本文对马克思现代性思想及其中国现代性转型展开研究的重要原因。

对马克思现代性思想的研究源于其理论话语的缺失与简单的类别化处理，弱化了马克思现代性思想的效度范围。现代性始于人类自觉意识对现代社会的批判与反思精神，现代意识就是在对传统的批判与决裂中形成的，现代性批判不仅体现为对传统与权威的挑战，从其生成之日起也无不伴随着对其自身的质疑与思考，尤其随着现代化进程的深入，现代社会在历史发展中不仅创造了空前的现代文明成果，也滋生了诸如经济危机、殖民侵略、价值虚无、生态破坏等社会问题。由于现代性主要体现为一种哲学或美学术语，加上马克思本人也很少使用"现代性"的术语表达，最终导致现代性理论场域中马克思主义话语权的缺失。其实马克思生活在现代资本主义社会形成发展期，他对现代资本主义现代性的深刻洞察与批判反思成为当代现代性思想家无法绕过的门槛，马克思现代性思想必然成为现代性话语无法回避的理论主题。同时一些现代主义者根据马克思对资本生产力、现代科技和机器大工业发展的充分肯定与赞许把马克思归于现代主义颂扬者，一些后现代主义根据马克思对形而上学所进行的哲学变革以及对资本主义社会异化与资本总体控制的解构，将其归类于后现代主义阵营。当然无论是现代主义还是后现代主义对马克思现代性解读都缺乏全面辩证总体的视角。针对重重幻象，有必要从学理层面针对马克思现代性思想来源、产生与发展进行思想史梳理，还原马克思现代性思想的整体面貌。

现代性的意识形态化和马克思思想学科化解读遮蔽了马克思现代性的总体性。20 世纪五六十年代，现代性批判衍生了影响广泛的"后现代语境"，后现代立足现代之后的时空场域，从现代启蒙的批判精神出发对现代社会蕴含的思维方式、价值观念和人文风格进行批判性解构，把法西斯主义、斯大林专制主义和西方自由主义视作现代性的产儿，这种后现代话语的现代性批判逐渐转向纯粹意识形态批判。在这种理论角逐的战场，马克思现代性思想也无疑成为角斗士的一把利剑，但由于现代性批判弱化为单纯思想中的意识形态批判，马克思思想也无疑被简化为现代性的理论思潮，马克思现代性思想的阶级性遮蔽了其蕴含的实践性与科学性，马克思从生产方式、资本逻辑等方面的"现代性"分析被一种意识形态观念论置换了。同时，近年来一些学者从政治哲学、经济学、美学、法学等学科领域围绕马克思现代性思想的学科化解读就是鲜明例证，尽管这种学科化解读模式能够深化具体领域的研究深度，但也遮蔽了马克思思想的总体性。马克思思想总体性缺失不仅体现在马克思主义理论体系内部的学科化，还表现在马克思思想与其他学科领域或思潮派别的组合嫁接上，比如生态学马克思主义、弗洛伊德马克思主义、存在主义马克思主义、女权主义马克思主义等，不可否认这些思想流派产生有其现实合理性，但形式上的细化却导致实质的片面化，表面上的学科化导致其内在实质性或基础性意义的单一化。针对诸种问题，有必要立足经典文本针对马克思现代性思想进行总体性解读，领悟马克思现代性思想的精神实质。

中国现代性话语失声，中国走向现代化被等同于西方化的误解。肇始于资本主义国家的现代性虽具有发生学意义的话语先发权，"西方中心论"的价值立场却把现代性产生的先发权变成话语优先权，将西方国家的现代性经验推演成普世性的强势话语，而异于西方现代化的模式被当作另类进行排挤打压。另外，近代中国半殖民地半封建的国情强化了现代性"西方中心论"的强势话语，近代中国由传统社会被动卷入资本主义殖民体系，注定了在"理解现代性""处理现代性""利用现代性"和"建构现代性"方面成为近代中国理论与现实所面临的核心问题。19世纪五六十年代的近代中国掀起的西学东渐热潮，先后从器物—制度—文化领域效仿西方，中国现代化一定程度上等同于西方化，直至20世纪七八十年代中国改革开放之后，仍有部分学者认为中国现代化就是资方资本主义化。其实，马克思现代性批判与建构、中国传统社会的现代转型与社会主义中国的现代化建设成为理解中国现代性的核心议题，建党百余年来，以毛泽东等为代表的中国共产党人围绕中国革命、建设与改革的实践主题，坚持马克思现代性思想的阶级立场、理论原则与思想方法，逐渐走出一条符合自身特点的现代性道路，尤其伴随中国特色社会主义事业的开启和中国特色社会主义进入新时代，中国共产党人在探索自身现代化道路并在推动中国的现代转型中形成了极具民族特点和时代特色的"中国方案"。

（二）研究意义

通过深化对马克思现代性思想及其在中国发展的研究，无论是对于总体把握马克思现代性思想及其在现代性理论话语中的学术意义，还是我国在全面建成小康社会之际，全面建设社会主义现代化国家进而建设社会主义现代化强国都具有深刻的理论与现实意义。

（1）理论意义。通过对马克思现代性的思想史考察，将马克思置于现代西方社会的宏观理论视野，探究马克思对古典哲学、古典政治经济学和空想社会主义代表人物相关思想的批判性继承与创新性发展，综合反映马克思现代性思想的历史脉络、阶段性特点与整体性理论架构，透析马克思现代性思想的理论视域、思想特质与时空限度。可以提升马克思思想在现代性理论场域应有的话语权，澄清学界对马克思现代性思想的质疑以及对马克思予以片面化归类的理论暴力倾向。同时从总体上揭示马克思现代性思想的整体性意义，避免仅从某一学科、某一领域对马克思现代性思想的肢解或过度引申，客观公正对待马克思对现代性批判的原则性、奠基性意义与时代性、区域性限度。

（2）现实意义。通过对马克思现代性思想及其在中国发展的研究，运用对马克思主义现代性思想方法认识与剖析，可以提升对当代资本主义如金融资本主义、数字资本主义、文化帝国主义等新样态的分析辨识能力；通过对马克思现代性的全面把握，可以深入当代西方学者现代性语境，提高对其辨识力与思维力，立足中国现代化实践，厘清哪些思想对中国现代性构建具有借鉴价值，哪些思想是披着良善的外衣实则进行意识形态渗透，增强抵御错误思潮侵蚀的防腐抗变能力；通过对马克思现代性思想在中国的发展创新的研究，可以对近代中国现代转型的探索历程及其必要性有清醒的认识，尤其在中国共产党的领导下，先后通过新民主主义革命、社会主义革命与改革开放，围绕"救亡""资本"与"启蒙"的现代性主题，总结现代化建设经验，提高中国社会主义现代性构建的自觉性与自主性，形成既具时代特色又具民族风格的现代规范体系，对于我们继续推进国家治理体系和治理能力现代化、全面开启社会主义现代化强国建设新征程具有重要现实意义。

二、国内外研究综述

自从人类步入现代社会起，伴随着现代化进程人们对现代性的批判与思考就始终从未停止过，尤其20世纪60年代后现代主义的兴起，掀起了对现代性批判与解构的热潮，20世纪80年代传入我国以后，国内学者也产生强烈反响。时至今日，中外学者关于现代性问题的研究成果可谓汗牛充栋，现仅对马克思现代性思想研究成果简单综述如下。

（一）国外研究现状

对马克思现代性思想的国外研究主要以问题为中心，直接或间接涉及马克思现代性思想。国外学者或者从马克思现代性视角对现代性进行注解，或者对马克思文本进行阐发与改造，也有从现代社会新变化对马克思现代性思想进行质疑与批判，相关学者代表性的观点简单综述如下。

首先，从马克思思想视角对现代性进行解读。吉登斯从"现代性的制度维度"阐发马克思现代性思想，他认为"现代性是现代社会和工业文明的缩略语"，体现为现代社会的政治与经济制度，从其根本而言属于一种"制度性的转变"，主要涉及人们对现代社会的认知态度以及复杂的经济政治制度形式，体现为制度、文化与生活方式等方面的社会秩序的改变，并从资本主义、工业主义、监控和军事力量等上层建筑层面进行现代性诠释；吉登斯还认为现代性作为一种现代制度性变革，还表现在现代与传统的断裂，其中时空分离与重组、社会制度抽离化即脱域机制的发展以及知识信息对现实社会活动与社会关系的反思性运用构成现代性生成的动力机制；吉登斯认为"我们生活在一个高度现代性的时期"，现代社会是个充满错位和不确定的"风险社会"，并试图通过重建社会团结、转向生活政治、发展对话民主和推行积极福利模式超越现代性困境。

哈贝马斯认为现代性是"一项未完成的设计"，由于现代性发展及其引致的经济社会变迁并未真正实现人的价值目标，而是带来更多现代问题，由此主张要通过现代人的努力对即将崩溃的现代性进行修复，并试图清理出现代性的规范性内涵："自由"不仅构成现代性的标准基础，而且是"现代性的原则"与首要特征；道德普遍性构成社会合法性秩序的基础，这种普遍主义道德应当被人们所认可与践行；现代性的规范性内涵构成现代生活世界的运行原则，并以此达到个体与共同体、个体化与社会化的和谐统一。

海德格尔从对人的"存在"来审思马克思现代性思想，他认为现代已进入"世界图像时代"，存在者整体作为被表象者与表象者"人"相对立，人通过对自然的征服与暴力确证自己的主体性地位，技术作为一种"座架"力量使整个世界处于危机之中，现代人处于无家可归的状态，体现在"诸神的逃遁，地球的毁灭，人类的大众化，平庸之辈的优越地位"，并主张唯有通过上帝才能实现对现代人的救赎。伯曼还从"现代性体验"阐述马克思思想，他认为我们可以通过诸多现代性体验体认马克思现代性思想意蕴。

其次，对马克思经典思想进行现代性阐释与改造。卢卡奇将总体性原则看作马克思主义哲学的核心和本质，在对商品拜物教批判分析基础上揭示了资本主义时代人的活动的物化、人的意识的物化和人与人之间社会关系的物化现象，主张寻求自觉的革命意识是无产阶级扬弃物化的根本出路和达到无产阶级全面自由解放的条件，同时指明作为形而上学的资产阶级思想的"二律背反"就是资本主义物化现象的思想根源，"由于资产阶级思想仅仅研究那些形式有效的'可能条件'，它就堵塞了达到对这些形式明确提出问题、弄清它们的产生和消失、它们的真实本质和基础的道路"，卢卡奇通过物化现象以及对物化主客观规定的揭示，为我们认识发达经济条件下现代性特质提供了分析框架，开启了新马克思主义技术理性批判的主题；卢卡奇还提出彻底扬弃社会现实支离破碎的物化状态，必须要恢复马克思主义哲学的总体性辩证法，通过无产阶级形成真正的总体性观念即自觉的阶级意识才能彻底扬弃社会的物化状况。

霍克海默和阿多诺的《启蒙辩证法》不仅展开技术理性批判的基本范式，同时还从国家权威、文化工业等领域针对资本主义现代性进行批判。霍克海默和阿多诺认为启蒙精神用知识代替深化把人类从迷信和愚昧中解放出来，深刻改变了人的活动方式、社会组织形式以及人与自然界的关系，使人成为理性世界的中心，但是启蒙的悲剧就在于启蒙的结果最终走向启蒙的"自我摧毁"和理性对人的统治，"启蒙的根本目标就是要使人们摆脱恐惧，树立自主。但是，被摧毁启蒙的世界却笼罩在一片因胜利而招致的灾难之中"。霍克海默和阿多诺继承发展了马克思实践哲学的批判性并将其发挥到极致，通过非同一性取代同一性，以绝对的否定取代否定之否定，拒斥综合性、本体论与基础主义，强调异质性、特殊性与个体主义，其对现代性批判甚至超过后现代主义。

哈贝马斯把主体哲学、意识哲学确诊为现代性问题的根本所在，从黑格尔绝对理性对主体哲学确立到尼采的非理性哲学的启蒙批判，都没有真正摆脱主体哲学的困境，他认为这种"主体性哲学"或"意识哲学"已经走向终结，并试图运用主体间性和交往理性取代马克思主体性和生产实践范畴，运用理性达成共识实现对国家进行民主控制的目标。哈贝马斯认为马克思更多强调生产劳动，弱化了社会交往理性的重要性，最终走向了主体性哲学的工具理性，因此主张以交往取代生产劳动、用主体间性取代主体性哲学，通过理性的公共运用，个体在公共领域达成共识、形成公共意志，达到对国家民主控制的目的。

此外，阿尔都塞还从结构与系统出发对发展资本主义意识形态进行结构主义批判，詹明信从资本与文化逻辑关系寻求资本主义文化救赎，列斐伏尔、哈维从资本与时空理论批判资本主义时空扩张等。

最后，对马克思现代性思想的批判性质疑。韦伯主要针对马克思唯物史观进行批评，认为这是一种纯粹经济决定论，最具典型思想是关于资本主义精神的研究，并以理性化为核心诠释和把握资本主义精神，韦伯认为正是新教伦理构成西方资本主义经济制度的"精神气质"，构成资本主义理性行为的思想基础，他断言"近代资本主义扩张的动力首先并不是用于资本主义活动的资本额的来源问题，更重要的是资本主义精神的发展问题"；韦伯还从资本主义经济理性、文化理性、政治与社会理性等方面分析资本主义现代性的行为方式与制度构成，并指出现代性理性化进程剥夺了人的自主性，集中体现为人之意义与自由的丧失。

鲍德里亚从符号化的角度剖析现代社会，他认为马克思对现代社会的批判主要是从商品生产活动出发而展开的资本主义生产方式的批判，但这种批判已经不能把握现代资本主义社会发生发展的新变化，现代资本主义社会已经从"生产本位"的工业化时代转向为"消费本位"的消费时代，消费的符号化控制成为现代消费社会的深层逻辑，马克思生产方式的现代性分析范式已经失去其效力，唯有从符号控制的意识形态出发才能真正实现对现代社会的彻底批判，符号逻辑渗透于生活世界的各个方面，作为一种意识形态实践实现对整个社会的控制，"（消费）维护着符号秩序和组织完整：因此它既是一种道德（一种理想的价值体系），也是一种沟通体系、一种交换结构"。鲍德里亚从符号逻辑批判角度把握现代性开辟了现代社会研究的一个新视角，但究其实质而言不过是资本增殖逻辑在新的历史时期向消费领域的扩展，绝不意味着马克思生产分析范式的过时，更非资本逻辑与符号逻辑之间的断裂。

利奥塔认为现代性并非一个时间概念，而是具有合法化功能的"元叙事"，这种宏大叙事旨在统合不同领域形成普遍共识，为制度认同与权力运作提供合法化基础，但由于宏大叙事因信任危机走向衰落，导致整个现代性事业的毁灭；利奥塔把唯物史观中关于社会发展一般规律分析视为一种宏大叙事并进行解构，指出社会发展并非单纯决定与被决定关系，其中还包括权力运行机制等内容；利奥塔还认为伴随现代性危机的是后现代的兴起，提出"后现代就是不相信元叙事"论断，通过确立异质性的合法性反对总体的绝对性，在语言游戏多样性中重写现代性。

此外，海德格尔认为马克思关于生产方式的社会分析具有典型的生产主义表征，最后导致主体性形而上学和现代虚无主义泛滥；丹尼尔·贝尔则从现代社会新变化入手，认为随着后工业社会的来临，马克思的资本生产范式与劳动价值论已不再适合新社会形势，应当以知识生产和知识价值论取而代之。

（二）国内研究现状

经过四十多年改革开放，中国特色社会主义现代化取得举世瞩目的成果，党的十九大提出到 21 世纪中叶把我国建成社会主义现代化强国的目标新要求，党的二十大提出当前中国共产党的中心任务就是团结带领全国各族人民全面建成社会主义现代化强国、实现第二个百年奋斗目标的任务。现代性作为对现代化进程的规范设计与理性深思，对现代性问题的思考成为国内学界普遍关注的焦点。到目前为止，以"中国现代性"或"马克思现代性"为关键词进行检索，已刊发的硕博学位论文、期刊论文可数以千计，出版发行的相关专著也有几部。综合而论，主要聚焦于以下几个方面。

第一，关于马克思与现代性思想关系问题的研究。围绕马克思现代性主题，首要面对的问题是在马克思思想体系中是否存在现代性思想，马克思与现代性思想关系如何。目前国内学者普遍认为，虽然马克思没有明确提及"现代性"，也没有围绕现代性系统阐述相关理论，但致力于现代社会的深刻批判却伴随其理论始终，积极探求摆脱现代性的可行路径。欧阳康认为马克思主义是现代性的产物，作为一种社会理论，始终致力于揭示在现代性发展中实现人类解放的可行方案；丰子义认为，尽管马克思没有明确阐述现代性问题，但在对现代社会问题的分析中无不彰显着其作为现代性的社会理论；邹广文认为马克思生活在资本主义时期，其对资本主义工业文化的分析与社会矛盾的揭示，是其现代性批判思想的集中呈现。

第二，关于马克思现代性思想理论内容与基本特征的研究。针对马克思现代性思想内容方面，张鹏在其博士论文《马克思关于"现代性"的批判与超越》一文中，一方面围绕马克思现代性的哲学批判进行分析，揭示了马克思的"感性实践活动"对"理性形而上学"批判的超越；另一方面从现代性的政治经济学批判描述了现代社会的"拜物教"特征，最终从人的历史本质中得出通过自由人联合体实现人的全面自发展目标。王鑫在博士论文《马克思的现代性批判思想及其当代价值》中重点围绕马克思现代性的形而上学批判、工具理性批判和意识形态批判等理论批判、资本运行逻辑、资本主义生产关系与异化现象等实践批判展开，得出马克思现代性批判旨在实现人的自由而全面发展的目标指向。余艳在其博士论文《马克思现代性批判理论及其当代价值》中论述了马克思现代性分析的社会基础是市民社会，市民社会与国家分离构成现代性生成的基点，商品构成现代性批判的起点，资本逻辑决定现代性逻辑，从劳动异化到社会异化构成现代性的基本状况。贺来认为由于马克思现代性分析的多维性，马克思哲学主要由现代性的"发生学""病理学"和"未来学"这"三部曲"构成。吴晓明认为马克思现代性批判体现为资本批判和形而上学批判的双重维度，对资本具有原则高度的批判也是对现代性形而上学的批判。

关于马克思现代性思想的基本特征，一些学者认为与西方学者仅从思想观念、文化心理等方面去理解现代性思想不同，马克思从社会生产方式这一根源性意义上对现代性进行多维透视，从资本逻辑出发阐发现代性问题的根源。据此，丰子义认为资本逻辑、历史观点、矛盾学说和全球眼光构成了马克思分析现代性的理论视域；罗骞从马克思基本立场出发，在其著作《现代性的存在论批判》一书中重点阐释了马克思现代性批判的历史唯物主义视域，并深刻透视了商品、资本和异化概念的现代性意蕴以及彼此之间的内在关联，从历史重构、逻辑重构和评判性对话三重视域系统研究马克思现代性思想；认为马克思现代性思想无疑具有抽象性、流动性、矛盾性和世俗性的鲜明特征；俞吾金则从经济学哲学路径看待马克思现代性思想，把商品作为现代性分析起点，资本逻辑是现代性诊断的核心，指出马克思的高明之处在于他把对现代性的诊断从生产对象引入现代生产活动的深层领域；罗骞则认为马克思突破了从观念论领域进行现代性思考的意识范式，开辟了对现代性存在论批判的资本范式，实现了现代性批判范式的革新。

第三，关于马克思现代性思想的专题性研究。国内还有部分学者或者从一个侧面针对马克思现代性思想进行研究，或者针对马克思现代性思想体系的某一侧面进行研究。刘艳的博士论文《马克思的法的现代性思想研究》从马克思对法的本源定位、本质揭示、动力发现、主体确立与法的价值层面界定的马克思法的现代性思想的理论内涵，阐释了马克思法的现代性思想物质根源性、人本性、人民性、历史性与批判性特征，从市民社会、国家与意识形态论证了马克思法的现代性思想的经济、政治与文化三重维度；卢维良针对马克思市民社会理论与现代性思想的内在关联进行系统研究，重点以马克思市民社会思想历史发展脉络为主线，指出《莱茵报》和《德法年鉴》时期马克思论述市民社会作为政治国家基础构成马克思现代性思想发端，从《巴黎手稿》到《资本论》

写作的完成，马克思围绕市民社会异化、市民社会物化关系及市民社会资本逻辑等方面，全面阐发了马克思现代性思想，最后在扬弃市民社会实现人类解放的目标指引中升华马克思现代性思想；刘霞从马克思思想中个人观出发，分析马克思"现实的个人"包含的需求本质、实践本质与社会本质内涵，论析"现实的个人"在历史发展中的作用以及在国外马克思主义学者思想中的发展状况；此外，袁芳针对马克思的宗教批判与现代性批判关系进行研究，梅学兵、董星辰、杨静娴等围绕现代性与马克思主义中国化相关问题进行分析。

第四，关于马克思现代性思想内容与中国意义的研究。国内学者普遍认为，马克思现代性思想在现代社会与当代中国依然具有重要理论与现实意义。邢蓉在《马克思的现代性与中国社会转型》中从生产方式的时代划分、市民社会的实践领地与资本逻辑作为现代资本主义灵魂三重视角阐释马克思现代性批判理论，分析了中国社会转型面临传统与现代的矛盾，中国在全球化时代必须保持民族性与独立性，正确处理全球性与现代性的关系，并且提出中国社会转型的立足点与保障是要进行公民社会建设。周丹在《马克思主义现代性思想研究》著作中提出"马克思的现代性批判就是资本批判"的观点，重点围绕近代中国思想启蒙、马克思主义在中国的传播以及毛泽东现代性思想进行重点解读，提出当前改革创新是中国特色社会主义的时代精神，分析了辩证理性是中国现代性建设的思想前提，中国特色社会主义事业发展构成中国现代性建设的现实基础。欧阳康主要从激发马克思现代性理论的革命精神、消除资本主义现代性固有矛盾、聚合现代性价值从而实现人的终极发展目标、通过吸收利用资本主义文明成果实现共产主义等方面挖掘马克思现代性思想的时代价值；邹广文认为当代中国的现代性实践应注意把握好现代性的普遍性与特殊性、现代性的矛盾与价值冲突、现代性实践中的人文关怀等问题，在理性与价值之间保持张力，自觉地关注当代中国现代性的健康发展；任平认为应对全球化挑战的需要、中国马克思主义者现代化实践、当代思潮对现代性深刻批判等问题都在呼唤马克思现代性话语出场；邹诗鹏认为中国现代性建构是与马克思主义中国化联系在一起的，必须认清马克思主义中国化与中国现代性建构的内在关联。

国外学者对马克思现代性思想研究与阐发，在新的时代背景下和现实社会问题比如技术理性、消费社会、现代国家与大众文化的分析中提出一些新观点，甚至开辟了马克思现代性思想研究的新领域，比如对马克思现代性思想研究从探讨无产阶级革命理论与无产阶级实践活动的关联转向理论与西方社会现实状况之间关系的研究，从马克思从生产方式与经济基础研究转向上层建筑与意识形态批判。但综合来看，西方学者对马克思现代性思想以质疑或否定性态度为主，或者把马克思现代性思想理解为主体性形而上学、宏大叙事、线性进步论、工具理性主义、技术决定论等论调，或者无视马克思对现代性弊病的诊断性治疗机制和批判性超越能力的主格调，强化了现代性的某一具体方面而忽略其整体性、根本性的方面，弱化了马克思对现代性批判与救赎的奠基性与实践性。

尽管国内外学者关于马克思现代性思想研究成果颇多，但就目前来看，在某些方面还有进一步深入的空间：从国外研究来看，宏观性概述研究较多而专题性研究不足，旁敲侧击零散性研究较多但整体性系统性研究不足，理论批判性阐释较多但实践路径总结性研究不足；从国内来看，国内研究路向或者以马克思现代性思想入题阐释现代性诸多问题的诠释型路径，或者从现代性问题的分析入题解读马克思现代性思想的回归型路径。目前二者没有形成良性循环，阐释导向的解读型不断壮大、问题导向的实用型进路缓慢，甚至从文本到文本、为了理论而理论，没有直面现实问题和现代化实践本身。针对马克思现代性思想进行深入专题化研究、全面系统性研究与理论和实践相结合研究成为马克思主义理论学者义不容辞的职责。

三、本书思路框架与研究方法

综合国内外研究现状，本书兼具"阐释""激活"与"运思"的研究路向，主要以社会现实问题激活马克思经典理论、以马克思经典理论阐释社会现实，将马克思现代性思想与当代中国现代性转型相结合，继承、发展并推进着马克思现代性思想的中国实践。以"现代性"一般性话语作为突破点，注解现代性与现代化内在关联与差异，为阐释资本主义现代化进程中的马克思现代性思想与中国现代化实践的现代性转型提供理论前提，文章重心主要围绕马克思现代性思想产生的理论来源诠释马克思对现代思想成果的继承、批判与创新，以马克思经典文本写作时间顺序结合马克思人生履历的实践历程探索马克思现代性思想形成的历史脉络，阐释马克思现代性思想的发展历程；同时，立足现代性语境阐发马克思现代性思想过程，激发其对现代社会批判性反思的敏锐性与现代性救赎的根本性，恢复马克思现代性思想在现代性思想中的话语权，最后针对近代中国实际，重点围绕以毛泽东、邓小平、江泽民、胡锦涛、习近平等为代表的中国共产党人，针对近代中国"救亡""资本"与"启蒙"的现代性主题，先后在中国社会主义现代化探索中、在改革开放的伟大实践中、在全面建设社会主义现代化强国的新征程中守正创新了马克思现代性思想，形成具有社会主义制度属性兼具 21 世纪时代风格和中华民族特色的中国方案。

（一）思路框架

本书按照内容结构可分为三部分，共八章（含导论），具体内容结构如下。

第一部分包括导论和第一章，首先针对"现代性"概念进行词源考察，梳理当前学界围绕现代性问题具有代表性观点及把握现代性的原则立场；然后围绕现代性与现代化两个概念结合学界观点进行比较分析，为理解作为现代化文明成果的马克思现代性思想和在中国现代性转型中推进中国特色社会现代化提供认识前提；最后明确马克思思想内容与现代性关系，也是本文能够写作的逻辑前提。

第二部分包括第二章、第三章和第四章，主要运用辩证唯物主义和历史唯物主义的立场观点方法探求马克思现代性思想的理论来源、形成过程、理论视域与典型特质。

第二章主要探究马克思现代性思想的理论来源。主要围绕对马克思产生重要影响的社会思潮和代表人物，尽管本文不赞同分门别类对马克思思想研究进行学科化研究，但由于无论是对马克思现代性思想产生影响的前期思想还是同时期思想，无论是直接启发还是在批判基础上的超越，对马克思产生影响的思想都多而复杂，本章从列宁对马克思主义理论体系的三分法即马克思主义哲学、政治经济学和科学社会主义三个方面，分别针对以康德、黑格尔和费尔巴哈为代表的德国古典哲学家对现代性的哲学思考，以配第、斯密和李嘉图为代表的古典政治经济学关于现代社会的经济学分析，以圣西门、傅立叶与欧文为代表的空想社会主义者对资本主义现代性批判与未来社会的现代性设想，探究马克思现代性思想的理论来源。

第三章主要研究马克思现代性思想的发展脉络。以马克思文本写作时间为序，分析不同时期马克思现代性批判的理据、方法与重心转移，梳理马克思现代性思想的发展脉络。马克思首先以理性国家为现代性批判理论基础,通过意识自由与政治民主张扬理性;伴随对现实物质利益发表意见难题与费尔巴哈人本主义影响,马克思开始对黑格尔理性主义进行清理,并提出人类解放的命题;同时由于人本主义抽象机械性,马克思最终在对理性主义与人本主义双重批判中确立唯物史观,开始以生产方式、民族国家、阶级斗争与世界交往等层面揭示现代性特征、弊病与出路;欧洲革命失败以后,马克思对现代性进行政治经济学研究,论析了现代社会机制运行的资本逻辑基础,并积极探求现代性替代方案与实现路径。

第四章主要分析马克思现代性思想的理论视域、理论结构与理论特质。马克思经历了从继承启蒙现代性到超越启蒙现代性的飞跃,从而展开资本主义现代性批判与超越并伴随其研究始终;马克思还具体分析了资本主义现代性生成的根源是现代生产,资本逻辑是现代性运行的根本动力,现代性逻辑是资本逻辑的现实展开,现代性逻辑的悖反性也创造了内在超越现代性的条件、动力与可能;最后运用马克思主义基本立场、观点与方法阐述马克思所描述的现代性特征,通过对马克思现代性思想方法特点的分析来理解马克思现代性批判与超越的理论特质与时空限度,在新的时代背景下科学对待马克思现代性思想。

第三部分包括第五章、第六章和第七章,主要分析马克思现代性思想在中国的运用与发展。

第五章主要分析了以毛泽东为代表的中国共产党人对马克思现代性思想的中国探索与实践。近代中国的现代转型是考察中国现代性的核心议题,家国同构、政社一体的传统社会严重阻滞古代中国现代转向,近代殖民侵略把中国被动卷入现代资本主义体系,处理传统性与现代性、民族国家与资本主义的关系,成为近代中国现代性启蒙的焦点,实现古代中国的现代转型面对"救亡图存""资本逻辑"与"思想启蒙"三大主题。以毛泽东为代表的中国共产党人实现了民族独立与人民解放,并通过社会主义改造确立了社会主义制度,围绕社会主义现代化建设进行初步探索并在理论上进行现代性思考,实现了马克思现代性思想在中国的社会主义探索与实践。

第六章主要论述以邓小平、江泽民、胡锦涛等为代表的中国共产党人对马克思现代性思想的继承与发展。改革开放伟大实践开启了中国特色社会主义现代化的序幕,以邓小平、江泽民、胡锦涛为代表的中国共产党人,坚持建设什么样的社会主义、怎样建设社会主义，建设什么样的马克思主义政党、怎样建设马克思主义政党，实现什么样的发展、怎样实现发展等重大理论和实践问题，充分发挥社会主义市场经济，以科技发展致力于社会生产力水平的提高，不断提高劳动效率等工具理性增殖效能；坚守人民利益标准和"四有"新人的培养目标，最终实现共同富裕目标等社会主义价值理性的方向指引，并以制度理性的优势规范价值理性、规制工具理性，初步建构了中国社会主义现代性的发展模式。

第七章主要阐释了以习近平为代表的中国共产党人对马克思现代性思想的守正创新。立足中国特色社会主义新时代历史方位，以中国式现代化推进中华民族伟大复兴的中国梦作为中国现代性转型的理想愿景，坚持以人民为中心的价值理念，以实现人民美好生活为现代性转型的价值目标，在统筹"五位一体"总体布局中全面推进中国现代性转型，推进构建人类命运共同体大国外交，批判性超越了资本主义现代性模式，走出一条既借鉴西方又超越西方的中国现代性新路，实现了对马克思现代性思想的守正创新。

（二）研究方法

（1）文献阐释与话语激发相统一。马克思主义经典作家相关思想研究必须立足经典文献的分析解读，尤其对于"现代性"这个马克思没有直接提及却又做出深刻分析的思想理论而言，更要进行系统的文献梳理与阐释，关于毛泽东等中国共产党人对马克思现代性思想的创新性发展的研究也离不开经典著作的分析。当然，文本学理论注解的主要目的之一是要恢复马克思现代性思想在现代性话语体系中应有的地位，激发马克思现代性思想对现代社会问题批判科学性，并为当代中国全面的现代转型提供理论指导，将文献阐释与话语激发相结合。

（2）逻辑分析与历史分析相统一。任何事物都处于变化发展之中，思想史研究必须紧扣分析主题，结合相关社会历史背景对相关思想进行综合分析，去除无关的细枝末节、挖掘贯穿始终的逻辑主线，才能找出现象与本质的内在关联。文中针对马克思现代性思想形成过程的研究即是抓住马克思现代性批判的逻辑主线，针对不同时期批判理据的转移，分析马克思现代性思想形成与演进的逻辑理路，从不同时期的阶段分析中加深对马克思现代性思想的认知。

（3）规范性研究与实证性研究相统一。"现代性"的理论主题不仅涉及经济、军事、科技等领域的现代化过程，更关键是要形成一整套现代文明秩序与核心价值观念（包括自由、民主、人权、公正、生态等）。因此现代性研究必然关涉价值伦理等方面的规范性研究，从内在逻辑一致性中揭示其演绎过程。规范性研究更多关注应然状态的理想化样态，在其具体演进过程中还可能出现一定程度上工具理性对价值理性的僭越，这时还要把客观效果与最终目标结合起来进行实证性分析。本书关于中国现代性研究中关于社会主义革命和探索时期与改革开放时期关于现代性问题的考察充分利用规范性研究与实证性研究相结合的方法。

四、本书创新点与研究不足

（一）研究创新点

本书围绕马克思现代性思想及其在中国发展的理论主题，在研究思路与理论观点上有以下创新。

（1）研究思路创新。从现代性视角对马克思思想文本进行总体性解读，使马克思经典文献获得一种新的阐释方式，以现代性作为总体性解读马克思思想的分析范式，更加有效处理马克思思想领域之间的内在关联，意识形态现代性批判、政治经济学现代性批判、政治哲学现代性批判与资本主义社会批判、社会主义理论等共同构成现代性的基本论域并相互贯通起来，打破传统研究中动辄以唯物史观的问世为界标对马克思思想进行早期与晚期、成熟与不成熟的二元划界，避免"两个马克思"以及意识形态马克思与科学形态马克思的对立状况，突破僵化的学科化、阶段化划分。另外，将马克思现代性思想研究置于整个现代性思想史中进行对话，一方面探析马克思现代性思想的理论渊源，挖掘梳理马克思现代性思想对于前期人类文明成果的继承与超越；另一方面立足当前现代性研究理论话语体系，探析马克思现代性思想对现代社会分析的奠基性与原则性分析框架，同时结合新的时代特点创新发展马克思现代性思想。

（2）研究观点创新。通过对马克思现代性思想发展过程的梳理与研究，提出马克思现代性思想在不同时期固然具有专业化的哲学视域，但马克思并非仅仅局限于现代性分析的哲学建构，而是以哲学的方式进行现代性批判，沿着历史唯物主义路线开辟了现代思考的资本范式，并通过现代性的政治经济学实践批判为理解与创造历史打开了开放性空间。同时通过对马克思文本思想的现代性分析，初步构建马克思现代性思想的理论框架，其中现代生产方式推动、资本增殖本性、市民社会分离与全球化发展构成现代性的历史生成论，商品逻辑、资本逻辑与现代性逻辑构成现代性逻辑悖反论，现代性历史命运、内在限度、超越路径与发展目标构成现代性的发展超越论。此外，结合近代中国现代性启蒙与转型的历程，提出以毛泽东为代表的中国共产党人在探索解决"救亡""资本"与"启蒙"的中国现代性主题中开启向中国社会主义现代性转型；以邓小平、江泽民、胡锦涛为代表的中国共产党人通过改革开放，健全制度理性激发工具理性的增殖效能，完善制度理性保障价值理性的社会主义方向，初步建构中国社会主义现代性的发展模式；以习近平为代表的中国共产党人，立足中国特色社会主义新时代历史方位，以中华民族伟大复兴中国梦为主题，统筹"五位一体"的现代化总体布局，坚持以人民为中心的思想，遵循人民美好生活需要的价值指引，超越了资本主义现代化发展的现代性瓶颈，形塑一条兼具时代特色、制度风格与文化品格的中国现代性样式。

（二）研究不足

尽管主张对马克思现代性思想进行总体性研究，将文本的学理阐释与历史现实问题相结合，以问题导向为引领，增强马克思现代性批判与救赎的理论穿透力与实际践行力，积极探寻适合中国特点的中国现代性模式，但由于个人能力有限，笔者认为当前研究仍存有以下不足。

第一，马克思与现代思想家的现代性对话。包括西方马克思主义在内的西方现代性思潮当代社会的分析，对资本主义意识形态、科学技术、政治民主、晚期资本主义文化等方面展开深刻批判性分析，也提出过现代性救赎的思想方案，将马克思现代性思想与当代学者进行时空对话，把马克思宏观的奠基性分析与现代学者的微观分析相结合，更好服务于现代性实践，目前本文在这方面研究涉猎不多。

第二，马克思现代性思想在苏联的发展与实践。以列宁、斯大林等苏联马克思主义者对开辟社会主义现代性方案进行有益探索，取得工业化的诸多成就，却终因社会主义建设经验不足导致解体的命运。因此有必要对苏联社会主义实践在马克思现代性思想视域进行客观分析审视，总结其有益启示，规避其不足，这无论是对丰富马克思现代性思想，还是对今天新时代中国特色社会主义现代化实践，都具有重要参考价值，但由于各种原因本文在这方面基本没有涉及。

第三，马克思现代性思想在中国的发展侧重政治、理论等方面的发展与创新，但如果立足现代性与后现代性的大视野，马克思现代性思想在中国的创新性发展在何种程度继承了现代性基本原则，又是如何在中国现有国情下处理传统性与现代性、民族化与全球化之间的关系等方面的深入研究不足。另外，从马克思主义传入至今百年来，马克思现代性思想在中国的发展积累哪些基本经验，马克思现代性思想的中国化实践具有特定的内在规律，从新民主主义革命到社会主义改造、经由改革开放起步发展到新时代继续全面深化改革，中国共产党人如何继承前人又突破陈规进行创新性发展，中国社会主义现代性转型、建构到超越与西方资本主义现代性具有什么关系等，这些问题对于未来中国社会主义现代性建构无疑具有重大理论与实践意义，但由于笔者能力有限在文中研究阐述还不充分，更有待于进一步拓展与深化。

第一章
现代性相关概念的思考

"现代性"的内涵极其简单，现代人作为社会的产物其言行举止无不折射着现代性的光芒，我们所处的时代背景、社会环境、生产方式、生活样式、消费观念等无不浸透着现代性痕迹，现代社会无不弥漫着现代性的气息。但如若对现代性进行明确界定又异常复杂，从不同学科视角又可进行不同解读，近年来现代性问题成为学界日益关注的核心议题。何谓"现代性"？我们何以步入"现代性"？"现代性"给我们带来了什么？推进社会发展与人的价值实现的"现代性"审思成为当今学者必须深度思考的重点论题。

第一节 现代性概念界定

"现代性"是一个看似简单却又极难明确界定的概念，要想对这个词有一个相对清晰的认识，有必要从"现代"与"现代性"的词源学给予考察，然后结合进入现代以来社会科学领域国内外学者从不同角度的阐释与解读，把握"现代性"的几个重要原则。

一、"现代性"的词源考察

"现代性"字面意思即现代之属性、特性，但要对其进行全面且权威的界定却又难度极大，甚至从不同学科视角会有相异甚至相左的界定，我们且从词源学初步考究其本源意义以作简单界说。相对"现代性"而言，"现代"一词则出现较早，根据哈贝马斯在《现代性——一项未完成的方案》中引证姚斯的考证，

"现代"一词的使用大约出现在 5 世纪，主要是从时间角度把"现代"与"过去"进行区分的意义上来使用，后来延伸为新的时代意识。从编年史来看，有人曾把 13 世纪、14 世纪的文艺复兴作为"现代"开端，还有人把 16 世纪宗教改革和新大陆的发现作为现代的起点，也有人认为现代始于 18 世纪启蒙运动，虽然观点各异却也各有道理。根据汤因比在《历史研究》中从古代到现代的阶段划分来看，具有重要影响的标志性事件多发生于 16 世纪前后，故多数史学家将 16 世纪界定为现代的开端。思想史上对现代性问题的哲学思考是从 18 世纪启蒙运动启动的，这也是新兴工业体系纷纷建立，封建专制渐次向现代民主时代过渡的时期。

"现代性"一词散见于早期的文学作品中，1627 年版《牛津英语字典》第一次选取"modernity"，译为"现时代"，在注解中引证了霍勒斯·沃波尔的观点，"现代性"在此表达音乐和节奏对审美的微妙感觉之意，主要是从音乐角度使用该词。其实，波德莱尔更早（大约 1859 年在《现代生活的画家》中）使用过"modernite"一词，对于现代性特性他有一段经典描绘："现代性是短暂的、易逝的、偶然的，它是艺术的一半，艺术的另一半是永恒和不变的。"波德莱尔穿透艺术作品本身并对所观察的现代作品背后的体验进行追问，强调艺术应当去追寻当下转瞬即逝的内心感受和对灵感的捕捉，在转瞬即逝的过渡中追寻永恒之美。当前"现代性"概念研究涵盖哲学、政治学、社会学、文学、艺术学、美学等诸多学科领域，对现代性研究理路和基本态度主要包含现代主义、浪漫主义、解构主义和现代性的重建派四大类型，现简要介绍哲学社科领域关于现代性不同言说以深化对其的认识。

二、"现代性"的多维界定

康德和黑格尔是早期对现代性进行哲学思考的思想家。康德通过《纯粹理性批判》《实践理性批判》《判断力批判》把启蒙理性与现代性关联起来，他认为启蒙就是为了使人们通过公开运用自己的理性摆脱思想的不成熟状态，理性是知识、道德与价值之源，经验认识的规则先验于理性之中，但是康德认为理性仅局限于感性之物，如果追寻事物的普遍性、一般性问题则会陷入二律背反，可感之物之外的"自在之物"是不可认知的；实践理性作为伦理之源提供了道德律令，成为人们衡量善恶的价值标准，但是康德又设定"意志自由、灵魂不死与上帝存在"，以此又为信仰留下地盘。黑格尔作为"清楚地阐释现代概念的哲学家"，他把康德先验理性推向顶峰，把理性提升到哲学本体论和历史观高度去分析现代社会，认为"存在的东西就是理性"，"理性是世界的灵魂"，不仅把存在的合理性同一于理性，还把理性作为现实性的标准，认为"凡是合乎理性的东西都是现实的；凡是现实的东西都是合乎理性的"，并在此基础上确定现代世界的自由原则，进而奠基了现代性研究的核心理念。黑格尔虽然极度推崇现代理性精神，却引致泛理性主义的嫌疑，最终走向更深层次的主体性形而上学。伴随现代性认知进程，不同时代学者从不同视角和立场对现代性进行批判、解构或重建，现将几个典型观点简介如下。

福柯将现代性理解为"一种态度"，他说"我说的态度是指对于现时性的一种关系方式：一些人所作的自愿选择，一种思考和感觉的方式，一种行动、行为的方式"，所以福柯认为现代性就是现代社会的思想态度和时代精神，在谈及启蒙问题时，他把对现时代所进行永恒批判的哲学质疑精神作为我们从启蒙运动中继承下来的精神财富，现代性就是一种现时代的批判精神。利奥塔把现代性理解为一种"元叙事"的话语形式，它通过一种公共原则比如自由、民主、启蒙、社会主义等统摄不同领域以形成具有普遍共识的思想形态与价值规范，为阶级统治权力、政治经济制度和人类社会生活的合法性进行辩护，但目前这种现代性已经陷入合法化危机，伴随现代性危机的将是后现代主义思潮的兴起，利奥塔直言"我认为后现代就是不相信元叙事"，从而对现代性进行彻底解构。德里达也从颠覆语言文字关系开始，对传统"逻各斯中心主义"或"在场形而上学"进行批判和解构，主张意义多样性与非确定性。

哈贝马斯主张现代性是一项"未完成的设计"，认为不能把现代性的事业简单地进行解构或否定，要从后现代主义等偏激方案中汲取现代性重构的营养元素。他把"生活世界的资源"区分为"社会现代化"（经济与国家的分化）、"文化现代性"（现代科技、艺术及宗教伦理）和"个性合理化"（生活方式的价值趋向和行为结构）三个方面，其中社会现代化制约着文化现代性和个性合理化的性质，文化现代性则构成社会现代化进程的"批判性张力"，三者辩证统一使生活世界不断趋于合理化。吉登斯立足社会视角从制度层面对现代性进行不同阐述，在《现代性的后果》中理解为一种社会生活或组织模式，在《现代性与自我认同》中认为现代性是继欧洲封建传统之后所建立的工业化世界，包括一系列的行为制度与模式，即资本主义制度下竞争性的产品市场和商品生产体系。吉登斯对现代性看法更加强调现代与传统的断裂，"现代性是现代社会或工业文明的缩略语"，在一定程度上等同于工业文明所带来的市场经济、政治民主和生活方式的现代制度性转型。齐格蒙·鲍曼把现代性当作一个反思世界秩序、人类生存地秩序和人类自身秩序的历史时期，亨利·列斐伏尔把现代性理解为一个反思过程的开始，乌尔里希·贝克认为现代性意味着个人主义合法性对传统世界确定性的取代。

一些国内学者也从不同角度对现代性进行研究：俞吾金认为"'现代性'关涉到的应当是现代社会生活中的一个最抽象、最深刻的层面，那就是价值观念的层面"；衣俊卿则指出"现代性特指西方理性启蒙运动和现代化历程所形成的文化模式和社会运行机理"；贺来指出"现代性不仅代表着一种文化精神和价值观，而且必然落实为一种社会组织方式和社会制度安排"；唐文明则认为现代性体现为一种不同于过去的时代意识、现在的精神气质、理性化过程和进步观念的意识形态；赵景来则把现代性指称为涵盖市场经济、民主政治和个人主义基本元素的复合性对象；等等。

综上所述，"现代"究其实质是相对于"传统"而言关于人们在生产方式、生活样式、社会组织、文化风格、思想观念、价值体系等方面所呈现的变化与演进的状态。"现代性"是一个动态的整体概念，是对现代状态的样式所进行的设计、反思与批判，现代性从产生起就伴随着对现代与传统、理想与现实、应然与实然等方面进行辩证思考与批判考证。贯穿现代性研究具有四重性："理性"是现代性建构原则，集中体现为社会整体建构和思维方式科学化、合理化过程；"文明"构成现代性的精神实质，西方现代化过程不断推演着重塑文明并不断再生"文明——野蛮"的二元结构；"进步"构成现代性的历史指引，历史进步的社会机制根植于创新冲动与欲望之中，"进步——落后"二元结构伴随这一现代化过程；"发展"是现代性的价值旨归，现代性将社会发展、民族国家发展以及人的个体发展作为现代社会价值目标，并通过现代化过程推进这一进程。马克思思想话语中的现代社会即资本主义社会，其现代性思想主要是以资本主义社会为分析对象，围绕现代社会的历史生成、运行机制、社会建制、现代文明、思想观念、社会异化、市场经济、阶级关系以及现代社会的超越路径与未来新现代社会建构等问题进行批判剖析所构成的理论体系。纵观中外学者关于现代性界说可谓众说纷纭，尽管从不同角度进行不同解说各有其合理之处，但要想明确界定现代性内涵与外延也实非易事，对现代性认知需从以下几个核心原则予以把握。

三、"现代性"的原则性把握

当今时代处处影射着"现代性"的光芒，也正由于现代性日常渗透的广泛性导致对现代性的理解众说纷纭，但综合学界共识，对现代性认知至少把握以下几个核心要点。

首先，现代性作为传统祛魅的世俗化过程。如前所述，现代性无论从何种角度理解，首先要区别于前现代的社会形态，也就是说要有一个现代与传统的区分或"断裂"，尽管这一断裂可能会有历史持续性和内在要素的交互性，但现代之所以成为现代而形成现代性，必然要从传统束缚中历经蜕变，从至高无上的神性复归本真的人性，从形而上学的价值玄设转向对世俗生活的价值关照，现代性就是一个祛魅时代的世俗化过程。利奥·斯特劳斯在此意义上说"现代性是一种世俗化了的圣经信仰"，人们不再把对幸福的追求寄托于捉摸不定的宗教天国，而是在现实生活中通过自身努力创设这种理想尘世生活。西方现代启蒙的重点也是宗教世俗化，新教改革与西方现代性启蒙二者有着紧密联系。宗教世俗化将事物合理性的评判标准由上帝置换为理性，"上帝死了"，人继而取代了神。宗教退出俗世回归精神领地，政教分离使政治管理按照社会共识来运作成为可能，经济脱离宗教管控成为私人利益相互角逐的舞台，人们的思想观念由对"之善""美德"的追求转向利益的功利主义、利己主义。

其次，理性作为现代性的建构原则。人心深处的宗教、道德等神秘光环被击落到凡尘俗世，被理性的利剑冰封历史的深渊，理性取代信仰成为现代社会建构的核心法则。人们对理性关注始于认识论的思考，笛卡尔把理性视作人的"自然之光"，提出"我思故我在"的重要命题，康德则把理性作为经验认知、道德律令的先验法则，黑格尔则将其推向本体论顶端，把理性解释为事物合理性的准则和社会历史发展的动力。随着自然科学发展和技术革命推进，理性不再局限于哲学领域的逻辑推演，开始关注现代社会制度设计、经济体制运行、民主法治建构等方面，全面渗入社会生产生活。马克斯·韦伯把理性化作为现代社会的特征，分析了资本主义企业生产薄算化的经济理性、官僚体制化的社会理性和宗教祛魅世俗化的文化理性等现代社会特点，当然这一理性化过程导致结果是"工具合理性"座架了"价值合理性"，现代生产高速发展并没有给人们带来相应福利，而是陷入更深层的价值迷失。

再次，自由作为现代性追寻的价值向度。现代社会发展尽管没有完全实现人的全面自由发展，但相对前现代社会来说通过政治解放实现了人的政治自由。人作为价值主体，自由则构成这一主体现代性维度的核心标签。康德宣称"人类理性的立法（哲学）有两大目标，即自然和自由"，当然此所谓自由是道德的先验自由，是人作为道德主体根据自身自由意志给自己颁布的道德法则，从而确立了人的主体性地位。黑格尔更多关注自由的现实品格，认为人只有在伦理现实中才能真正实现自由权利，从家庭、市民社会与国家的分析中，得出国家作为普遍利益的化身决定着市民社会，国家重要职责之一就是维护社会秩序安全，也就是保障人类自身的自由原则。自由构成现代社会的核心价值法则，哈贝马斯把科学的自由、自我决定的自由与自我实现的自由作为现代性个人自由的三个方面，自由不仅构成现代人的价值基础，并为真善美的合法性护航，也逐渐渗透于执政理念与法治过程之中。

最后，矛盾性作为现代性的悖反逻辑。人类社会步入现代性一方面推动了历史进步；资本主义现代化全面助推了工业主义发展和民族工业的世界拓展，工业化进程创造了大量的物质财富，资本的全球流动和世界扩张打破了民族工业的地域限制，极大推动了世界交往的形成；民主化、法治化突破了封建专制的牢笼，自由、平等、民主理念成为人们共同的追求；思想启蒙运动实现了由"神本位"向"人本位"的范式转换，宗教的世俗化进程使人从宗教神学的统治下解放出来，由对神的意旨的顺从转变为对人的理性的推崇。但随着现代性展开，一向视作圭臬的资本主义理性启蒙却日益走向启蒙的反面，"资本逻辑宰制""主体价值迷失""理性渐次毁灭"等社会病症在后现代主义、反现代主义鞭笞下暴露无遗。理性作为现代精神启蒙逐渐走向"理性的毁灭"，价值理性始终在工具理性的宰制下苟延残喘。实证的启蒙理性消灭宗教神话却将自身推向神坛，人们对生存意义的追求反过来变成压抑人的价值实现的重负，启蒙所追求的价值理性在现实面前彻底虚无化；工业主义意欲以确立人的中心地位为宗旨，大工业的发展及对自然界的掠夺式开发却引起资源枯竭、环境恶化等生态问题；市场主义意欲以产品丰富与人们生活水平的提高为先导，商品世界对人的统治却加剧商品拜物、货币拜物的蔓延，资本市场使人际关系都化约为可计算的商品关系；政治理性意欲以增强人的主体地位与实现人的全面自由发展为目标，资本主义民主法治进程却使现代西方民主陷入集权主义和霸权主义泥潭，两次世界大战成为笼罩现代社会挥之不去的阴影，正是现代性自身的矛盾悖反逻辑，给反现代主义、后现代主义否定与解构现代性留下了地盘。

第二节　现代性与现代化

现代化与现代性两个概念密切相关，现代性就是在现代化的历史进程中所做出的理性反思，反过来又指引或规范着现代化的发展，但是现代化成果的取得并不意味着已经形成相应的现代性文明秩序，不同的现代化模式可以具有相同或相近的现代性文明，相同的现代化历程也可以具有不同的现代性规范，同时现代化与现代性在发展程度、选择模式、实现路径等方面也具有不完全同步性，展开本文尤其是关于中国社会主义现代性研究有必要首先厘清二者关系。

一、现代化界说

学理上一般认为从传统社会向现代社会转变过程即为现代化，我国著名学者罗荣渠对相关现代化理论进行整理概括，对现代化含义归结为四类：首先，现代化是近代资本主义兴起后，经济落后国家通过技术革命进行赶超世界先进国家的过程；其次，现代化就是经济落后国家实现工业化的进程；再次，现代化是对科技革命以来人类急剧变动过程的统称；最后，现代化是一种心理态度、价值观和生活方式的改变过程。他还对现代化进行了经典界定："现代化作为一个世界性的历史过程，是指人类社会从工业革命以来所经历的一场急剧变革"，这场变革通过工业化过程把工业主义渗透到政治经济制度、思想文化生活等各领域，推动人类社会由传统农业向现代工业的现代转型。由此观之，现代化作为人类走向现代文明的一个过程，有其实现程度的度量指标，美国社会学家阿历克斯·英格尔斯从人均国民生产总值、国民生产总值中农业产值所占比重、服务业在国民生产总值中占比、识字人口比重等十个方面给出一组量化指标；1960年欧美日学者在日本箱根举行的现代日本国际研讨会上也制定了衡量现代化的八项指标。因此现代化作为民族国家现代转型的具体过程，具体指在工业、农业、市场、国贸、科技等方面可以操作量化的推进和展开，现代性则是对这一展开过程的批判审思和价值审视。

二、现代性与现代化的关系

现代性和现代化两个概念具有密切联系，在实践层面抑或还有重合性，但就其学理意义而言又不能完全等同。

首先，从二者相互关系而言，现代化与现代性是作为"因"与"果"的关系。民族国家现代化是引致现代性社会形成与省察的内在原因，现代性的彰显与批判性反思是在现代化进程中得以形成的，正是由于科学技术、社会生产与经济社会转型的现代化之"因"才产生作为现代社会诸种特点的现代性之"果"，当然现代性的省思反过来又进一步促进现代化的推进与完善。

其次，从二者概念界定而言，现代化与现代性是实证性确证与规范性评价的关系。现代化表明从传统向现代社会转型的过程中在生产力、生产方式、经济增长以及社会城市化、信息化、知识水平等方面所取得的进步，特定社会现代化程度可以通过数量指标加以衡量，但却无法度量一个国家现代性状况；现代性对现代化所做的价值评价，着眼于从价值观念与行为方式等方面透析现代社会的属性，体现为对现代化过程与结果的合理性思考以及对这种合理性的规范。

最后，从二者属性特征而言，现代化是现代性的现实化，现代性是现代化追求的目标指引，是对现代社会质态的价值批判与反思。现代化作为现代性的推进过程，是在由传统向现代转型中在社会经济、政治、文化变革过程中现代工业社会的展现和理性、自由、民主等现代性张扬的推进过程，是从实践层面把具有普遍共识的现代化指标推而广之并综合衡量的活动进程，现代性则是对这一过程的理性反思，它是人们对现代化或工业化实践所进行的价值反省与文化批判，作为一种理论检讨结果是任何民族国家走向现代化的过程中必不可少的产物。民族国家在推进现代化过程中必然伴随着对现代性的深度思考，也只有在现代性规范的指引下所实现的现代化才是人们所期许的现代化，即使达到同一程度的现代化国家由于奉行不同的价值理念与行为方式在现代性方面却可能是天壤之别，由此要在区分现代化与现代性的差异与关联的基础上正确对待民族国家现代转型。

三、民族国家现代性转型

推进传统向现代的转型，建设现代国家是当今世界各国发展的主流趋势，在这一转型过程中正确处理现代性与民族国家现代转型的关系要把握处理好以下几个问题。

第一，资本主义现代性模式并非所有民族国家现代转型的理想样式。从传统社会向现代社会转型是包括经济、政治、文化诸领域一系列变革的过程，这一过程既是现代物质文明的建设与展现，也蕴含着现代性自由、民主、公正的价值彰显。按照科学的现代性规范指引的现代化才更符合人类自身发展利益，无论是现代性的张扬与建构还是现代性否定与解构，抑或是现代性的扬弃与重建，都是围绕人与自然、人与社会和人与人的问题，让现代化发展更好地服务于人自身的利益。所以现代化只是一定程度、一定范围上现代性的展开，资本主义只是针对现代思想启蒙所展开的现代化尝试的一种类型，不能代表各民族国家现代转型的全部，资本主义现代性发展既创造了大量的社会生产力和人类文明成果，也催生了生产力进一步发展的阻滞因素并带来了诸多社会问题，从其产生距今发展状况而言，并非现代国家转型最理想的样式。

第二，现代性在不同民族国家的现代转型中具有不同的特点。各民族国家由传统走向现代具有相同或相近的价值指向，比如经济市场化、政治民主化、主体自由化等。从现代化过程来看，在具体实现这些目标时也会受到各民族传统、生产力水平和人文环境等因素影响，适合一国的现代化模式未必完全适合他国，任何照抄照搬别国的现代化模式都不可能持久成功；从现代性审视方面来看，尽管不同国家现代化过程中所追求的价值观念具有相互融通之处，自由、民主、公正、法治等理念是人类共求的现代性目标，但绝没有所谓的普世价值，价值作为思想在任何时期都是特定主体的思想，在阶级社会体现为一定阶级的思想，超阶级的现代性话语是霸权主义和强权政治的意识形态绑架。各民族国家只有根据各自传统习惯、历史环境、生产状况、人文民情等具体实际出发，探索适合自身特点的现代化之路，熔铸具有各自民族特色的现代性理念。中国特色社会主义现代化道路的探索与开拓，不仅打破了"西方中心论"现代性模式的话语垄断权，为发展中国家走向现代化提供了中国智慧与中国方案，而且充分发挥制度优势初步探索一条既具民族风格又有时代特色的中国社会主义现代性新模式。

第三，先发国家现代性文明成果可以为后来国家提供借鉴参照，但不能照搬照抄。先发国家现代化过程也必然经历一个探索历程，在推进工业主义、市场主义、政治民主建设等环节其发生作用条件虽然会因具体环境而异，却也可为后发国家提供经验参照，在现代化历程中所出现诸多问题及所引发的现代性沉思也可以为后发国家现代性转型敲响警钟，也就是马克思所说的如果一个社会探索到支配社会运动的自然规律，"它能缩短妊娠期和减轻分娩的痛苦"。但一个民族国家的现代转型还必须由这个国家人民和国情实际来决定，如习近平所指出"一个国家走什么样的道路，只有这个国家的人民最有发言权。一副药方不可能包治百病，一种模式也不可能解决所有国家的问题。生搬硬套或强加于人都会引起水土不服"，在借鉴先发国家现代化经验与现代文明成果时必须探索适合自身特点的现代性药方。

第三节 资本主义现代性逻辑

资本主义现代性有其深刻的内在逻辑，其产生开启了资本权力主导的资产阶级时代，资本逻辑成为整个资本主义经济政治制度体系建制基础，社会关系化约为可计算的利益关系而服务于资本的增殖逻辑法则，工具理性的膨胀遮蔽了价值理性的场域，人成为异化的价值主体，并通过垄断资本的全球化形塑了国强必霸的丛林法则。

一、资本权力主导的生成逻辑

时代观是对社会发展不同历史阶段的世界政治格局、经济形势、文化基调等方面所做出的宏观判别，包括对社会发展所处阶段、文化特质、历史主题等方面的表述。

马克思科学论述了资本主义时代是资本权力主导的时代。马克思以生产方式变迁为根据辩证分析了"资产阶级时代"的特点，一方面，资产阶级时代取代封建社会促进了生产力的发展，同时通过商品倾销、生产工具改进、殖民征服等方式开拓了世界市场，通过世界交往极大促进了资本主义"文明"的时空扩展。另一方面，资产阶级时代又是建立在资本权力主导之上的，其产生、运作与发展都贯穿这一法则：首先，资产阶级时代建立具有残暴性。通过暴力方式使劳动与劳动条件相分离、劳动者与劳动资料相分离是资本主义时代产生的历史逻辑，这一分离最终使失去生产资料的劳动者转化为自由出卖劳动力的"自由工人"。同时通过海外殖民掠夺加速资本原始积累，马克思在《资本论》第一卷中分析指出"美洲金银产地的发现，土著居民的被剿灭、被奴役和被埋葬于矿井，对东印度开始进行的征服和掠夺，非洲变成商业性地猎获黑人的场所——这一切标志着资本主义生产时代的曙光"，资本主义现代性是资本话语权力主导下的生成过程。其次，资产阶级时代运作具有危机性。资本是能够带来剩余价值的价值，利润最大化是资本运行永恒的目的，资本增殖驱动与外在生存竞争双重压力下资本有机构成不断提高，周期性的经济危机是资本主义发展无法迈过的坎，近年来西方资本主义国家政治极化加剧、右翼极端主义思潮沉渣泛起等乱象，都是资本主义内部矛盾激化的外部表现，生产社会化与资本主义生产资料私人占有之间的矛盾是资本主义经济社会危机最终根源。最后，资产阶级时代发展具有不平衡性。政治经济发展不平衡是资本主义发展的绝对规律，这种不平衡在资本主义国内体现为越来越多的财富集中于越来越少的人手中，在国际社会垄断资本通过建立全球殖民统治确立霸权地位，垄断了世界市场，越来越多的财富向越来越少的发达国家汇聚。综观世界大势，资本主义国家依然处于主导地位，南北差距进一步拉大，绝大多数发展中国家依然处于世界体系的边缘地位。

二、资本逻辑建制的实践逻辑

自西方国家步入现代社会以来，在人类发展史上虽创造了先进文明成果，却也带来了现代社会结构的整体性危机，资本主义经济政治制度体系是以资本逻辑为中心建制并运行的。

以市场经济和科技发展为动力的现代工业创造日益丰盈的物质世界，但资本成为主导社会结构的主体性力量，商品拜物教、货币拜物教、资本拜物教无不充溢于日常生活各个角落，一切社会关系都受制于资本的增殖逻辑；资本主义政治民主陷入合法性危机，伴随民主化、法治化进程滋生出集权政治和霸权主义的怪胎，现代国家政权不过是管理整个资产阶级共同事务的委员会罢了；理性自由的文化启蒙最终走向"理性的毁灭"，工具理性摧毁了人们对神话的崇拜却又将自身推上祭拜的神坛；社会系统都化约为可计算的利益组合，现代社会由一些碎片化、原子化的个人构成，又将这些碎片编织到社会等级和权力体系之中以服务于社会生产；资本增殖逻辑对自然奴役是资本主义生态危机根源，"对自然界的独立规律的理论认识本身不过表现为狡猾，其目的是使自然界（不管是作为消费品，还是作为生产资料）服从于人的需要"，打破人与自然之间的和谐关系必然招致自然对人的报复。资本主义发展实践是资本逻辑主导下的政治、文化、社会、生态等方面的整体运转的结果，近年来西方国家经济发展低迷所致逆全球化、反全球化浪潮不断，国家运转失灵所致党派倾轧、选举丑闻不绝，价值理性迷失、社会结构失衡、环境污染加剧、种族冲突严重，"占领华尔街""黑夜站立""黄马甲"抗议等运动正是资本主义整体性危机的具体表征，资本主义发展离启蒙所期许的自由、民主、文明的目标越来越远。

三、人的主体异化的价值逻辑

人是社会历史发展的主体，人的主体地位能否体现以及如何体现取决于经济社会发展的价值导向。张扬理性、促进人的自由发展是现代性启蒙的旨归，工具理性的膨胀遮蔽了价值理性的场域，人作为社会发展主体在资本逻辑支配下日益碎片化、残缺化。异化构成资本主义现代性的基本特质，社会产品、科学技术、国家政权等都表现为统治人的"异己的物质力量"，资本增殖法则钳制着包括工人和资本家在内的整个社会生活。马克思在《1844年经济学哲学手稿》中就深刻批判了资本主义现代性所造成的人的主体异化：首先，劳动产品与劳动者相异化。劳动产品本来作为人的对象化产物是为了满足人的生产生活需要，但是资本主义生产的劳动产品却成了追求剩余价值和实现价值增值的中介与手段，劳动产品不是作为劳动过程的成果被人所享用，而是"作为一种异己的存在物，作为不依赖于生产者的力量，同劳动相对立"，劳动产品作为对象化结果异化为支配人的异己力量。其次，劳动本身与劳动者相异化。劳动是人的本质性力量的体现，但在资本主义生产中，劳动者的体力和智力却备受折磨，"只要肉体的强制或其他强制一停止，人们就会像逃避瘟疫那样逃避劳动"，劳动作为人区别于动物的根本标志降低为维持自身肉体生存的手段。最后，人与人相异化。人与自身的关系只有在与他人的关系中才能得到实现，"人同自己的劳动产品、自己的生命活动、自己的类本质相异化的直接结果就是人同人相异化"，人的本质是社会关系的总和，资本主义社会人的本质即体现为人与人之间异化的利己关系。

四、国强可霸必霸的丛林逻辑

资本主义生产以无限追求剩余价值为宗旨，在国内通过资本集聚与集中形成金融寡头统治，国际上则通过不合理的国际政治经济秩序和贸易自由化维护其资本垄断的强权地位，国强必霸的丛林法则是资本主义国家在国际事务中发挥作用的根本遵循。首先，发达资本主义国家凭其雄厚的经济实力、先进的科学技术、强势的军事力量等要素成为国际秩序的主导者。二战以来，西方发达国家一直垄断着国际政治经济秩序规则的制定权与裁判权，布雷顿森林体系为形成美国等发达国家的全球霸权地位提供了基础，把国际经济组织等凌驾于发展中国家主权之上，剥夺了发展中国家平等参与贸易规则制定等各项权利，国际政治经济秩序成为维系发达国家世界霸权地位的契约保障。其次，通过商品倾销、资本输出推行"贸易自由化"是维护资本国际霸权的惯用伎俩。资本主义一切剥削与矛盾根源在于资本逻辑泛化，这一逻辑结果即表现为不平衡的世界发展，通过在国外推行贸易自由化将所有国家纳入世界资本主义体系，并以此对欠发达国家掠夺廉价劳动力和生产资料以牟取暴利。最后，马克思在《关于自由贸易的演说》中揭示了资本主义贸易"自由"实质，指出贸易自由"就是资本的自由。排除一些仍然阻碍着资本前进的民族障碍，只不过是让资本能充分地自由活动罢了"，美国通过贸易自由化要求巴西、阿根廷等国取消金融管制、进而击垮其国币体系最后导致 1999 年和 2001 年的金融危机就是典型例子。

英国学者吉登斯指出："现代性是一种双重现象。同任何一种前现代体系相比较，现代社会制度的发展以及它们在全球范围内的扩张，为人类创造了数不胜数的享受安全的和有成就的生活的机会。但是现代性也有其阴暗面，这在本世纪变得尤为明显"，无论是福柯所谓在监狱之城网罩下的规训社会，抑或马克斯·韦伯称为由官僚体制化、专业化制成的"铁笼"，还是海德格尔描述被技术"座架"的"世界图像时代"，都是对资本主义现代性危机的真实写照。现代性肇始于西方国家，虽然实现了西方社会由传统向现代的过渡转型，但也给西方社会带来系统性的现代危机，并通过全球化机制散布于世界各地。20 世纪以来资本主义现代性危机全面暴露，尽管西方学者也曾给予深刻的批判性反思，探索破解现代性危机的理想图式，却因未能提出切实可行的解决方案而沦为乌托邦泡影。资本主义现代性是人类走向现代文明的第一种形态却并非唯一形态，这就促使不同国家探索不同于资本主义的新现代性模式。近代中国是在西方列强坚船利炮、殖民入侵攻击下被西方资本主义"裹挟"进资本主义世界体系遭遇现代性的，救亡图存与思想启蒙相互交织开启了与现代接轨的步伐。资本主义现代性是"自发内生型"，其生成发展到制度建制、价值导向到生存法则都有其深刻的内在逻辑，中国式现代化经历"被动外生型"向"主动开放型"的转型，其独特历史经历与制度优势从理论与实践双重破解了资本主义现代性危机之谜，批判性审视资本主义现代性诸种弊端，批判分析资本主义现代性危机内在逻辑，破解习近平新时代中国特色社会主义能够超越资本主义现代性危机的逻辑密码，开辟了超越资本主义现代性危机的有效路径。

五、资本主义现代性的系统性危机

资本主义是人类社会由传统向现代转型的第一种制度形态，推动了西方社会的巨大进步，也带来了系统性的现代危机。资本主义走向现代化、推动现代性转型是人类社会发展的历史进步：资本主义通过资本积累，促进了民族工业的发展和世界市场的形成，工业化进程创造了大量的社会财富，资本的全球流动和世界扩张打破了民族国家的区域限制，加速了世界交往的形成；资本主义政治民主化与法治化突破了封建专制的牢笼，自由、民主、法治理念成为人们共同的价值追求；思想启蒙实现了由"神本位"向"人本位"的范式转换，把人从对神的意旨的奴役中解放出来，人的理性得以充分彰显。伴随资本主义进一步发展，一向被西方视作圭臬的资本主义现代文明却逐渐走向人类思想启蒙的对立面，吉登斯曾指出"现代性是一种双重现象"，也就是说现代文明相对于传统社会而言，其工业化发展以及世界历史形成，为人类创造大量的物质文明成果，推动了世界联合的增强与国家交往的加速，但现代性也日益彰显着其反动与野蛮的劣迹，"资本逻辑宰制""主体价值迷失""理性渐次毁灭"等社会病症在后现代主义、反现代主义鞭笞下暴露无遗。理性启蒙一方面凸显了人的主体性力量；另一方面也渐次走向理性的毁灭，价值理性在工具理性的宰制下苟延残喘，实证理性把宗教信仰推下神坛却将自身变成新的神话。现代启蒙并未使人们摆脱恐惧与无畏，"被摧毁启蒙的世界却笼罩在一片因胜利而招致的灾难之中"，人们对未来生活的向往成为压制人们生活的重负，启蒙所期许的价值理性彻底虚无化；工业主义意欲以创造物质财富、改善人们生活为宗旨，却因对自然的掠夺式开发引致资源枯竭、环境恶化等生态问题，促使人们开始探索后工业文明拯救模式；市场主义本以丰富文化产品、改善人们生活为先导，商品货币对人的统治却敦促了商品拜物教、货币拜物教的形成，资本逻辑使人际关系都化约为可计算的商品关系；政治理性意欲以增强人的主体地位、实现人的自由发展为目标，资本主义民主虚假性却使现代西方政治陷入集权主义和霸权主义深渊，两次世界大战成为笼罩现代社会挥之不去的阴影。

第四节　马克思思想的现代性呈现

自从人类步入现代社会时起，就伴随着对传统与现代、现代思想启蒙、社会发展与人的价值、现代社会运行机制、现代社会批判与解构等问题的深入思考，马克思主义就是对现代社会进行批判与思考的产物。综合国内外学者的观点，尽管马克思没有系统阐明现代性理论，甚至都没提及"现代性"术语，但其思想体系中无疑包含着丰富的关于现代性的论述，马克思的确是一位当之无愧的现代性思想家，尤其突破了仅从现代思想领域进行现代性哲思的狭隘性，而且突破了单一学科而兼具哲学、政治学、历史学、法学、人类学、伦理学等多学科的总体性分析架构，就其理论内容而言超越了现代主义与后现代主义、甚至是反现代主义的矛盾对立，具有多元、立体、全面、发展的辩证立场，为科学认知当代资本主义社会问题、指导后现代国家的现代性转型提供基本的理论指引。马克思现代性思想既是现代社会发展的产物，又是对现代文明成果的继承与发展，其中蕴含着丰富的现代性思想，奠定了现代社会分析的基础型架构。

一、资本主义现代社会发展的产物

马克思现代性思想萌生于 19 世纪中期，其中对于理想现代社会构建、批判与分析无一例外都是在现有经济政治条件下形成的，具有鲜明的经济、政治与社会文化背景。资本主义工业化改进生产方式，推进社会发展的现代转型。资本主义工业发展与人口流动引起了前所未有的城市化进程，极大改善了人们的生活方式，同时社会财富的增加进一步加剧贫富差距的增大，广大佃农因失去生产资料沦为无产阶级，其生活环境逐渐恶化、生活水平近似赤贫，资产阶级工业革命促进了资本主义现代社会转型，是马克思现代性思想产生的经济前提。西方科技革命不仅提高了生产效率，也改变了人们的生活方式和思维方式，使欧洲通过技术尤其军事优势进一步打开海外殖民市场，直接或间接地影响并改变着整个世界，近代科技发展是马克思现代性思想产生的现实根基。

19世纪资本主义工业革命后，伴随机械化与工业化迅速发展，需要大批量的雇用劳动者，比较完备的雇佣劳动才正式形成。资产阶级逐步确立国家政权，逐渐巩固了自己的经济地位。无产阶级日常生活却更加贫困，先后爆发英国宪章运动、法国里昂工人起义和西里西亚纺织工人起义，在工人运动中无产阶级明确提出自己的政治主张，开始把整个资产阶级和资本主义制度作为革命斗争对象，通过阶级联合组织武装起义和反抗资产阶级，同时还开始建立诸如流亡者同盟、正义者同盟、英国宪章派协会等政治组织，为马克思现代性思想提供了阶级基础。

二、继承了人类社会现代文明成果

马克思并不是阐述现代性思想的第一人，马克思主义诞生前以康德、黑格尔为代表的德国古典哲学已经从哲学领域对现代社会特质进行深刻的哲学批判，以斯密、李嘉图为代表的古典政治经学已经从现代交换、消费等领域展开实证性分析，以圣西门、傅立叶和欧文为代表的空想社会主义者对资本主义社会的种种不合理想象进行深刻的批判，并围绕现代性救赎的路径进行不懈探索，这些都构成马克思现代性思想直接的理论来源，因此马克思现代性思想是对前人的批判性继承和创新性超越。具体可参考第二章，在此不赘述。

三、奠定现代性分析的基础性架构

从马克思现代性的发展历程来看，也曾经深受康德、黑格尔等理性启蒙的影响，经历一个由现代性启蒙到现代性批判和超越的过程。资本主义现代性却没有实现启蒙的目标，经济增长与科技进步并没有带来人民生活的改善，广大无产阶级却越发降到奴隶般的生活以下。思想启蒙终究无法改变现实困境，马克思就深入市民社会中，以生产方式为主轴过渡到现代社会分配、交换和消费领域，并在此基础上对整个上层建筑和意识形态进行现代性批判，马克思政治经济学现代性批判主要抓住资本逻辑去探求复杂社会关系和社会机制运行的内在机理，奠定了后现代主义现代性审思的基础理论架构，一些现代性不论如何对马克思现代性展开攻击，不论如何自诩超过马克思的分析视野，其实无非只是在马克思分析原则基础上的进一步深化而已。

就其思想内容而言，马克思现代性思想具有其丰富的理论内容，集中体现为以下几个方面（具体内容见第四章详述）：首先，马克思客观分析了生产方式作为资本主义现代性生成动力根源，同时主导着社会整体的全过程，资本增殖逻辑与扩张本性是催生现代性的基本动力，市民社会与政治社会的分离与内在分裂构成滋生现代性问题的社会温床，资本主义全球化进程把资本主义现代性输送到世界的各个角落。其次，马克思科学分析现代社会机制运行的逻辑悖反性，商品作为人的劳动产品却成为人们生活的主宰，资本取代人的社会主体地位，演化为一种颠倒的主体性逻辑，充满自我增值与贬值、自我扩张与限制、自我创造与毁灭的悖反性怪诞，资本作为现代性悖反的内在逻辑，启蒙理性的反理性化、现代文明的反文明化、个性发展的反个性化构成现代性逻辑的外在表征。最后，马克思科学阐释了资本主义现代性的历史命运与超越路径，资本主义现代性孕育着其内在超越的可能就在于现代生产力与生产关系的剥离，这一剥离克服的是资本主义社会关系，保留的是资本主义所创造的物质文明成果，无产阶级作为先进生产力的代表，在世界交往与国际联合条件通过现实的共产主义运动推翻资本主义制度，建立自由人联合体的未来新现代性。

马克思现代性思想作为资本主义社会发展的产物，就是在批判性继承前人文明成果的基础上发展起来的，要想完整体认马克思现代性思想全貌，首先就要对这一思想产生重大影响的现代社会思潮有个大致了解，以及马克思又是在哪些方面、何种程度上超越了前人，才能进一步明晰马克思现代性思想在整个现代性思想史中根本性与奠基性地位，因此对马克思现代性思想的理论来源进行研究梳理就显得非常必要。

第二章
马克思现代性思想的理论来源 ↗

在马克思思想体系中没有使用"现代性"一词，更多使用"现代""现代社会""现代资本主义社会"等概念，但立足现代资本主义社会的批判分析无疑包含丰富的现代性思想。任何哲学思想都是对社会现实的折射与映现，作为时代精神凝练的马克思主义也蕴含敏锐的现代性哲思。马克思现代性思想不仅是资本主义经济社会发展的时代产物，也是在近代以来思想文化成果尤其是德国古典哲学、英国古典政治经济学及英法空想社会主义等思想批判、继承与超越的基础上形成、发展起来的。

第一节 对德国古典哲学现代性思想的批判

对于德国古典哲学范围的界定，目前在学术界还未形成明确定论，其争论的焦点主要集中在对费尔巴哈的归属上，由于这并非本文探讨的焦点在此不再多述。现主要借鉴列宁在《马克思主义的三个来源和三个组成部分》中所提及的把费尔巴哈归结为德国古典哲学阵营，当然学界也往往从康德、黑格尔和费尔巴哈的思想资源中考察马克思哲学思想来源，自然德国古典哲学还包括费希特、谢林等人，现仅选取康德、黑格尔和费尔巴哈三个人相关思想进行阐述。

一、康德启蒙理性辩护与批判

后现代哲学家利奥塔曾指出康德的名字标志着现代性的序幕与终曲，同时也构成了后现代性的序幕，能否构成现代性的终曲有待商榷，但开启现代性序幕的断言却非常贴切。康德以理性为核心建构一套从知识到道德、从自由到法律、从历史到神学的"先验哲学"体系，对理性的性质、类型、作用与限度等问题展开全面论述，形成一种先验理性哲学体系，这种理性先验性构成康德哲学现代性的特质。日本学者安培能成把康德哲学比作一个蓄水池，认为现代各种哲学思想都可以从康德哲学中汲取养分。马克思现代性思想也受到康德哲学的影响，其相关要点主要包括以下几点。

（一）为现代启蒙理性进行辩护

卢梭从思考资产者出发对现代社会和现代政治进行批判，他认为资产者的统治地位的确立是人类走向永久堕落的开始，并据此否定资本主义天赋权利思想。为达到理性正义卢梭由此引入公权意识，《社会契约论》便是通过理性规则替代自然法的尝试，社会合法性就在于通过订立契约对自然自由的转让使自身获得普遍化的"公意"，公意作为意志普遍性和对象普遍性的结合表达了理性正义，同时批判资产者的自私自利以及对社会联结合法性的破坏。针对卢梭对资产阶级批判进而对现代启蒙的否定，康德进行了反批判。

康德认为普遍性是道德产生的基本方式，资产者不具有普遍性，不能通过对资产者的批判进而否定启蒙的普遍性。康德道德哲学与政治哲学的目标就是从普遍性出发发现人作为主体恒定不朽的东西，指出人类从自然状态进入社会状态是人的道德的巨大收益，这一收益才是真正的历史进步并由此获得人的自由和尊严，从而立足于人类的文明状态在对道德自由的发现中寻求实现人类尊严的新道德哲学。康德认为人类发展就是要从野蛮的动物时代走向社会化的人道的道德状态，从不完美走向完美是自然赋予人类最伟大的目标。人只有在社会状态中才能克服自然冲动从而完全激发自身的自然禀赋，在克服人与人对抗的社会化阻力过程中唤起人的全部能力，通过人类才智逐渐形成启蒙的思想方式，"这种思想方式可以把粗糙辨别道德的自然禀赋随时间的推移而转化为确切的实践原则，从而把那种病态的组成了社会的一致性终于转化为一个道德的整体"，康德从社会性起点建构了道德哲学体系。

康德哲学把普遍性作为理性的目标与根据并构成绝对的善，在实践领域康德把普遍性称为道德律，这是无须经过经验证明的绝对律令，普遍道德构成先天综合命题向我们的意志颁布它的必然性。道德律作为超越个体经验事实的法则是一切具有理性存在者的意识都具有的普遍客观的必然法则，同时也是作为一切质料自我立法的自律与自由。在康德看来，人可以将自身普遍化，从而超越自爱的天性与资产者卑污的自利性，人在行动意志方面具有绝对的自由，并能以立法者身份享有绝对尊严与价值，普遍化在自然律的退隐处为自由赢得了地盘，从而建立其实践理性王国。康德还认为善是由理性产生的，普遍性为理性立法，从而使人摆脱蒙昧的自然状态，并通过社会化为人自身开辟未来，人同时也在道德与政治领域以理性取代自然并成为自己的主宰，康德论证了现代启蒙是社会与道德进步。

（二）现代理性批判

理性是康德哲学的核心，其思想体系主要集中于"三大批判"之中，从理性视角解决人类在科学认识、伦理道德和宗教信仰的范围与限度，在哲学上对于理性全面而又深刻的检视与张扬，成为人之主体性的有力论证。

第一，理性为自然和认识立法。康德阐明了理性进行科学认知的限度以及可能导致的二律背反，确认了理性具有先天认知能力，厘清科学、信仰与道德的界限。康德首先区分了知识论范畴的理论理性与伦理学意义的实践理性，前者主要在认识领域规定对象与概念，理论理性就其广义而言包括"知性"与"理性"，"知性"是人类做出规范和判断的能力，"理性"则是归纳原理和进行推理的能力，狭义的理论理性就是相对于知性的理性；实践理性是"把对象做出来"的一种道德能力。对理性概念的界定蕴含着以下几个关于现代性的内容：第一是理性为自然立法，理性的法官具有迫使自然对人所遇到的问题予以解答的裁断权，所以理性法则不是人们通过理智从自然界中发现的，恰恰相反，是理智先天给自然界规定的；第二，理性具有先天知识能力。理性先天具有的范畴与规则作为先验理性构成人们认识的基础，并通过"公理""预测""类比"与"公设"深入人的逻辑思考活动之中，人类就是按照先天规则进行思维，先验范畴体系成为判定认识是否客观、是否有效的先验标准。

第二，理性为道德立法。理性为道德立法表现为一种"实践理性"，康德实践理性批判是为了证明理性的道德自律性，理性所服从的道德法则其实质就是自己所颁布的道德法则。康德通过对实践理性与自由意志的存在论证明得出自由是道德法则存在的理由，道德法则是自由进行认识的理由。康德还通过对道德法则与意志"自由"的论证提出"人是目的"的命题:"你的行动,要把你本己中的人,和其他本己中的人,在任何时候都同样看作是目的,永远不能看作是手段",这一命题体现了康德对人的地位的充分肯定,是对人价值主体性的最经典表述。康德认为只要理性主体经由意志决定的道德法则与责任约束自己的行为,就会达到"目的王国"的境界,每个人不仅把自己也把别人当作目的,普遍的道德法则约束着这一"目的王国",每个人作为理性存在者在道德规范面前是平等和自由的,所有成员不仅有价值而且有尊严,关于"人是目的"和"目的王国"的思想彰显着现代性人文主义与个体主义的思想光芒。康德的现代理性思想,一方面通过"人是目的"的主体性观念奠定了人的根本意识,体现了人通过启蒙摆脱宗教束缚,恢复人在自然与道德领域所具有的能力与信心;另一方面通过对人的理性能力的确定,现代性的"自我确证"得出无神论确证的根据。

第三,理性神学的宗教信仰。康德批判了传统神学理论,以先验理性为基础得出他的"理性神学"思想。康德首先批判上帝存在的证明,他以是否可以直观为依据给知识与信仰划清界限,知识在主观上可以直观同时在客观上也可以被证实因而都是充分的,信仰只有在主观上才是充分的,只有与经验质料或感觉相结合才是"现实的",概念的存在性证明必须要超出概念并借助直觉来进行,上帝概念既没感性质料也不能直观再现,是不可能现实存在的。

康德通过对知识批判把知识限制在"现象界",本体界则留给了实践理性的道德与信仰,并证明了道德意义上帝的存在性。康德根据道德原则做出"公设"和"假定",这种道德神学是在道德意义上确立的对最高存在者存在的确证,道德神学作为"一切道德的秩序及其完成之原理"。道德作为一种道义论付诸行为所产生的道德义务的结果就是"至善",对"上帝"的设定便构成了实现至善的必备条件,由此而论"道德不可避免地要导致宗教",这就是康德道德的宗教。道德宗教所包含的道德的法则是来自纯粹理性,只是通过宗教的形式把道德感提升到感性超越层次,运用上帝诫命颁布道德义务。道德作为理性信仰基于善的原则执行上帝的诫命和履行对自身和他人的义务,这种道德—宗教共同体把人们结合在一起。康德坚信建立在纯粹理性之上的道德宗教信仰可以传达给每一个人,从而摆脱世俗宗教信仰而达到纯粹理性道德的宗教。

（三）现代自由权利与法权国家

自由是现代性的核心概念之一，康德把自由界定为道德的基础、意志的特征和人权的根本价值，他认为人的自由是与生俱来的天赋权利，首先包括与个体相关的"个人法权"，这种权利是与法律无涉人生而具有的权利，具有不可侵犯性，"一切政治都必须在权力面前屈膝"；其次是协调个体与他人自由的"公共法权"，这构成个人自由权利的界限。权利作为行为的普遍准则，其行为本身或其所依的准则是正确的，这个行为就能作为普遍性法则在行为上与人的意志并存，个体与他者自由的协调一致是个人法权存在的条件，也是构成个体行使自由的限度，公共法权则是使个人法权成为可能的外部法权的总和，政治法律就是道德原则的运用，由此康德提出道德政治的思想。

康德还提出法权国家思想，他的国家学说深受卢梭契约论的影响，不仅用社会契约解释国家起源，而且如果没有社会契约人民的权利也就无从实现，国家就是"大众在正义的法律之下的联合体"，并且比较推崇共和制的国家政体，因为共和制具有分权、法治和代议制的特点，其中分权可以防止专制主义和保障个人自由，法治的实施可以避免个人专断和保障公民在法律面前的平等权利，代议制则是共和制中最合适的选择方式。康德所建构的社会政治原则即自由、平等、法治、共和等正是人类进入现代性所必不可少的核心准则，奠定了现代性政治制度的逻辑架构。

二、黑格尔现代理性与自由

黑格尔现代性分析的核心也是理性与自由，不过不是康德意义上自我意识和自由意志的理性规定，而是赋予理性以本体论意义，其自由思想也超出康德的先验理念，更多关注市民社会等社会现实问题，从瞬息万变的现象中把握事物的本质和规律。黑格尔对现代分析包括辩证逻辑、道德伦理及国家宗教等方面，表现百科全书式的现代哲学体系。哈贝马斯认为现代性在过去曾受外在规范的影响，黑格尔是使其摆脱这种影响并使之上升到哲学问题的第一人。黑格尔现代性思想对马克思现代性批判方法产生了直接影响。

（一）现代世界的理性本质

黑格尔的理性概念包含两层含义：其一，他认为"存在的东西就是理性"，理性存在于世界之中，作为世界内在的东西构成世界固有的本性，黑格尔不仅把理性理解为人的一种主体能力，而且作为世界的本源等同于客观世界本身，突破了康德所理解的理性为自然立法，把理性跃升为自然本身；其二，他还指出"理念可以理解为理性"，作为理念的理性是事物存在的根据，黑格尔在此把客观存在的事物与人的主观理念等同起来，事物存在的本质与根据取决于人们的主观理念，不符合理念的事物是没有存在根据的，思维和存在具有同一性构成了黑格尔客观唯心主义特质。黑格尔的理性概念突破了康德哲学仅为自然立法、为道德立法的视域而成为客观存在的物质和这种物质存在的根据。同时黑格尔更加关注社会现实，认为只有通过对现实事物本质的把握才能构建理智的王国，也唯有具备一定的现实基础，理性才能够把握和认知现实的东西。黑格尔还提出"凡是合乎理性的东西都是现实的；凡是现实的东西都是合乎理性的"论断，理性不仅作为事物的本质与规律，还构成事物现实性的标准。现存的东西未必有其合理性也不一定是现实的，而现实的东西在其展开过程中则表现为必然的东西，如果存在的东西只是现象，也可能是失却必然实属偶然的非现实的东西。事物合乎理性也就是合乎理念，理念成为现实性的标准，这样黑格尔就以哲学理念为标准对客观事物属性进行质的界定，其实这与康德理性为自然立法、为道德立法是一致的。

在黑格尔哲学中思维和存在具有同一性也决定了思想运动规律与客观事物运动规律的同一性，这就是黑格尔思辨逻辑的唯心辩证法。其辩证逻辑分为三个阶段：第一阶段是知性阶段，知性思维根据抽象同一性原则对事物各个部分进行把握，关注事物恒定的共性和彼此的个性，却不能把握事物之间的内在联系；第二阶段是否定的理性阶段，理性在知性有限性中否定自身并向对立面转化，其转化动力主要源自事物的内在矛盾，这一辩证否定说明一切有限的事物都是暂时的，科学的任务就是要把握事物的本质与规律；第三阶段是否定之否定阶段，这个阶段思辨理性把肯定与否定辩证统一起来，并在相互对立的统一关系中把握对立关系。黑格尔理性思辨的三个阶段也是事物发展的三个阶段，构成黑格尔阐释自然、人类社会与人类思维的基本理论框架。

（二）"人就是自由意志"

黑格尔"自由"原则是贯穿其伦理道德和政治思想的一条主线，他将"自由意志"确立为人的本质，认为"人就是自由意志"，人的这一本质将人与他物区分开来，现代世界的自由原则就是人自由意志的实现，社会道德、法律以及国家都应当是作为一种制度化现实所呈现的合乎自由的定在。

黑格尔认为自由首先体现为意志自由，他认为"自由是意志的根本规定"，意志是自由成为现实的理由。黑格尔把意志界定为包含冲动与情欲的自然形态，思维是高于意志的东西，只有提高到思维层次的意志才能克服冲动成为理性的客观意志，思维作为一种"理论的态度"是把对对象的普遍性把握变为一种思想，意志则作为"实践的态度"，是把自我规定的思想与目的投进实践，通过人的活动按照自己的意志实现自己的目的。意志通过"权利"实现自身，自由意志不仅构成权利实体，还作为发展的规程体现为抽象权利、道德意志权利和伦理存在现实，黑格尔的自由意志不仅具有理论与价值规定，还强调意志自由的实践品格和现实转化过程。再者，黑格尔还论述财产自由原则，认为财产自由是意志自由存在的现实表现形式，"人唯有在所有权中才是作为理性而存在的"。人正是通过财产权脱离了人的纯粹主观性与外界发生关联，黑格尔既强调财产的私有性，又反对财产均等思想，具有深刻历史意义。黑格尔还阐述了道德自由原则。黑格尔法哲学将自由意志分为抽象权利阶段、道德阶段和伦理阶段，第一阶段是在抽象"人"的意义谈论的阶段，第二阶段是具有抽象片面性的非制度化层面。第三阶段也是最高阶段即伦理阶段，所谓伦理"是成为现存世界和自我意识本性的那种自由的概念"，主观道德观念通过人们个别化行为或社会风俗习惯表现出来。

（三）国家决定市民社会思想

在伦理领域，黑格尔的自由理念展开为个别性环节的家庭、差别性环节的市民社会和普遍性环节的国家，由于普遍性是个别化的前提，代表普遍理性的国家高于家庭和市民社会并决定市民社会。黑格尔认为市民社会作为现代社会的产物，一方面他从英国古典经济学出发肯定市民社会的积极意义并给予辩护，他认为市民社会不仅满足私人利益，也是实现普遍福利的方式与手段，现代市场通过自由交换一定程度上可以自发实现公共利益；另一方面黑格尔对市民社会又进行深刻批判，他把市民社会视为实现个人利益相互斗争冲突的场地，其中每个人都以自身为目的，通过劳动、交换等方式获得自我满足的生存和享受需要相互争斗，这个领域也是人与人之间争夺私利的角斗场和个人利益与公共利益相互对立的舞台，市民社会就是为了保证个体所有权和满足社会需求的自由。国家是以自由为核心、以普遍利益为目的的伦理整体，它不仅使个体利益获得发展，还能实现特殊个体与普遍整体利益的辩证统一，国家理性是现代国家建立与运行的核心法则。黑格尔认为国家高于市民社会，是市民社会存在的前提，作为道德与法的现实为实现个人自由提供秩序保障，同时作为普遍利益的化身代表着家庭和市民社会的共同利益。黑格尔还通过对洛克式的自由主义和卢梭式的民主主义批判得出他的君主立宪制思想，通过君主王权、官吏行政权与议会立法权超越自由主义对国家的机械理解和人民行使主权的浪漫主义幻想。

（四）"基督新教国家"

宗教是维系传统社会的精神支柱，进入现代社会宗教应该扮演什么角色是现代性思想家不可回避的问题。黑格尔认为宗教与哲学一样都是人类把握真理的不同方式，不过是以预感和祈祷的方式来把握。黑格尔认为宗教存在是源于人之恶的本性，人需要扬弃善恶的对立达到与神的和解，这种对立是由于人的自然性、有限性与神的普遍性、无限性之间不相适应所导致的，这种和解就是由不相适应到适应、由非真到真的转变过程，而达成和解的途径就是认识，认识是"恶者之源，和解的最后根源亦在于此"。黑格尔认为"宗教乃是自我意识的宗教"，宗教所折射出来的神的观念其实就是人的自我观念的外化，人与神在宗教领域具有意识的统一性。宗教就是通过神对人的启示和人对神的渴望与追求实现人自身境界的升华，从这一意义来看，宗教就是神与人的和解与综合。黑格尔认为宗教的作用就是服务于道德，"一切真正宗教（基督教包括在内）的目的和本质就是人的道德"，正是把道德准则通过人们对神的信仰嵌入人的意识并作用于人的行为活动，通过对道德的宗教信仰强化人的道德动机，可以通过宗教道义或特定仪式达到宗教的道德目的，国家也可通过一定方式满足人们的宗教需要达到道德目的，宗教与国家都是同一自由精神的体现，不过宗教自由是基于内在精神的信仰自由，国家自由是世间的自由，真正的宗教应当支持国家，国家也应该保护教会来达成共同的道德目的。

三、费尔巴哈人本学现代性

无论是康德的理性神学还是黑格尔"自我意识的宗教"，都是从人的理性出发对人的主体性张扬和现实性关照。费尔巴哈则从人本主义出发，将宗教从最后的避难所驱除出去，使宗教回归人的本性。恩格斯认为费尔巴哈对马克思从德国古典唯心主义向历史唯物主义过渡产生了重要影响，尤其对《基督教的本质》一书给予充分肯定，由于受到这本书的影响，"那时大家都很兴奋：我们一时都成为费尔巴哈派了。……这可以从《神圣家族》中看出来"，当时费尔巴哈的人本主义对马克思现代性思想产生的影响可见一斑。费尔巴哈的"感性哲学"包括人本主义（人本学）与自然主义（自然学）两部分，现就其《基督教的本质》中对马克思现代性思想具有重要影响的人本主义观点列举如下。

（一）自然理性的"水浴"疗法

在《基督教的本质》的序言中，费尔巴哈指出揭露宗教异化的根本目的："提倡精神水疗法，教导人运用和利用自然理性之冷水；在思辨哲学的领域上，首先在思辨宗教哲学的领域上，恢复古老而朴实的伊奥尼亚水学"，用自然理性之冷水治疗宗教信仰的异化现象。"水浴"对于反省个人灵魂具有独特作用，"在水中，人大胆地解脱了一切神秘的掩盖物，……在水中，一切超自然主义的幻想都消失的影踪全无了"，他试图利用自然理性之水唤醒人的理智，宗教是人本质的异化呈现，神的观念是原本属于人并从人身上投射出去的自我本性，自然理性之水不仅是恢复人的自然本性的治疗方法，也是批判宗教异化的锐利武器。费尔巴哈还认为水疗法对于伪君子和艺术败类是无能为力的，当然这群人也不配使用这一方法，只有那些将真理淳朴精神视作高于谎言矫饰的人才能够接受水疗法。

（二）人把自己本质的对象化为宗教

费尔巴哈认为宗教源于人与动物的差别，这一区别就于人具有严格意义上的意识，宗教在本质意义上就是人的意识。动物虽然具有自我感知能力，但这并非意识，只有人把自己的本质、自己的类本质当作自己的对象，在对自己的本质、类本质的对象化理解中形成人所特有的意识，人的意识作为人的本质把人与动物根本区别开来。宗教的形成与存续正是以人的意识的存在为前提，同时也构成了宗教对象的对象性存在，宗教就是人对自己无限本质的意识，并演化为无限者存在的上帝。

费尔巴哈认为人能够意识到的本质包括理性、意志和爱，然后将这些自我意识异化为宗教意识，人对宗教神的崇拜其实就是对自己神圣本质的崇拜。费尔巴哈还断言，理性、意志和爱的统一就是人之为人的根据，没有它们人就是虚无。现实中它们并非作为人所具有的力量而归于人，而是异化给了宗教，宗教成了人的对象化的本质。人是通过对象意识到自己，人对于自己对象的本质就是对自我的本质，对象是人公开的、真正的自我本质，作为人的对象化存在的无所不能的上帝其实就是人的自我刻画。意识是完善的存在者的标志，它指向一个对象的存在者，但在这个存在者中总有自己的影子，"理性的对象，就是自己作为自己的对象性的理性（对象化的理性）；感情之对象，就是自己作为自己的对象的感情"，上帝的本质不过是人的本质的外化，由于人神圣的感情才感知到作为上帝的神圣感情。在费尔巴哈看来，理性、意志与爱是人区别于动物的类本质和类特性，这些类特性构成人类意识的对象，上帝呈现的无所不能的超存在与无限性其实不过是人对自己所期望的无所不能的外在显现，最终对象化为宗教中的上帝，并对其顶礼膜拜，其实人们所膜拜的不过是人自身类本质外化给上帝的影子罢了，这就是宗教的本质。

（三）宗教是人的世俗本质的异化

费尔巴哈认为如果感性对象在人之外，那么宗教本质就在人之内，于是从人的本质中去探寻宗教的本质，宗教的对象就是人的内在对象。宗教作为人的对象化本质是人隐秘的自我意识的公开化，人先把自己的本质异化到自身之外，再从一个异化的存在（神）中找回自己，这是人的自我异化：人把自己的本质对象化，但没有意识到自己的对象其实就是自己的本质，反而对这个异化的、原本属于自己的本质顶礼膜拜。作为神的本质与人的个体本质相对立不过就是人的类本质与个体本质相对立，一切神的本质性规定都是人自身的本质规定。

世俗生活中属人的东西只有作为神的规定才是积极的，那么留在人身上的就只能是消极、被动的东西。上帝越是属人，神的本质与人的本质的同一性就越被宗教所否定，属人的东西就越被废黜，人成就了上帝的无所不能却把自己降为一无所能，人只有在上帝这个存在中享受自己的神圣威严，也只有在上帝身上寻回了在自身所否定的一切。人把自己的本质对象化为宗教，对象化的宗教作为异化的主体却控制着人，人在宗教中把自己的本质驱逐成上帝，又在宗教中寻回失去的自己，这就是费尔巴哈揭示的宗教的秘密。

（四）马克思对德国古典哲学现代性思想的扬弃

在马克思著作中没有针对德国古典哲学进行系统述评，几乎都没提及德国古典哲学这个概念，但马克思现代性思想受到德国古典哲学尤其是黑格尔和费尔巴哈的影响。马克思继承了黑格尔辩证法的合理内核，在思想表达方式方面也深受黑格尔语言风格影响，在《资本论》第二版序言中马克思不仅公开承认"我是这位大思想家的学生"，而且在提及个别章节写作时还"甚至卖弄起黑格尔特有的表达方式"。费尔巴哈唯物主义的基本内核也构成了马克思辩证唯物主义和历史唯物主义的理论基点，为资本主义现代性批判与超越提供科学方法论前提，主要体现在以下几个方面。

第一，批判性改造了德国古典哲学的人的主体性思想。对于人的关注与推崇构成德国古典哲学的一个理论主题，康德进行现代启蒙理性辩护其维护的依然是人的主体理性，理性为自然立法也是针对个体理性与公共理性关系问题展开去约束人的行为和彰显人的价值，尤其提出"人是目的"的口号进一步彰显了人的主体性意义与尊严，黑格尔提出"人就是自由意志"，实现人的自由本质不仅作为人的本质性规定，也是国家予以制度保障和实现的最终目标，费尔巴哈人本主义思想通过宗教对人的本质异化批判，要求复归人的类本质。马克思现代性思想也是针对资本主义对人格的扭曲，但是马克思所谓的人既非脱离物质实体的精神主体，亦非脱离社会的抽象主体，"我们的出发点是从事实际活动的人"，未来建构的新现代性也是达成"每个人的自由发展是一切人的自由发展的条件"，这是马克思对德国古典哲学人之主体性思想的继承性超越。

第二，批判性改造了德国古典哲学的市民社会思想。提到市民社会可能更多会想到黑格尔哲学，其实在康德著作中就曾提及"大自然迫使人类去加以解决的最大问题，就是建立起一个普遍法治的市民社会"，建立市民社会成为人类理想的政治追求。在黑格尔哲学中市民社会是联结国家与家庭的中介环节，他把市民社会作为生命个体生活的私人领域，在这个领域中其他人都是实现自身利益的手段，故此需要代表普遍性利益的国家来调节。马克思对市民社会理论进行批判性改造，在批判黑格尔法哲学过程中得出市民社会决定国家的结论，使马克思现代性批判由"副本"转向"原本"批判，并构成唯物史观的一个核心概念，在《德意志意识形态》中马克思阐述历史唯物主义原理时写道："这种历史观就在于：从直接生活的物质生产出发来考察现实的生产过程，……理解为整个历史的基础；……并在这个基础上追溯它们产生的过程"，马克思从人们的物质生产活动来理解人们的交往活动，这种由生产方式所产生的交往形式被马克思理解为市民社会，这种市民社会作为人类历史的真正发源地和舞台决定着国家生活、社会生活以及各种思想意识生活的存在和形式。

第三，批判性改造了德国古典哲学关于自由的思想。德国古典哲学毫无例外都把自由作为现代性追求的目标，康德把思辨理性指涉为现象界领地，实践理性属于自在之物范围，人在时空中属于现象范围，在超验时空则属于自在之物，康德认为人在自然面前无从谈论自由问题，自由在论及社会关系和人的意志时才会出现。黑格尔批判了康德把自由与必然对立起来的观点，认为自由与必然并非对立的，随着人们对必然性认识的加深，其自由程度也越来越大。马克思对自由的关注始终立足于现实社会关系之中，在博士论文中马克思就反对伊壁鸠鲁哲学仅把自由归结为内心的宁静，在其成熟著作《资本论》中，通过对工人劳动时间的分析提出缩短工作日是人获得自由的根本条件。此外，在马克思现代性思想视域中，还继承性发展了德国古典哲学关于实践观点、辩证法思想等，构成了马克思现代性思想重要的理论来源。

第二节　对古典政治经济学现代性批判的思考

英国古典政治经济学是资产阶级经济学诸多学派中最具进步意义的学派，对马克思主义政治经济学产生了深远影响，马克思政治经济学的现代性批判，尤其是资本批判，是马克思现代性批判思想的核心，研究梳理古典政治经济学对马克思现代性思想的影响以及马克思对其批判性超越，对全面把握认识马克思现代性思想具有重要意义。

一、威廉·配第关于价值、工资与地租理论的现代性分析

威廉·配第是重商主义崩溃和古典经济学产生时期的经济学家，其著作还留有重商主义印记，其后期著作基本克服这一不足，对此马克思也认为资产阶级古典政治经济学在英国是从威廉·配第开始的，其劳动价值论、工资、地租和利息等理论对马克思政治经济学产生重要影响。

（一）劳动是价值的源泉

配第对政治价格与自然价格进行了考证，其政治价格是随供求而涨落不定的市场价格，但商品的涨落有一个中心即自然价格，配第的自然价格相当于马克思分析的商品的价值。配第认为商品的自然价格是政治经济学分析的重点，他提出生产商品所耗费的劳动时间从根本上决定着商品的自然价格，生产定量商品所耗费的劳动与生产率成反比，生产率越高耗费的劳动时间就越少，反之就越多。商品用金银来交换，配第通过对生产小麦和白银的劳动生产率的对比，已经发现商品的自然价格与开采白银的劳动生产率成正比，与开采白银所费的劳动时间成反比。他认为社会分工对生产效率的提高具有重要影响，分工越精细，劳动生产率就越高。

以生产所用的劳动量表明商品价值（即自然价格）是配第的一大贡献，他同时将价值、劳动生产率和社会分工联系起来考察并说明他们之间的关系，为马克思通过价值深入蕴含其中的人与人之间的劳动关系提供依据。但对商品价值、交换价值和价格、价值和使用价值的分析就暴露出配第分析的理论局限性，他没有从交换价值与价格中抽离出价值，没有区分出三者差别而是直接等同，对于商品价格的背后究竟是什么，就开始诉诸天才的想象：他沿着货币商品和普通商品两条主线分析劳动价值关系，认为生产金银的劳动与生产一般商品的劳动不同，只有前者才能产生交换价值，后者本身并不是作为交换价值的存在，只有在与金银货币相交换的时候才会产生交换价值。其实马克思政治经济学认

为货币就其本质而言就是商品，是固定的充当一般等价物的商品，交换价值是不同使用价值的商品相交换的量的比例关系，价值是交换价值的基础，交换价值是价值的表现形式，不同商品之所以能够相交换是因为都包含着无差别的一般人类劳动即价值，生产金银的劳动与生产一般商品的劳动不过是各自具体的劳动形式不同而已，但都包含着人类劳动的凝结。正是由于配第没有区分具体劳动和抽象劳动、使用价值和价值、价值和交换价值的关系，最后又把决定商品的因素理解为劳动和土地两个因素共同作用的结果，为了处理劳动与土地共同决定商品的关系，把商品价值量的最终决定因素取决于工人每天所必需的食物量的荒唐结论。

（二）关于工资理论

当时英国工人的工资是通过法律给以规定的，英国政府规定了工资的最高额，如果超出规定限额，给付者与受领者都要受到法律的惩罚，配第根据他的劳动价值论论证了这种法定工资。配第指出"法律（指法律规定的工资率——马克思）要使劳动者刚好有生活的资料；如果加倍了……社会已经损失了这许多劳动"，即通过支付工人较少工资使工人为社会财富的生产付出更多劳动；配第也认为法律也不能把工人工资降到最低生活限度以下，如果货币价值降低而导致生活资料价格上涨，工人工资却没有相应提高，不仅不公平，同时也会因工人生活难以为继而影响正常生产。由此，工人工资无论高于或低于工人维持最低生活限度都不利于资本家财富生产与积累，这暴露了他为资产阶级生产辩护的阶级本性。

配第论述的工人工资是维持工人最低限度的生活所需的生活资料的价值是错误的，马克思科学阐述了劳动力商品理论，指出工资是劳动力价值的货币表现，劳动力商品也具有使用价值与价值，其价值构成不仅包括维持劳动者自身生活所需要的生活资料的价值，还包括维持工人家庭生活所需的生活资料的价值，以此才能源源不断提供资本家所需要的劳动力也就是维持劳动力再生产的价值，为了提高劳动者的生产效率，还要不断开展对劳动者的技能培训，由此所产生的价值也是劳动力价值的组成部分，此外劳动力价值还受到历史和道德的因素的影响。如果劳动力的价格降低到其价值以下，劳动者的生活也就难以为继，劳动力的供给也就不能正常维持。不过配第把工人劳动区分为工资所得和资本家所得两个组成部分，并通过劳动时间衡量，这个观点蕴含着将劳动区分为必要劳动和剩余劳动的思想，这为马克思透析资本家剥削关系提供思路，马克思也认为劳动者不得不生产剩余价值"不过因为有人强迫他，利用他的全部可以利用的劳动力，但使其所获，刚好够维持他自己的生存"。

（三）关于地租理论

配第认为工人工资是由雇用工人所创造的生产价值的一部分，商品价值是由劳动者生产商品所需要的劳动时间所决定。配第还把工资论推至农业生产，认为农业生产中所需要的费用包含工人的工资和种子的价值两部分，农作物的价值扣除工资和种子价格之外还有一个差额，这个价值剩余的差额就是地租。地租就是雇用工人在劳动中生产的、超出工资和种子价值的剩余部分价值，这也就是马克思后来论述的剩余价值，配第没有将其作为一个独立的经济范畴，从而把地租与剩余价值混为一谈。马克思科学论述了地租的来源、本质与分类，地租是由于土地所有权的垄断所产生的，其实质作为剩余价值的转化形式是剩余价值超过平均利润的余额，根据其来源不同区分为绝对地租和级差地租两个基本类型。

配第还从地租论得出工资与地租成反比例变化的规律，农作物价值是由生产农作物所用的劳动时间决定，地租是从农产品价值中扣除工资和种子价值的余额，在劳动生产率和农作物价值不变情况下，工资增加必然会引起地租减少，其实这一理论本身暗含着现代社会工人与农业资本家之间的矛盾关系。配第还指出，在土地贫瘠程度、劳动生产率相同条件下，雇用工人越多其获得地租也就越多，他还对级差地租进行初步分析，但由于他把价值与使用价值、地租和剩余价值相混淆，也就难以真正发现隐藏在地租中的阶级剥削关系，还是马克思在政治经济学批判中科学阐释了现代资本主义社会工人阶级与资产阶级、农业资本家阶级之间的利益剥削关系。

二、亚当·斯密关于分工、价值构成与资本的现代性思考

亚当·斯密生活于工场手工业向机器大工业转型的过渡时期，其政治经济思想集中体现于《国富论》一书，此时斯密主要代表了上升期产业资本家利益，自由贸易思想是贯穿其中的一条主线。

（一）关于分工与交换思想

斯密首先分析了劳动是一切财富的源泉，《国富论》曾这样描述："一个国家常年的劳动，是这样的一个基金，它原始地，供给这个国家每年消费的全部生活必需品和便利品……"，其中就蕴含着劳动是一切财富的本源思想；但由于斯密也没有区分抽象劳动和具体劳动，也就无法得知年总生产物的价值大于年劳动新生产的价值，因为年生产物价值包含年劳动新生产价值和生产中生产资料转移的价值两部分，后来马克思批判斯密忽略了历史留下的劳动手段和劳动资料的部分，而且没有意识到新生产物的价值是要低于生产物的价值的。

斯密还提出分工可以提高生产效率的思想，他认为国民所需生活必需品是由本国国民劳动生产物和该国劳动者人数的比例关系所决定，这个比例取决于生产率高低和参与生产人数的多少，劳动生产率的提高更能促进国民财富增加，分工可以增强劳动者熟练程度、节省不必要的生产时间和促进生产工具改良，进而可以提高劳动生产率。比较系统说明分工与劳动效率关系是斯密一大贡献，但他又抽离了资本主义生产方式的社会内容，将其进一步固化为一般人类社会分工，也暴露出其对现代社会分析的理论局限性。

（二）关于货币与价值理论

斯密认为交换源于人类所具有的相互交换倾向，物品交换必须以双方都有相互需求为前提，货币为了克服这种困难，一些深思远虑的人"自然而然的，要在自己劳动生产物外，随时身边安置一定量的特殊物品：这特殊物品，在他想来，拿去和任何人的生产物交换，都不会见拒"，这种能和其他物品相交换、彼此又都乐意接受的商品就是货币，其实斯密对于货币起源的论断是矛盾的，首先他以货币的事实性存在作为前提，他认为货币早就存在于人的交往活动之中，其能否固定化为货币则取决于"深思远虑"的人的乐意与否罢了，从而掩藏了货币中所隐含的人与人之间相互劳动的社会关系，在斯密看来货币就是作为普通的媒介物代替商品相交换而已。

斯密以"劳动是一切商品交换价值的真实尺度"为前提构建了他的价值理论，他在《国富论》中指出"一切物的真实价格，即欲得此物的真实费用，亦即获得此物的辛苦勤劳"，由此得出价格是由耗费劳动所决定的，这一说法是科学正确的，但有时斯密又认为商品价值是由这种商品所购买的劳动量所支配，也就是说商品价值是由它所能购买的活劳动量所决定，购买这种活劳动的就是工资，由此又得出商品价值是由工资价值所决定的谬论。马克思曾批判了斯密的循环论证方法，用工资的价值论证商品的价值，其实就是用价值说明价值，最终还是在价值范围内兜圈子。斯密认为他的价值规律只适合于简单商品生产社会，而在现代资本主义社会，因为劳动生产物不仅完全属于劳动者，其劳动所得还要拿出一部分作为资本家的所得，耕种土地时还要将其一部分作为地租交给土地所有者。在现代社会中，劳动者所得要分为工资、利润和地租三部分分别被工人、资本家和地主共有，这三者就共同构成商品的价值要素。由此斯密得出资本主义生产条件下商品价值不是由劳动决定，而是由工资、利润和地租三要素所共同决定，这是斯密价值构成中比较荒谬地方。

（三）关于工资、利润和地租理论

斯密根据商品价值构成的三个部分把现代资本主义社会划分为三大阶级，即工人阶级、资本家阶级和土地所有阶级，这三大阶级分别对应工资、利润和地主三种收入形式，这是斯密根据收入来源对现代社会进行阶级划分的一个尝试，并把这三种收入作为交换价值的源泉和基本类型分析其他收入，其他收入不过是作为这三种基本收入的派生形式。斯密既然将三者作为一切交换价值的源泉，那么这三种收入又是如何确定的呢？斯密据其劳动价值论与构成价值论对工资、利润与地租的来源得出前后不一的结论。

关于工资来源，斯密一方面正确得出工资是工人阶级与资本家间雇佣劳动关系的产物，"我一说到劳动工资，大家都会以为我所说的情形，是劳动者为一人，雇佣他们的资本所有者另为一人"，在现代资本主义社会，劳动者只能获得自己产品的一部分，其余部分要作为利润和地租交付资产者和土地占有者，斯密已经正确得出利润与地租是劳动者收入一部分，利润与地租的来源就是劳动者的劳动成果这一结论；另一方面，斯密又认为工资是劳动的自然价格，劳动（其实是马克思所分析的劳动力）商品本身作为一种商品也具有市场价格（马克思分析的价格）和自然价格（马克思分析的价值）两个因素，他认为劳动的市场价格受到劳动市场供求关系的影响并决定着劳动市场价格，劳动的自然价格取决于维持劳动者生活所需要的基本费用，劳动者生活费用又是来源于劳动者的工资收入，因此工人的工资就不是作为劳动产品的组成部分，而是通过劳动者的生活费用转介为生产费用的组成部分了，这就是斯密关于工资来源的分析中自相矛盾的地方，前者揭示了资本家和土地所有者联合占有工人劳动成果的剥削性，后者则掩盖了这一剥削性。

斯密关于利润来源的分析也有两种结论，一方面认为利润是由劳动生产出来的价值转化的一部分，"劳动者附加在原料上的价值，这时，就须分作两个部分。一部分支给劳动者的工资，又一部分支给雇主的利润"，根据这一结论利润就是劳动生产过程超出工资部分的余额，这里的利润其实就是剩余价值，马克思说"亚当·斯密是已经把剩余价值的真正起源认识了"，当然他是不知道利润与剩余价值、利润与平均利润之间关系的；另一方面斯密又将利润归于生产费用，认为资本家的利润就是他们生活资料的来源，因为当资本家把商品运往市场进行出售前，不仅要垫付劳动者的工资或生活资料，还要垫付资本家自身的生活资料，最后通过利润的形式收回他为此付出的垫付资本，这部分资本本来是属于资本家生活资料的一部分，现在却构成生产费用的一部分，因此利润就不再属于劳动价值而是生产价值的构成要素了。

与工资、利润的分析相对应，对于地租来源斯密也有两种结论，根据劳动价值论斯密把地租与工资利润一起作为劳动价值的构成要素，认为地租是由工人生产出来被土地所有者无偿占有的那一部分，但由于不理解资本主义地租的社会性，他又把资本主义地租与传统封建社会地租直接等同；同时斯密又把地租归视作土地的价格，"地租，若被视为使用土地的价格，那自然是租地人按照土地实际情况，所能付纳的最高价格"，由于土地的垄断性及肥沃程度差异，斯密认为地租是农产品价格垄断和土地自然力差异的结果。亚当·斯密关于三者来源的分析既具有立足现代社会进行科学分析的成分，成为马克思主义政治经济学重要来源，也有不可忽视的庸俗成分。

（四）关于资本的理论

斯密对于资本的分析首先体现为对资本的分类，他认为利润是由资本产生，根据其产生方式的不同，他把资本区分为固定资本和流动资本，他认为固定资本无须进入流通领域也不需要通过交换就可以产生利润，"用来设置那一类无待交换、无待流通，已可提供利润的东西。这样的资本，宜称为固定资本"，固定资本是作为生产条件所存在的资本形态，包括企业生产使用的器械、工具、厂房等建筑物等；流动资本就是要进入流通领域、通过不断交换以获取利润的资本，首先预付一定资本把物品购买过来，在生产过程中通过工人劳动加工把所购物品改造成预售商品并投放市场进行销售，正是通过这种不断的购买—加工—销售的循环才不断获取利润，以这样形态存在的资本就是流动资本，包括食品必需品、原材料和已制造但尚未出售的商品等具体形态。斯密认为是否进入流动领域和用于交换是区分固定资本与流动资本的首要准则，同时固定资本无须流动而被资本家所占有，流动资本则是资本家必须给予的部分，这是二者区别的第二个法则。

其实资本家所保有的固定资本是作为生产资本，而进入流通与交换层面所"舍给"的流动资本是流动资本，斯密把产业资本与流动资本相混淆。马克思根据资本对产生剩余价值作用的不同把生产资本区分为不变资本和可变资本，不变资本是以生产资料形态存在的资本，构成生产的前提条件，可变资本是用于购买劳动力价值的那部分资本，可变资本只是发生价值转移并实现价值增值；固定资本和流动资本的区分是根据资本周转特点所作的区分，资本家所占有的固定资本不仅是持有，而是通过折旧方式将价值转移到新商品，资本家所给予的流动资本无论是作为材料未进入生产领域还是发生价值转移的新产品，在正式出售前都是属于资本家所有，这是马克思对斯密的超越之处。

三、大卫·李嘉图关于商品价值与分配理论的现代性研究

李嘉图是英国工业革命时期的经济学家，他的政治经济分析多立足于资本主义机械工业发展实际，此时资产阶级和无产阶级之间矛盾已成为英国社会的主要矛盾，其经济思想又批判性继承了配第和斯密的思想，是英国古典政治经济学的完成者，他对马克思政治经济学产生的影响主要有以下几个方面。

（一）关于商品价值问题的思考

第一，关于劳动时间决定商品价值。斯密赋予价值两重含义，即物品的效用（相当于使用价值）以及能够与其他物品相交换的能力（相当于交换价值），使用价值大的物品不一定具有交换价值，李嘉图认为如果一个物品没有使用价

值，也就不会用于与其他物品相交换从而也就不会具有交换价值，交换价值尽管不是以使用价值为标准却必须以使用价值的存在为前提，李嘉图关于交换价值与使用价值关系的分析无疑是正确的。李嘉图还认为商品价值取决于两个因素，"具有效用的商品，其交换价值是从两个泉源得来的，—— 一个是它们的稀少性，另一个是获取时所必需的劳动量"，商品也就分为通过劳动不可增加的稀有商品和通过劳动无限增加的普通商品。显然稀有性不能成为决定商品价值的要素，如此进行商品分类也欠妥当，但由于他的研究重点是由劳动无可增的普通商品，而且始终坚持商品价值由劳动时间决定的法则是可贵的。

斯密把决定商品价值的劳动归结为耗费劳动和购得劳动，李嘉图对此批判后指出，生产商品所耗费的劳动与商品交换时所购得劳动在量上未必相等，商品价值量的大小只能取决于生产商品所耗费的劳动量，商品价值量与生产商品时的难易程度成正比，与劳动生产率成反比，如果生产商品越困难，生产效率越低下，生产商品所需的劳动量就越大，那么商品蕴含的价值量就越大，反之商品价值量就越小。李嘉图还认为决定商品价值的不仅包括生产商品的直接耗费劳动，还包括因生产工具使用而间接耗费的劳动，这构成了李嘉图劳动价值论的重要贡献。

第二，关于价值与劳动关系的考察。李嘉图意识到复杂劳动在单位时间内生产的价值要大于简单劳动，但对于二者为什么不等，他是以劳动者工资的高低去代替不同劳动者在相同时间中所生产价值不等的问题，又陷入以劳动者收入衡量商品价值大小的自相矛盾的怪圈，对此马克思通过社会必要劳动时间给予科学的解决。

李嘉图还区分了直接劳动与间接劳动，在商品生产过程中所直接耗费的脑力劳动或体力劳动是直接劳动，但生产商品不仅包括直接投资在商品内的劳动，还包括在生产工具、设备器械等援助下所包含的劳动，以器械等生产资料形式所蕴含的劳动叫间接劳动，"影响商品价值的不仅是直接投在商品上的劳动，而且还有投在协助这种劳动的器具、工具和工厂建筑上的劳动"。对于这两种劳动在价值创造中的作用，李嘉图指出能够创造新价值的只能是直接劳动，间接劳动只是把原有价值部分或全部转移到新产品，而不能实现价值增值。但这二者何以能在同一劳动过程中生产李嘉图则没有给予说明，马克思在此基础上提出劳动二重性，他把生产商品劳动区分为具体劳动和抽象劳动，前者是生产一定使用价值的具体形式的劳动，后者撇开具体形式、无差别的一般人类劳动抽象劳动，具体劳动和抽象劳动它们在时间上和空间上是统一的，是商品生产者的同一劳动过程不可分割的两个方面，把李嘉图对创造价值劳动的分类辩证统一起来了。

第三，关于价值、交换价值与交换价格。李嘉图已经明确了价值是商品生产中劳动时间的凝结，交换价值是商品交换时另一种商品使用价值的体现，不过关于价值与交换价值概念的使用是比较混乱的，曾用绝对价值和真正价值表示价值，用相对价值和比较价值表示交换价值。另外，李嘉图也没发现价值与交换价值的内在关联，关于原因马克思曾分析指出，"李嘉图的缺陷是，他只考察价值量，……但是，包含在他们里面的劳动，必须表现为社会的劳动，……即问题的质的方面，李嘉图全然没有说明"，李嘉图对商品价值的分析只是量的分析而缺乏质的层次，以致把剩余价值与利润、价值与生产价格相混淆。

（二）关于资本的理论

李嘉图以劳动价值论为基础，认为只有活劳动才产生新价值，作为生产资料形态的资本只是发生价值的转移而没有实现价值增值。不过李嘉图不懂资本作为现代社会的社会历史性，认为生产资料被资本家占有和劳动者所有一样，甚至野蛮社会人们生活使用的生产工具都作为资本存在，把资本主义生产关系扩大到所有社会，这是李嘉图没有分清传统社会与现代社会的经济关系。

李嘉图根据资本耐久程度或消耗快慢把资本区分为固定资本和流动资本，流动资本是作为"维持劳动的资本"，比如以工人工资形态存在的资本；固定资本是以机器、厂房、设备等劳动工具形态和科技、知识等劳动手段形态构成的资本，但资本耐久与快慢的时间却难以具体量化，另外把工人工资和工人的消费资料作为流动资本实也欠妥。根据李嘉图理论，利润作为劳动生产价值的一部分，劳动时间不变，其价值量也不会改变，工资的增减与利润成反比例变化但不会影响价值量大小，不过由于缺乏剩余价值来源和本质的考量，在质上就难以将剩余价值与利润分开，最后导致剩余价值与利润直接混同，现代资本家对工人的剥削关系就被隐藏起来了。

（三）关于分配的理论

分配理论是李嘉图研究的中心问题，他认为"土地产品——即将劳动、机器和资本联合运用在地面上所取得的一切产品——要在土地所有者、耕种所需的资本的所有者以及以进行耕种工作的劳动者这三个社会阶级之间进行分配"，其中地主凭借土地、资本家凭借资本、劳动者凭借劳动力分别占有地租、利润和工资，并与生产相结合研究分配问题。

第一，关于工资理论。李嘉图认为劳动作为商品具有自然价格和市场价格，他所谓的自然价格指的就是劳动的价值，市场价格是受供求影响的工人与资本家签订契约的工资价格。其实李嘉图仍然没有把劳动与劳动力区分开来，根据马克思的分析，劳动作为一种实践过程只能使用却不能出售，工人出售的是自己的劳动力，资本家购买的是工人的劳动力获得的却是对这一劳动力的使用，也就是工人的劳动过程，劳动力只有在劳动中才能创造剩余价值，对于这一点李嘉图显然是不知道的。李嘉图还研究发现劳动市场价格受供求影响，以自然价格为中心上下波动，在他看来工资涨落又会影响工人数量增减，工人人数增减反过来又会引起劳动供求变化，最终只能是劳动的市场价格与自然价格趋于一致，其实李嘉图从理论上对二者关系影响进行片面分析，而没有发现由于相对过剩人口存在，劳动市场价格往往远低于其自然价格，广大人民过着食不果腹的贫困生活。根据马克思分析，对劳动需求起决定作用的因素是资本，资本对于工人需求呈下降趋势，工人生活必需品价格却不断上涨，工人的实际工资长期也呈下降趋势。

第二，关于利润理论。李嘉图还得出由于农产品价格上涨所引起工资率的上升，利润率是不断下降的论断，农产品价格上涨又是由于耕地面积扩大所致。其实根据马克思的分析，平均利润率下降的判断是正确的，但是下降的原因是资本主义生产有机构成不断提高和生产力发展，资本家将更多资本投向不变资本，用于购买劳动力的可变资本比重下降，致使剩余价值增加速度赶不上资本数量增加额，利润率相对下降也就不可避免了，由于李嘉图不能理解利润下降的真正原因，也就看不到因利润下降致使资本主义必然灭亡的未来命运。

第三，关于地租理论。李嘉图由于始终坚持劳动价值论，他正确指出了地租就是资本主义农业生产中超额利润的转化形态，他认为由于每块土地的肥沃程度以及位置优劣不同，租种肥沃土地肯定比贫瘠土地获取利润大，地理位置优越的土地比偏远地方利润高，那么租种比较肥沃和位置比较优越的农业资本家相对一般耕地来说会获得剩余利润，最后以地租形式归土地所有者占有。其实李嘉图所分析的这个地租的类型就是马克思地租理论中的级差地租，但由于他没有发现所有土地使用量是有限的，土地资本家即是租种最差的土地也要缴纳地租，这就是马克思分析的绝对地租，李嘉图对于地租的分析只是其中一个方面而不是全部。

古典政治经济学对马克思展开现代社会分析与批判起了至关重要作用，作为一门现代科学对现代社会所采取的实证性分析，相对于传统政治学或哲学的先验性构建要更有实际的说服力，尤其是斯密和李嘉图对资本主义劳资关系所进行的描述，反映了资本主义社会的对抗性结构，为马克思更为彻底的政治经济学现代性批判以及科学社会主义理论的形成奠定了理论基础，现针对马克思对古典政治经济学的思想材料展开的批判与超越进行简要叙述。

四、马克思对古典政治经济学现代性思想的扬弃

对马克思而言，古典政治经济学为他进行彻底科学的现代性批判打开了一个全新的视角，其中斯密政治经济思想更为突出，斯密剥离了劳动的自然属性，把"一般劳动"作为价值创造的来源，把劳动作为一切商品价值的衡量标准，不过斯密的劳动价值论主要针对劳动活动和劳动资料尚未分离的传统社会，当回转到劳动与资本、土地相互分离的现代资本主义社会时，斯密就把工资、利润和地租共同作为价值的来源，产生"价值决定价值"的自相矛盾，马克思曾分析斯密价值论的两重性：一方面比较客观地研究了资产阶级经济体系与经济范畴的内部关联，另一方面他又站在资产阶级私人利益的立场描述这种关联，前者对资产阶级经济关系内部关联的生理学剖析构成马克思劳动价值论的思想来源，后者的描述滋生了庸俗政治经济学的孽种。

李嘉图作为古典政治经济学的完成者，进一步发展了斯密思想中比较革命的一面，比如他把斯密劳动价值论的分析延展到资本主义社会范围，相对于斯密从工资、利润和地租去分析价值构成，李嘉图认为商品价值是由直接耗费劳动和间接耗费劳动共同决定的，这二者共同构成投入生产中的劳动总体，间接

劳动只发生价值的转移而没有增值，直接劳动创造了新价值。马克思特别肯定了李嘉图的经济思想，他说："资产阶级政治经济学的对立面，即社会主义和共产主义，是在古典政治经济学本身的著作中，特别是在李嘉图的著作中找到自己的理论前提的。"另外李嘉图对资产阶级财产分配问题的考量，已经触及资本主义社会资产阶级、土地所有者和工人阶级之间的经济对立问题，为马克思透过商品交换和商品流动的分析，深入生产过程发现剩余价值的存在，并在此基础上透析整个资本主义生产关系和社会关系进行总体的现代性批判提供了有益参考。

第三节　对空想社会主义现代性批判的超越

对马克思现代性思想产生重要影响的乌托邦社会主义思想非常丰富，其中以法国圣西门、傅立叶和英国欧文为代表的空想社会主义者对现代资本主义制度进行深刻批判，以天才的设想勾画了未来新社会的美好图景，并积极探求取代现代社会制度的实现路径，达到乌托邦社会主义的顶峰，对马克思现代性的影响较为明显，马克思曾称他们是"三个伟大的乌托邦社会主义者"和"社会主义创始人"，称他们的思想是"本来意义上的社会主义和共产主义的体系"，现分别就他们现代性分析的哲学基础、资本主义现代性批判和未来新现代性设想以及对马克思现代性思想的影响简述如下：

一、圣西门对资本主义现代性批判与构建实业制度的设想

（一）圣西门现代性批判的哲学基础

在社会历史观上，圣西门认为人类理性是社会发展的最终动力，哲学家与天才人物作为人类理性化身肩负着改造旧社会、建立新社会和推动社会发展的历史使命；圣西门还认为人类社会发展是连续上升的过程，任何社会都包含过去的残余和未来新制度的萌芽，新社会产生是新因素产生旧因素衰亡、新因素战胜旧因素实现的，社会历史发展集中体现为社会大多数成员的生活更加幸

福；圣西门还认识到社会政治制度变革最终是由经济因素所引起的，尤其是所有制在社会中的重要意义，指出在议会政府中所有制的制宪工作"是社会大厦的基石"，所有权也不是固定不变的，随着所有权的转移社会性质也会发生根本改变；圣西门还通过对法国大革命中贵族阶级、资产阶级和无产阶级斗争关系的分析，初步意识到阶级斗争对社会发展的重要作用，对此马克思认为"这在1802年是极为天才的发现"。

（二）资本主义制度的现代性批判

圣西门透过法国大革命繁茂芜杂的乱象洞察到新制度（即现代资本主义制度）的种种弊病及其反动本质，并进行深刻的现代性批判。

圣西门首先批判了法国大革命后所建立的新制度的奴役本性，他指出法国大革命初期资产阶级允诺的要建立所谓经济和自由的制度，并且这一制度的直接目的"是为勤劳的生产阶级谋求最大福利"，但革命的结果根本没有实现这一承诺，实际上"这一争取自由的伟大事业只是产生了新的奴役形式"，其最终结果并没有改变政权性质，它只是用新的剥削阶级即资产阶级取代了旧的，无产阶级不仅没有获得解放反而比之前受到奴役的程度更加严重；其次，圣西门还深刻批判了新制度颠倒是非的利己主义性质，他以是否有利于生产和劳动者利益检视新社会，认为都是一些不学无术的寄生虫统治着有才能的学者和艺术家，"现在的社会完全是个是非颠倒的世界"，他还发现新制度的利己主义特质是现代各种政治病的原因和社会罪恶的根源；最后，圣西门指出法国大革命虽然摒弃了封建制度和神权统治，但革命后的新制度并不是个理想的自由国度，而是旧的封建制度通向未来"实业制度""中间的和过渡的体系"，并对现代资本主义的无政府状态进行尖锐批判。

（三）实业制度的新现代性设想

圣西门把未来理想的社会制度称为实业制度，指出这一制度的实现既合乎理性的内在要求也是社会发展的必然结果。

圣西门认为实业制度存在的首要目标就是不断满足人们的需要，新社会政治制度应当服务于实现最大多数人利益，人们也应当以尽可能实现最大多数阶层对于物质和精神文化生活的需求作为自己的活动目标，"要把自己的社会建设得可以保证最穷苦阶级的身心生活得到最迅速和最圆满的改善"，圣西门的实业制度已经明确未来社会的发展目标，并初步探索了实现这一目标的切实路径，已具有明显的无产阶级社会主义社会的特点；圣西门还非常重视发展实业，社会成员作为实业工厂中的一员都要辛勤劳动，劳动产品根据各自才能的大小和为事业组织做出贡献的多少参与分配，才能越强、做出贡献越多其分配所得就越多，反对不劳而获和宗教禁欲主义，这其实包含着按劳分配思想的萌芽，为马克思科学社会主义"各尽所能、按劳分配"原则提供理论参考；最后，圣西门认为实业制度是人们享有最大自由和平等的理想社会制度，这一制度中尽管还有财产私有、资本家和工人、农场主和农民，但他们都是劳动者，不存在任何剥削和被剥削的对立关系。实业制度下国家政权机关的职能主要是组织人民进行生产以造福全民，人们享有平等权利。恩格斯曾给予高度评价说："在1816年，圣西门宣布政治是关于生产的科学，并且预言政治将完全溶化在经济中。……对人的政治统治应当变成对物的管理和对生产过程的领导这种思想，……已经明白地表达出来了。"因此圣西门的理论已经包含着国家消亡的社会思想。

二、傅立叶对资本主义现代性批判与创建和谐制度的构想

（一）现代性批判的哲学基础

傅立叶认为社会历史是按照一定规律来发展的，不过采取的是自然神论形式，带有一定神秘主义色彩。傅立叶认为整个宇宙是一个普遍运动的体系，物质和有机运动受"万有引力"支配，社会和动物运动则受"情欲引力"左右，这种"情欲引力"是推动社会发展的持续动力，人类社会就是在利用物质财富满足情欲的矛盾中推动社会运动的；傅立叶还认为人类社会发展是由低级向高级不断发展的过程，其中生产性质的差异和不同经济状况是划分不同时期的重要标志，傅立叶在考察了资本主义社会的种种奴役现实后得出资本主义制度并非人类所向往的完美制度，随着社会发展必将被更高级的和谐制度所代替，傅立叶的历史观中还包含着零散的唯物史观的火花；傅立叶还研究指出社会性质具有复合性，历史发展中的每一个社会都孕育着新制度的萌芽和保留着旧制度的残留，一个未经任何改变、不沾染高级与低级时代特点的纯粹社会是不存在的，留有较多低级社会的痕迹自然不好，过于追捧高级时期的特点也未必是件

好事，这种特点可能会因政治变迁产生不良后果。对此恩格斯在《反杜林论》曾称赞傅立叶"是和他的同时代人黑格尔一样熟练地掌握了辩证法的"，他不会过于美化任何一个社会历史，每一历史时期都有其产生、发展和下降的历史阶段，而且人类未来发展同样如此。

（二）对资本主义制度现代性的批判

傅立叶对"文明制度"的批判主要指的是资本主义现代制度，恩格斯评价说"在傅立叶的著作中，几乎每一页都放射出对备受称颂的文明造成的贫困所作的讽刺和批判的火花"，这是他现代性批判最精彩部分。

傅立叶首先批判了资本主义现代制度。傅立叶分析发现现代文明尽管创造了大量的工业产品，却给劳动人民带来巨大灾难，现代制度充满着不同群体之间的利益冲突，这种对立集中体现在无产阶级与资产阶级之间的贫富对立，他断言"在文明制度下，贫困是由富裕产生的"，资本主义社会作为一种反社会的工业主义制度，在资本主义制度文明下所掩盖的不过是一种露骨的人间地狱，是现实中"恢复了的奴隶制度"，傅立叶对资本主义商业进行深刻批判，认为文明制度下的商业其实就是在政府和法律庇护下有组织的抢劫行为，是现代制度主要祸害；其次批判资本主义制度下经济危机和文明的虚伪性。傅立叶认为资本主义制度尽管有效提高了生产效率和创造了大量的社会财富，但市场竞争也产生了生产的无政府状态，傅立叶尤其敏锐察觉到1825年英国经济危机其实质是"生产过剩引起的危机"，还提出垄断的出现将是资本主义竞争的必然结果，并将这一垄断阶段称为商业封建主义或工业封建主义，马克思曾肯定了傅立叶的这一不朽功绩，因为"他预言了这种现代工业形式，把它称为工业封建主义"；最后傅立叶对资产阶级宣扬的自由、平等、博爱、道德等思想也进行猛烈抨击，批判资本主义国家法律和道德虚伪的本质，指出"文明是欺骗的王国，而道德则是它的工具"，傅立叶指出现代资本主义制度取代野蛮制度虽然有其历史必然性，也推动了社会发展和人类进步，但也给广大劳动者带来贫困，从而得出资本主义制度作为过渡性社会必然灭亡的结论。

（三）和谐制度的新现代性设想

傅立叶把和谐制度视作未来理想制度，并提出一些天才的设想。傅立叶设想的和谐社会是由法郎吉所构成的协作社组织，这种组织是集生产活动与消费活动、教育活动与生产活动、工业生产与农业生产、城市与乡村结构、脑力劳动与体力劳动等各种功能结构于一体的新型集体经营合作组织，在法郎吉中人人参加劳动，劳动成为一种情趣伴随人们的日常生活；关于法郎吉中人们的分配问题，傅立叶反对平均主义分配而采取"均衡分配"模式，也就是把法郎吉的收入参照个人拥有资本的多少、劳动贡献的大小、个人才能的高低等要素按比例参与分配，并主张保留资本主义私有制，由于成员收入不同他们的消费水平也有差异，他们主要根据自己收入状况选择适合自己的消费层级；傅立叶还提出要大力发展文化与教育，将教育与生产劳动相结合、消灭脑力劳动与体力劳动差别、培养德智体全面发展的一代新人的思想，以及使消费者人数与生产力发展水平相适应等远见思想。

三、欧文对资本主义现代性批判与创办劳动公社的努力

（一）现代性批判的哲学基础

欧文是 19 世纪上半叶空想社会主义伟大的思想家和实践家，他的历史观散见于他的著作观点之中，他也主张人类社会发展是个有规律的过程。欧文认为私有制的出现是社会发展与人类进步的体现，但私有制相对人类理想而言毕竟不是最合理的社会制度，作为人类历史发展的特定阶段必将被更合理、更优越的公有制所代替。从环境决定性格的理论前提出发，指出符合人性和真理的新制度取代罪恶和虚伪的现代制度的时代很快就要到来，并由此引出他的共产主义思想。最后欧文还指出改变不合理的制度环境要从改变现代的教育制度开始，推进社会改造与历史发展的动力就在于教育，从而也就否定了阶级斗争的合理性和必要性。

（二）对资本主义制度的现代性批判

欧文首先对资本主义私有制和经济危机进行批判性分析。在欧文看来，私有制是造成社会贫困、欺骗、奴役、仇恨等各种社会丑恶问题的根源，他还分析了资本主义经济危机是缺乏同生产相适应的市场或交换手段造成的，不合理的分配制度致使劳动者因收入降低从而引起购买力不足和商品滞销，生产力

的不断扩大与购买力的相对缩小使现有市场无法容纳更多商品，最终产生经济危机。

欧文还对资本主义产业革命和资产阶级剥削本性进行尖锐的批判，他指出英国机械大生产虽然创造了大量的社会财富，但也变成了人民被奴役的根源，机器作为生产手段在资本主义制度下却排挤了工人，造成大量工人失业和人民流离失所，并且指明了造成这种问题的最终根源是控制驾驭机器的资本主义制度；欧文还利用李嘉图的劳动价值论考察了资本对劳动的剥削关系，他认为不劳而获的人获得巨额财富和参加生产的劳动者得不到或得到极少收入是不公平的，这是由不合理的资本主义制度造成的。

通过对现代资本主义批判，欧文还表达了对资本主义制度进行改造的思想。欧文通过分析认为，资本主义作为一种欺骗和伪善的社会制度已经不再适合生产力发展，它只是人类社会发展的过渡性阶段，必将被更理想的合作制度所代替。欧文得出资本主义一切罪恶和灾难的根源即私有制，只有消灭私有制才能彻底变革不合理的现代制度。马克思对此曾给予较高评价，认为"在欧文看来，到目前为止仅仅使个别人发财而使群众受奴役的新的强大的生产力，提供了改造社会的基础，它作为大家的共同财产只应当为大家的共同福利服务"。

（三）劳动公社的新现代性设想

欧文把私有制视为现代社会各种罪恶与丑陋的根源，并主张以公有制取代私有制，他所设想的共产主义劳动公社就是建立在公有制基础上的联盟共和国。共产主义劳动公社是未来社会的基层组织，实行财产共有、共同劳动、共同分配等原则，这是一种围绕劳动公社组织原则、领导制度、生产生活等问题进行的富有天才的设想。

首先关于劳动公社的组织原则与生产目标，欧文认为未来劳动公社根据联合劳动、联合消费等原则组织起来，财产共有制度取代私有财产成为未来理想社会的基础，生产目的不是迎合个人私利，而是为了满足全体社会成员的物质文化需要；旧的分工制度和阶级对立已经消灭，工农、城乡、脑体的三大差别也已消亡，这种新的现代制度的实现不是服务于个别群体的幸福，"而是使全人类世世代代永久幸福，并且使幸福一代代地提高，永远不会倒退"；其次关于公社经济政治生活，欧文认为公社是一个工、农、商、学相结合的基层组织，社内实行财产公有和集体生产，广泛发展现代科技，将机器变成节约劳动、时间和金钱的强大杠杆，劳动产品实行按劳分配原则，取消商品和商品交换，货币存在也成为多余，公社之间产品交换也是通过一定数量劳动凭证而不是货币来进行；公社最高权力机关是全体社员大会，在这个由理性建立起来的联合体中政治统治与行政管理已成多余，欧文观点中蕴含着随着社会发展国家功能终将失效并最终消亡的思想。最后欧文还将自己关于未来的设想付诸实践，1824年欧文在美国印第安纳州进行"新和谐公社"的实验，1832—1834年在英国进行合作社实验，虽屡遭失败，却矢志不移，同时还组织领导了英国工人合作社运动。恩格斯后来曾评价说："当时英国的有利于工人运动的一切社会运动、一切实际进步，都是和欧文的名字连在一起的。"

四、马克思对科学社会主义现代性思想的扬弃

马克思对空想社会主义进行批判性改造，实现了社会主义由空想到科学的飞跃，科学社会主义明确了未来新现代性建构的基本原则和科学方法，在这个过程中马克思对空想社会主义现代性思想进行批判性继承和创新性超越。

马克思吸收利用了空想社会主义对资本主义现代性进行批判的思想材料。空想社会主义者从资本原始积累开始批判性考察，逐渐对资本主义工业商业等经济领域、政权选举等政治领域以及平等自由等思想领域最后以致对整个资产阶级和资本主义制度进行全面揭露，经济上指出资本主义雇佣制度不过是奴隶制在新的条件下的复活，资本主义制度下无产阶级贫困是由富裕产生的等思想；政治上强调资产阶级政权不过是维护少数有产者利益、对广大无产者进行暴力压迫和掠夺的工具；思想上揭露资产阶级意识形态下自由道德的虚伪性和欺骗性，其本质无非是利己主义者在金钱笼罩下的华丽屏障，尤其是他们深入到资本主义私有制层面分析现代社会种种不平等的根源，这些在资本主义制度下的官方"正史"是难以呈现的，这些批判使后人比较清楚认知了资本主义"原罪"。马克思在《共产党宣言》《资本论》等著作中多次引证了空想社会主义的思想资源，这些思想在本文第四章部分会展开论述。

马克思还吸取了空想社会主义对未来社会的所构想的科学成分。空想社会主义在对人类社会发展进行分析后，在论证未来社会发展过程中，也萌生了许

多进步的思想火花，并被科学社会主义所批判性发展，比如提出社会发展是一个有规律的过程的思想，尤其圣西门还得出"经济状况是政治制度的基础"的结论，关于通过新型合作组织消灭城乡、脑体和工农三大分工彼此对立，建立共产主义联合体的思想，关于在未来社会实行才能、劳动和贡献的一定比例进行产品分配的思想，关于在未来社会国家消亡的思想以及有计划组织社会生产、大力发展教育与科学以及妇女解放等阐述，对马克思现代性思想产生较大影响，马克思对其合理思想进行批判性继承。当然空想社会主义也不可避免具有时代局限性，甚至还保留诸多消极性糟粕，比如圣西门派徒会议、傅立叶的"情欲引力论"等思想具有鲜明的宗教神秘主义因素；对于实现未来新现代性的路径方面，他们大多肯定了社会变革对社会发展具有推动作用，但是却找不到实现这一推动作用的阶级力量，他们或者诉诸开明君主的良知推进，或者寄托于个别精明理论家的思想宣传，却找不到无产阶级不仅作为受苦受难的被压迫者而且是变革社会的物质力量，在他们看到无产阶级的地方是作为需要同情与救赎的压迫者出现，而在他们需要推动社会变革的时候无产阶级却在他们的视野之外；对于资本主义现代性批判与新现代性建构主要基于理性原则，而不是从社会的生产和阶级斗争的规律中得出的，他们只是从道德情感的理性出发对现代社会不合理进行激情批判，对未来新社会也仅是赋予天才的猜想，马克思曾批判这种空想社会主义"实质上只是把现代社会理想化，描绘出一幅没有阴暗面的现代社会的图画，并且不顾这个社会的现实而力求实现自己的理想"。对于空想社会主义的局限性和不足，马克思并没有过于简单的谴责或否定，而是从对社会现实的分析中得出"不成熟的理论，是同不成熟的资本主义生产状况、不成熟的阶级状况相适应的……"

马克思充分汲取了前人对现代社会思考、分析与批判的积极成果，摒弃了其因阶级立场、理论视野与时代局限等因素所产生不合理的成分，从最根本的生产方式分析出发，透析了现代社会政治经济制度与思想意识形态等各个领域，针对现代性诸种问题提出了切实可行的替代性方案，奠定了现代性分析的基础性架构，形成了内容丰富、主体清晰、结构完整的现代性思想体系。其实对现代社会的批判性反思贯穿于马克思思想的全过程，当然这一过程也伴随着非常痛苦的思想蜕变历程，这就有必要从思想史角度研究梳理马克思现代性思想的发展脉络，以便从整体上认识马克思现代性思想的全貌。

第三章
马克思现代性思想的发展脉络 ↗

马克思现代性思想经历一个历史发展过程，从其思想脉络来看，大致从康德、费希特浪漫理想主义现代性出发，历经黑格尔理性主义的现代性审视和费尔巴哈人本主义的现代性审思，最终确立了历史唯物主义现代性批判的科学方法，然后以唯物史观为理论武器对现代资本主义制度进行系统的政治经济学批判，并主张通过共产主义运动建构自由人联合体的新现代性。

第一节 从"自我意识"启蒙到 "理性国家"追寻

一、理性主义：理想主义的现代性转向

马克思早期的启蒙思想具有追求完美的理想主义风格和浪漫主义情怀，在他的中学毕业论文《青年在选择职业时的考虑》就曾经把追求人类幸福和自身完美作为职业选择标准，年轻的马克思把职业定格为实现全人类的幸福，并且把人类幸福与个人对完美的追求结合起来，有些学者就此得出马克思中学时期就立志于实现全人类解放事业的结论，其实此时马克思只是受浪漫主义影响而表达的一种美好愿望，与后来经过政治解放得出人类解放有着根本区别；另外，在其诗集《爱之书》与《歌之书》也浸透着马克思浪漫主义的写作特质，马克思的这些诗歌充满了悲剧式的爱情，有着远离社会的清凉和富有创造力的自我欣赏，1837 年 11 月马克思给父亲信中也认为这些抒情诗"是纯理想主义的"，此时马克思情感浓烈而不稳，更多追求比较完美的应然状态，形式的表达往往

遮蔽了真实的情感，这是马克思对三卷本诗集内容特点的体悟。马克思的父母对马克思这种不切实际的抽象浪漫主义追求也很忧虑，1835 年 11 月亨利希·马克思给马克思的信中曾批评了马克思诗词抽象难懂，并警告马克思总不能在抽象的理想化中寻求现实生活的幸福，马克思的母亲警示马克思"一切高尚的和美好的东西都是通过平凡的东西而达到的"，总体而言，青年时代马克思的思想散发着浓郁的浪漫主义气息，马克思的启蒙思想更接近于康德和费希特的唯心主义。

转学到柏林大学后，马克思思想的浪漫主义阶段没有持续太长时间，马克思在写给父亲的信中也表示诗歌只是他附带的事，并期望在哲学领域有所突破。马克思对黑格尔哲学的接触是在自由主义黑格尔派爱德华·甘斯的法学讲座上，有着独立思考的马克思表示不喜欢黑格尔哲学那离奇古怪的调子，还曾写短诗讽刺道，"我教授的语言已变得错杂纷纭、一片迷茫"；相比之下他更赞同康德、费希特哲学。在此期间，马克思想通过法律学习创建一种法哲学，还曾为此写了一个形而上学导言，在此创作过程中他面临一个棘手问题，同时也是理想主义无法回避也无法克服的问题——应然与实然之间的矛盾对立，这也体现出马克思思想与康德、费希特哲学的内在差异：康德和费希特哲学喜欢在理想的太空寻找未知的国度，而马克思更希望在街头巷尾领悟日常琐事；黑格尔哲学相对于康德先验哲学而言更加关注社会现实，马克思又不得不重新思考黑格尔理性主义哲学。

诗词创作与法学体系构建使马克思熬过无数不眠之夜，终因体力不支病倒了，后来在医生建议下来到史特拉劳休养。在此疗养期间，马克思阅读了黑格尔大量著作并实现了向黑格尔哲学的转变。当然这一转变并非自然而然，而是经历了一个痛苦的思想蜕变，在 1837 年 11 月 10 日给父亲的信中马克思谈到通过哲学攻读法学的想法，不过此时困扰马克思的依然是理想主义所无法摆脱的"现有之物"与"应有之物"之间的冲突，并且马克思也意识到概念原则等法的形而上学的东西太过于空洞，脱离了法的实际状况和实际形式。此时马克思已经非常清晰地认识到理想主义太过于关注形式，用形式取代内容，在舍弃内容追寻外在形式过程中，马克思说："我认为实体与形式可以而且必须互不相干地发展，结果我所得到的不是实在的形式，而是一个带抽屉的书桌，而抽屉后来又被我装上了沙子。"这种形式决定内容使马克思更加明白"没有哲学就无法深入"。

最终马克思极具浪漫色彩的理想主义破灭了，当理想与现实因矛盾不可调和之后，马克思决心清理思想中的理想主义残余，思想中原有的"神"被请下神坛，新的"神"将被引入，这个新的"神"就是更加关注现实问题的黑格尔理性主义哲学，这样马克思就转向尘世中去寻求观念。尽管马克思很不喜欢黑格尔离奇古怪的调子，但养病期间还是阅读了黑格尔及其弟子的大部分著作，最终情非得已的转向了黑格尔哲学。在提及他当时写作的《克莱安泰斯，或论哲学的起点和必然的发展》论著时则体现了此时马克思思想转变的内心体验："这部著作，这个在月光下抚养大的我的可爱的孩子，象欺诈的海妖一样，把我诱入敌人的怀抱。"就这样马克思开始投入黑格尔哲学思想的大海，最终成为黑格尔左派"博士俱乐部"的主要成员，由此逐步迈入理性主义现代性批判的理论场域。

二、意识自由：理性主义的现代性表达

促使马克思发生思想转向主要原因正是应然与实然之间不可克服的矛盾，尽管马克思不太喜欢黑格尔哲学的表达风格，但现实的使命感推动马克思不得不进行痛苦的思想蜕变，从实际环境而非抽象理论出发保持对客观现实的使命感，运用动态发展的视角审视现代社会变迁成为贯穿马克思理论与革命生涯的一条主线。青年黑格尔派尽管钟情于自我意识哲学，马克思却从未像鲍威尔等人那样简单回返费希特主义而陷入独断论的空想，而是批判继承了黑格尔辩证法的"合理内核"，更加关注个人自我意识的能动性、选择性与独立性，指出在个人自由与现实关系问题上应采取积极主动的态度，1839 年初到 1840 年 3 月的博士论文集中体现了此时马克思的理论探索。马克思以希腊哲学作为自己的研究方向，把伊壁鸠鲁哲学作为博士论文选题，主要因为伊壁鸠鲁学派、斯多葛派和怀疑派哲学与现时代的自我意识表现出某种历史的共同性，不过前者是力求逃避现实只在主体意识中寻求独立与自由，现代自我意识是把哲学转化为自由意志来改变外部现实。马克思认为自我意识哲学就是现代德国精神的体现。他把希腊自我意识哲学与现代资产阶级启蒙思想结合起来，马克思最后以《德谟克里特的自然哲学和伊壁鸠鲁的自然哲学的差别》为题写了博士论文，这也是马克思对启蒙理性原则与人的自由主体性的理论捍卫。

（一）自我意识作为哲学精神的时代品质

马克思序言中论及哲学任务就是要成为改造非理性现实的武器，并引用普罗米修斯的自白"我痛恨所有的神"作为自己的哲学格言，不应该有任何神同人的自我意识相并列，马克思认为对神的存在的证明也就是对人的自我意志存在的证明。黑格尔哲学把绝对精神描述为脱离人类思维的实体，这种抽象只是概念的演化发展，而对于现实世界方面则是无能为力的，马克思认为哲学理性必须转化为体现现实精神的自我意识，这种意识作为哲学发展的意志跨入实践领域，当然此时马克思所谓的实践还不是物质生产实践，而是一种理论批判活动。

哲学不仅要转向世界实现自身，还要转向自己来改造自身，自我意识作为哲学品质既要面向世界改造现实实现理性解放，还要面向自身实现自我救赎。这时马克思还只是强调自我意识的形式意义，在其内容上还必须受制于理性的普遍法则。马克思认为由黑格尔绝对精神向自我意识的转变并非摒弃理性法则的客观内容，而是要把理性内容通过主观的形式与现实发生关系，自我意识也不是鲍威尔强调的纯主观思想，而是客观精神在主体意识中的存在方式。由此马克思既超越了黑格尔将绝对精神概念化的倾向，也没有像鲍威尔从客观精神退回费希特的纯主观意识，而是以哲学为武器，通过主体自我意识去批判与改造现实。

（二）自由的理性与理性的自由

马克思分析了德谟克里特和伊壁鸠鲁尽管都是原子论哲学家，但在对待现实态度上二者却有明显不同：德谟克里特主张以自然为中心，把人置于自然必然性的从属地位去解释实存，更多强调人的活动要绝对顺从自然必然性；伊壁鸠鲁则主张在现实世界中人的独立性与自由的重要意义，更加凸显人的自我意识的能动关系。马克思颂扬了伊壁鸠鲁哲学对德谟克里特机械决定论的克服和人的意识能动性的确立，但也不完全同意伊壁鸠鲁哲学。马克思认为尽管伊壁鸠鲁反对自然必然性而向往意识自由，但他所追求的自由并非现实世界中的自由意识，仅仅是脱离现实生活而寻求内心的宁静。马克思概括了伊壁鸠鲁哲学的弊端，抽象的可能性不会触及现实的主体，而是想象的主体，仅仅对抽象的主体进行想象不会限制现实的主体，哪怕这种抽象的思维能否变成现实也是不重要的，因为它旨在思想中去力求理想就够了，但"实在的可能性力求证明它的客体的必然性和现实性"，人应该在现实中追求和实现思想的自由。马克思认为个体自我意识既不能完全受制于必然性支配而失去自由，也不应该与自然合理性相对立，二者是彼此一致的，自然界只有不受自觉理性的约束才是完全自由的，自然界也只有作为理性的存在才能成为理性的所有物。

（三）对伊壁鸠鲁原子自由思想的辩证扬弃

与德谟克里特主张原子只有直线式下降和原子冲击两种运动形式不同，伊壁鸠鲁认为原子还有脱离直线的偏斜运动，马克思认为"原子脱离直线而偏斜"其实就是意识独立性的表现，伊壁鸠鲁的原子具有自我意识的自由意志特性，具有相对独立性和自由个体性，德谟克里特的原子则是缺乏形式能动性的纯粹质料，原子运动也是受制于盲目必然性的强制运动。马克思还认为伊壁鸠鲁原子概念包含着内在矛盾性，这种矛盾是原子的灵魂，原子用这否定性原则打破了德谟克里特的机械必然性支配，既有直线运动又有原子偏斜的运动共同构成了原子内在的两种属性：直线运动表现了原子的客观性与必然性，偏斜运动则表征着原子的主体性与能动性。原子偏斜运动打破了原子世界机械必然性的支配，正是由于原子运动的偏斜导致原子的碰撞和冲击，最终创造了整个世界，此时马克思深受启蒙理性主义影响，对现实自由意识的向往与追求成为主旋律，直线运动就是原子肯定性，偏斜运动是对肯定的否定，原子的冲击作为原子偏斜的结果就是否定之否定，由此可见马克思分析方法的黑格尔痕迹。

博士论文时期马克思尽管以黑格尔理性主义为理据，但并未完全沉浸其中，他既吸取黑格尔辩证法内核又摆脱纯粹概念的逻辑演绎，既立足青年黑格尔"自我意识"理论主题又没有如鲍威尔等人简单回归到谢林"思有同一，皆备于我"的主观唯心主义，既批判德谟克里特的机械决定论又肯定自我意识所具有客观精神所固有普遍性等一切环节，既肯定伊壁鸠鲁原子偏斜思想所凸显的自我意识自由与独立性，又不同意这一自由仅囿于追寻内心宁静，而是立足启蒙精神的现代社会，以哲学武器坚决捍卫自我意识所代表的普遍权利、自由、平等的现代性理念。马克思所追崇的自我意识是当时时代精神的思辨表达，后来在《神圣家族》中提到自我意识所代表的就是现代平等理念，"如果埃德加先生把法国的平等和德国的'自我意识'稍微比较一下，他就会发现，后一个原则按德国的方式即用抽象思维所表达的东西，就是前一个原则按法国的方式即用政治语言和具象思维的语言所说的东西"，正如德国人用自我意识现实地反抗现存的东西那样，法国是用平等原则达到破坏性批判的目标，由此可见马克思在博士论文时期已具有强烈的现实使命感，并开始关注现代社会理性的建构方向，并力促现实社会趋向于理性目标，具有鲜明的启蒙现代性的基本定向。

三、民主自由：理性主义现代性的困境

1841年马克思获得博士学位后，由于特殊原因没有在波恩大学谋取讲师职位，便很快参加《莱茵报》的出版工作，并曾撰写了几篇政论文章进行现实的政治批判，这段时期他的政论基本沿袭博士论文的基本立场，将自我意识的绝对原则转化为启蒙的"自由"与"理性"，把哲学思辨力量转化为现实的批判力量，马克思从黑格尔理性主义立场出发，主张绝对理念是世界的第一本源，理性必须贯穿自由的价值理念，对遏制精神自由和有悖理性原则的书报检查制度、政治法律制度和宗教观念等进行理性主义批判，此时马克思以追寻理性现代性立场为主。

（一）坚持理性原则，批判普鲁士书报检查制度对精神自由的限制

1841年12月，在资产阶级自由主义压力下，普鲁士政府伪装"修订"书报检查法，实则新瓶卖旧药，不久马克思便写了《评普鲁士最近的书报检查令》一文进行揭露。马克思把出版自由归结为精神自由，从黑格尔理性主义出发，既强调理性独立于个体而存在，又主张在理性的光辉下个体自由所具有的积极意义。

马克思首先指出书报检查的问题并非书报检查官员的个人行为，而是书报检查制度本身的缺点，书报检查官员是代表制度对整个社会执行精神暴力，真正无视理性、践踏自由的是官员背后的书报检查制度，一旦制度不得不做出让步时，它就会牺牲人而保全制度本身，从而转移公众的注意力，由于书报检查制度具有根本性，整治的方法就是彻底废除这一制度。马克思对现代社会问题分析已经透过表象渗透到政治制度领域层面。马克思还指出人的精神世界理应

是丰富多彩的，以书报检查作为言论标准其实就是扼杀出版自由，阴暗成为欢乐光明的精神的唯一表现方式就是要求精神只穿单一黑色的衣服，但现实的花丛中没有一枝花是黑色的。马克思对精神自由的论述是从客观精神出发，指正书报检查制度不仅泯灭个体精神自由，也扼杀了社会精神自由，出版自由捍卫的不仅是个体精神自由，还是整个社会人们对真理自由的探索，当然马克思依然认为现代国家能够实现真正的理性与自由。

在《关于出版自由和公布等级会议记录的辩论》一文中，马克思还站在民主主义立场捍卫出版自由，并且把出版自由作为实现其他自由的前提。当然马克思还是从精神决定物质出发更加重视精神作用，他从"应然"角度把出版自由作为人民实现精神自由的"慧眼"，只有通过自由报刊才能把人们的声音传递给国家，才能把国家规范输送给人民，报刊是联结人民与国家的桥梁，自由报刊作为观念化的世界是从粗糙物质世界中唤起生机的一种方式，同时也是滋养人民的精神食粮，此时马克思在追求言论自由时还具有非常明显的重精神轻物质的唯心主义特质。马克思还以理性与法律为根据，指出自由是理性的法则，而法律是理性的体现和自由的保障，从而通过法律的理性和公正保障自由的实现，用新闻出版法保障新闻出版自由。

此时马克思对现代理性、自由和法律的理解还是黑格尔式的，不过也明显不同，与黑格尔蔑视舆论作用相反，马克思把社会舆论看作国家理性的前提，与黑格尔将普鲁士国家作为理性象征来极度推崇相反，马克思更着眼人民整体的立场张扬现代理性，认为人民言论在国家事务中具有重要作用。另外与鲍威尔等人把自由变成脱离实际的空泛辩论也不一样，马克思则主张把实现自由与现实政治斗争结合起来，这就注定马克思会走一条理论现实化与现实理论化相结合的现代性批判道路。

（二）理性主义国家观的表达与宗教批判

现代社会关于国家与宗教的关系是现代性批判无法回避的问题，在《评普鲁士最近的书报检查令》中马克思就已经批判有人把政治原则和宗教原则等同起来的做法，曾提出"国家应该是政治理性和法的理性的实现"的思想。1842年7月马克思发表第二篇文章《第179号科伦日报社论》，从理性主义国家观立场阐明宗教与国家的关系问题。《科伦日报》的主编海尔梅斯认为现代国家是建立在基督教基础之上，基督教教义构成国家活动的原则和依据。马克思尖锐地批判了海尔梅斯把国家与宗教相混淆的错误，从理性角度对宗教与国家进行明确界分：宗教是人们情感的表达因此是非理性的，而国家则是理性的，国家是合乎理性的公共存在，就是要通过教育把社会成员变成理性的国家成员，把个体粗野的本能变成合乎道德的意向以更好地服务于普遍性的目的，使个人以整体的生活为乐事，整体则以个人的信念为乐事，自由理性国家的建立不能从基督教出发来阐明，要建立理性国家就必须反对宗教。

　　既然宗教不能构成现代国家的基础，现代国家的基础是什么？马克思认为是哲学，宗教是感情表达而哲学是理性的启思，宗教在情感上引领人们走向理想的彼岸去实现一个根本无法兑现的承诺，而哲学则是在思想上启发人们去认识真理和获取真理，宗教是要求人们树立信仰而哲学则启发人们不断检省质疑，哲学是引导人们去探求真理而不是把既定真理作为信仰，"人民最美好、最珍贵、最隐蔽的精髓都汇集在哲学思想里"，真正的哲学作为时代精神的精华，必然会——不仅通过自己外在方式理性把握外部世界，而且用自己的内在的内容照亮现实世界——引领人们走向哲学的世界，哲学世界化把哲学变成世界性哲学，世界哲学化也终将把整个世界变成理性哲学的世界。马克思政治哲学所推崇的理性不是个人理性而是公共理性，是要根据整体观念在政治、伦理与法律上建构自由国家，国家作为个体理性的普遍性表现，个体公民是根据自己的个人理性制定作为理性的法律，公民对法律的服从其实也就是对自己理性的服从。马克思还是站在理性国家观的立场把国家看作自由理性的实现，他深信社会问题解决应当有赖于作为公共理性的国家与法律来保证，但关于林木盗窃法的辩论使马克思对黑格尔的理性主义国家观产生动摇。

（三）物质利益观对理性主义国家观的诘难

　　1841年7月莱茵省议会在林木保护的规定上增加对盗窃木柴（其实就是人们迫于生计捡拾枯树枝）和其他森林产品加强刑罚的法律，马克思写《关于林木盗窃法的辩论》文章进行谴责，开始使马克思对代表理性的国家和法律产生质疑，逐渐意识到法并非人们自由的保障，国家亦非理性的化身，一切都受物质利益所左右。马克思首先站在农民的立场谴责法律的非人道性，指出法律本应作为事物法理本质普遍和真正的表达，但现实生活中不是事物的法律本质屈从于法律，反而是法律屈从于事物的法律本质。马克思认为如果把捡枯树枝也列为林木盗窃之列，那就是法律在撒谎，在这一谎言中最后做出牺牲的却是人民。马克思强烈谴责了个体私人利益践踏作为国家和法的公共理性，批判了私人利益对公共利益的僭越与破坏，并且揭露私人利益自私自利的本性一直以来都没有被国家公共理性所"熏染"，是否需要根据私人利益把捡枯树枝列为林木盗窃并通过法律来制止，这是对国家是否理性的一次重要的考验，现代国家应当竭力避免沦为维护私人利益的工具，立法者应当站在理性国家立场并通过法律保障人的整体利益，与私有财产同理性和法相抵触的现象作斗争。马克思还区分了封建传统社会与现代社会的差别，认为封建制度是没有精神自由的动物王国和人类世界被分裂的野蛮社会，现实世界的种种不合理相当部分都是传统留下的，封建制国家等级划分严密森严，用马克思的话来说"人类简直是按照抽屉来分类的"，人类自由的肢体被"强行拆散"，没有任何现代社会自由、平等和理性精神。马克思此时对传统社会与现代社会的相区分主要还是从精神层面，从人类自由、平等的现代状态来认识现代社会，离从生产方式出发剖析现代政治民主欺骗性与思想自由的虚伪性还相去甚远。

在《摩泽尔记者的辩护》中马克思更是辛辣地批评普鲁士政府在解决摩泽尔区农民生活问题上的冷漠与偏见，他指出导致贫困问题的原因并非官员的意志，即使政府当局具有良善的美德与博爱的精神也不可能摧毁产生社会矛盾的"本质的关系的势力"，这时马克思进一步深入社会客观关系尤其是体现管理机构与被管理者的官僚关系中分析官员的外在行为，指出正是这些官僚体制关系制约着官员的行为。马克思不仅批判了封建官僚制度的落后腐朽性，而且深入"客观关系"中探求当事人表面动机背后的深层原因，为此后向物质生产关系的转变提供方法论前提。

尽管马克思对利益私人性进行猛烈批判，但事实上林木占有者还是窃取了国家公共利益，国家沦为林木占有者的"私有财产"，国家机关成为林木占有者的耳目和爪牙，成为少数特权阶层获取私人利益的工具与奴役，理性国家与经济现实的不和谐使马克思开始怀疑黑格尔理性主义国家观的正当性，原来由应然推广到实然的致思路径开始转变为从现实出发批判社会制度的不合理性，并从原因的探析中寻求社会解放的路径，这现代性批判的转向要从对黑格尔哲学的批判与清理开始。但综合来看，此时马克思依然对国家理性主义抱有一丝希望，还是从国家和法的理性出发揭露私人利益的非理性，也没有发现国家是维护统治阶级利益的工具的深层本质，还只是将其原因归结为私人利益的"狡猾"与"奸诈"。

第二节　从理性主义清理到唯物史观诞生的前夜

一、理性主义现代性的第一次清理

驱使马克思现代性批判理路转向的直接因素是在林木盗窃法的辩论中马克思所遇到的对物质利益发表意见的难题，同时促使马克思唯物主义转向另一因素是受到了费尔巴哈思想的影响。1843 年 3 月马克思写给卢格的信中肯定了费尔巴哈的人本主义思想，也指出费尔巴哈太过于强调自然而对现实政治问题的关注不足，尽管如此马克思依然认为"这是现代哲学能够借以成为真理的唯一联盟"，因为这一联盟中有"醉心于自然的人"，也会有"醉心于国家的人"，此时马克思也暗示他是要做一个醉心于国家的人，由此可以看出马克思通过费尔巴哈的人本主义实现向唯物主义的转向，从一开始就与费尔巴哈有着原则性的分歧。加上此前《莱茵报》被查封后，马克思便退出编辑部退回书房，带着对理性主义的怀疑，马克思尝试对黑格尔理性主义进行清理，并逐渐开始费尔巴哈人本主义转向，为现代性批判确定更加坚实的唯物主义基础，初步探究了"市民社会"中隐含的现代性秘密。

（一）批判黑格尔法哲学的思辨本质，提出市民社会决定国家的思想

1843 年马克思移居克罗茨纳赫期间写下五卷本的《克罗茨纳赫笔记》，通过对历史著作的研读尤其是法国革命史的梳理，使马克思具有丰富的历史资料进行国家和法的研究，初步形成了观念是由现实决定、逻辑是由事物决定的唯物主义观点，为着手批判黑格尔的国家哲学做了准备，1843 年夏马克思写作的《黑格尔法哲学批判》便是这一批判的未完成大作。此时马克思思想非常活跃，全面把握手稿更非易事，现就其与现代性思想相关的内容做简要分析。

黑格尔认为国家代表着绝对理性，"绝对自在自为的理性的东西"，法律和利益是国家理性的外在必然性，国家状况和自身使命决定着家庭、市民社会与国家的关系，而家庭与市民社会则是国家的有限性领域，是作为国家的概念性领域受到国家的支配。黑格尔客观唯心主义就是把作为公共理性的国家观念变成独立存在的绝对主体，家庭和市民社会作为国家想象的观念取代了客观的现实关系，市民社会与家庭变成观念外化并实现自身的环节和中介。黑格尔从观念中把家庭和市民社会结合成符合公共利益的国家理性，并通过思想的辩证扬弃实现自身。

在马克思看来却正好相反，政治国家是在家庭与市民社会基础上产生的，其实不是国家决定市民社会，而是市民社会决定国家，"政治国家没有家庭的自然基础和市民社会的人为基础就不可能存在。他们对国家来说是必要条件"，家庭与市民社会是国家现实的构成部分和存在形式，决定着国家的现实状况。但是在黑格尔思辨哲学中，这一切现实的关系都变成非本质的现象，思想观念变成绝对实体，市民社会与家庭和国家的现实制约关系在黑格尔哲学中退化为观念的思想关系，只要通过想象实现了三者的和解，也就实现了三者现实的和解，家庭与市民社会作为国家的前提在黑格尔哲学中"一切却是颠倒的"，"他不是从对象中发展自己的思想，而是按照自身已经形成了的并且是在抽象的逻辑中已经形成了的思想来发展自己的对象"，黑格尔是用国家的现实关系论证逻辑取代了用逻辑规则论证国家事实，不是用现实的逻辑证实思想的内容，而是用思想的逻辑调和、消解社会现实，把复杂的现实关系泛化为概念的逻辑规则并笼罩着神秘主义迷雾，他的法哲学不过是逻辑学的演绎和补充罢了。正如后来恩格斯所描述那样，通过对黑格尔法哲学的批判，马克思对人类社会发展过程的理解已经不再从黑格尔的理性国家中，而是深入"黑格尔所那样蔑视的'市民社会'中去寻找"这一锁钥了，马克思得出市民社会决定国家的结论，为深入现代社会经济关系进行现代性批判并走向历史唯物主义迈出一大步。

（二）批判黑格尔君主立宪制思想，认为只有民主制才符合人类的本质

黑格尔通过对中世纪与现代社会的对比分析，正确指出了中世纪市民社会原本隶属于国家机体，市民社会与国家的同一性只是到了现代社会才出现彼此

分离。马克思也认可在现代国家中"只有市民等级和政治等级的分离才表现出现代的市民社会和政治社会的真正的相互关系",但是对于二者分离的分析马克思与黑格尔有着根本不同。马克思认为市民社会从政治国家中分离出来,把整体的人二重化为国家的公民和社会的市民,这种二重化使主体的完整人格发生分化,社会中的市民要想获得政治效能就必须摆脱外在现实性的束缚,只有在自身纯粹的个体性中才能找寻作为公民意义的身份,国家作为政府外在于国家之外,同样人作为市民社会中的存在也必然外在于国家,独立个体的双重身份是彼此分离的。马克思不仅分析现代社会人作为市民与公民的二重性对立,也找到了消除这种对立的有效路径,就是使市民社会与国家政治重新统一起来,具体的解决方式就是实行"真正的民主制"。

第一,批判了君主制的非人化,阐释了民主制的合理性。黑格尔在《法哲学原理》中通过对各种政体分析后认为,只有君主立宪制是合乎理性的从而才是现实合理的,积极为普鲁士政府君主制进行辩护,黑格尔指出王权作为主观性权力"它就是整体即君主立宪制的顶峰和起点",人民各种价值的实现必须要以君主的存在为前提,其反动保守性十分明显,马克思对黑格尔哲学的反动保守性进行尖锐批判。通过对民主制与君主制的对比性分析,马克思认为民主制比君主制更优越,因为民主制的每一环节都是作为整体的人民环节,君主制则是把作为部分的王权来控制整体的性质,君主制是缺少内容的存在形式,只能伪造一些欺骗性的内容维系王权的统治,民主制作为人民的国家制度是真正的内容与形式的统一,这种国家制度是人民自我规定的制度。国家制度就其本质和现实性来说,是作为人民自己的作品被引入自己现实的基础与现实的人民,是人民自由的产物,因此"民主制是一切形式的国家制度的已经解开的谜"。在1843年马克思给卢格的信中,马克思站在人本学立场批判了德国君主制的非人性,指出这种专制制度轻视、蔑视人而没有人性,要彻底改变这个兽性世界,唯有丢弃这个世界的基础并过渡到民主制的人类新世界。

第二,批判官僚政治的虚伪面目。黑格尔认为官僚机构作为一个普遍的阶级和国家的化身,其实质是通过竞争产生的公务员团体,这个团体成员凭借自己的才智由王权钦点和民众选举的结果,是能够调和国家和私人利益的对立做到公正无私的。马克思却认为官僚机构是挪用国家意识的私人机构,是与真正的国家公共利益并存的虚构的国家,官僚政治通过严密的内在等级结构和神秘的外在权威维护着官僚机构的私人利益，国家则成了官僚个体追求权位、谋求利益的私人场所，唯灵论在官僚政治内部变成唯物质是从的粗陋唯物主义。从马克思对现代官僚政治的分析可以看出，使国家公共利益和特殊私人利益相统一，是国家在公共利益的幌子下把一部分人（如有产者）的特殊利益凌驾于另一部分人（如无产者）的利益之上来实现的，国家官僚机构则是把这种特殊私人利益外化为有益于整体的公共利益身份，铲除官僚政治只有在实际上使特殊利益真正成为普遍利益的时候才是可能的。

第三，真正民主制的实现意味着国家和市民社会解体。马克思认为民主制作为普遍性和特殊性的统一，是解决市民阶级和政治国家分离的有效途径，在真正的民主国家中，主要问题不在于所有市民把期望寄托于某一特殊等级有多大可能成为普遍等级，关键在于这个等级实际上能够真正成为代表普遍利益的等级，也就是说真正的民主制不在于市民能否成为国家公民，而在于这个国家真正代表整个市民阶级的普遍利益，只有每个公民都可能成为国家官员、都可以参与国家政治才能实现真正的民主制。马克思还认为这种民主制要通过选举来实现，市民社会通过选举与政治国家产生直接的现实关系，通过选举产生能够代表市民社会普遍利益的政治国家，也只有在选举中市民社会才真正突破市民社会与政治国家二重化的分离，市民社会才"上升到作为自己真正普遍的本质的存在的政治存在"，通过人民选举也就实现了抽象政治国家与市民社会的实际解体，进而把自己的政治存在与社会存在真正统一起来，政治存在与市民存在彼此之间的分离也就随之脱落。真正的民主制就是要使全体市民充分享有现实的选举权和被选举权，使市民社会作为普遍的政治存在回归公民自身，同时剥离政治社会非本质的存在，使市民社会与民主国家真正统一起来，维护部分群体特殊利益的国家也就不复存在了。

（三）现代性批判的人本学痕迹及其超越

既然市民社会决定国家，那么探求二者矛盾的根源与解决路径就应当到市民社会中去寻找，正如马克思在《〈政治经济学〉序言》中所说，对于法的关系和国家形式既不能从他们自身也不能从人的精神中去理解，而理应到产生他们的物质生产关系即市民社会中去理解，应该从市民社会出发去阐释政治国家，"而对市民社会的解剖应该到政治经济学中去寻找"。但此时马克思还没有完成唯物史观的创立，对政治国家与法律关系的批判还只是从人的类本质的应然状态中去批判不合理的社会现实，还具有浓厚的费尔巴哈人本主义痕迹。马克思对黑格尔主谓颠倒的批判主要参照了费尔巴哈《关于哲学改革的临时纲要》的话语风格，费尔巴哈曾批判黑格尔绝对精神的抽象性和与人分离性，认为绝对精神不过是人的本质的异化，对黑格尔的批判将谓语颠倒成主语，马克思基本沿袭费尔巴哈这条批判路线；另外，马克思也曾谈到费尔巴哈对自己的影响，在《1844 年经济学哲学手稿》和《神圣家族》中都有直接体现。

尽管马克思通过费尔巴哈实现了向唯物主义的转向，但马克思从来都不是一个完全的费尔巴哈主义者。马克思开始接触费尔巴哈思想时就曾表达了对费尔巴哈更多强调自然而较少关注政治的不满，并表示要做一个醉心于国家的人去研究政治问题。马克思批判黑格尔抽象、孤立地考察国家的各种职能和活动，只是把特殊的个体性看作与国家对立的东西，认为"国家的职能等等只不过是人的社会特质的存在方式和活动方式"，个体的人作为国家职能与权力的承担者，对于特殊人格的理解不能拘泥于人的局部器官，不能离开整体的社会关系而应该从人的社会特质中去考察。其实马克思不仅批判黑格尔把国家职能活动抽象化的错误，而且很明显，马克思是从人的"社会特质"而不是局限于血和肉的自然特质去理解人的，这与费尔巴哈仅仅从客体或者直观的形式理解有着根本区别。马克思对黑格尔批判虽然没有超出费尔巴哈人本主义框架，但绝不能认为马克思是完全套用了费尔巴哈的方法或囿于费尔巴哈的理论视域进行纯粹的人本学分析。其实马克思从市民社会入手对黑格尔理性主义进行批判与清理，已经蕴含着一种不同于费尔巴哈的社会基质，这一基质也奠定了马克思现代性思想的理论基石，并在后期著作《关于费尔巴哈的提纲》和《德意志意识形态》中完整表达出来此时的马克思虽然还没有深入资本主义社会关系进行政治经济学现代性批判，但已经孕育着走向这一批判的路向和可能。

二、政治解放与人类解放的现代性分析

1843 年 10 月马克思移居巴黎并与卢格等人合办《德法年鉴》，这段时间马克思现代性批判思想立场发生转折。在《博士论文》和《莱茵报》时期，马克思主要依据启蒙理性和自由意识批判现实制度，经过《黑格尔法哲学批判》的

理性主义清理开始转向市民社会分析，并充分肯定了法国大革命现代解放的意义。在《德法年鉴》上马克思发表《论犹太人问题》和《〈黑格尔法哲学批判〉导言》两篇文章，不仅对宗教解放与政治解放关系、政治解放的意义和限度进行述评，还提出人类解放的重大问题，并首次阐述无产阶级肩负着人类解放的使命。马克思由对现代性的追寻与颂扬彻底转向现代性批判与救赎，并成为伴随马克思一生的理论主题，通过对法哲学的现代性批判马克思实现了由现代性的追寻转向对现代性的批判与救赎路向的转变，由此奠定了马克思现代性思想的理论主题。

（一）对现代政治解放的批判与人类解放的论证

《论犹太人问题》是马克思在 1843 年秋针对鲍威尔《犹太人问题》和《现代犹太人和基督徒获得自由的能力》文章中对宗教解放与政治解放关系的错误观点所撰写的批判性论文。

在这篇论文中，马克思阐发了宗教解放与政治解放的关系。鲍威尔从宗教观点抽象谈论犹太人解放问题，他认为基督教的文明程度高于犹太教，也更接近人的解放，因此犹太人要想获得彻底解放必须先从犹太教中解放自己，再从基督教的压迫下解放出来，无论是基督徒还是犹太人，要想获得政治解放就必须先从宗教压迫下解放出来，也就是把政治解放和宗教解放混同起来。马克思认为鲍威尔的宗教解放只是在宗教领域谈论人的解放问题，根本没有从国家角度探讨政治解放和人的解放的关系，把宗教解放作为政治解放的前提也是不符合实际的，其实只有在政治国家发达的地方，宗教对国家的关系才具有纯粹完备的形式，已经获得政治解放的国家不仅可能存在宗教形式，而且可能获得进一步发展，现代政治解放未必要先取得宗教解放，信仰宗教的国家在一定条件下也可以率先实现政治解放，因为宗教信仰不是导致世俗局限性的原因，而只是它的现象。这个原因可以从政治解放与人类解放的关系中去求解，正如没有获得宗教解放的国家也可以先实现政治解放一样，没有彻底摆脱私有制的人们也可以率先获得政治解放，但政治解放未必是真正的人的解放，马克思就以政治解放为切入点，展开对现代政治解放非彻底性的批判。

马克思对现代政治解放限度进行了辩证分析。马克思认为政治解放并非人类解放的完成，政治解放的限度就是仅仅在政治领域摆脱了对人的限制，把人变成国家生活中的自由民，但是这个摆脱与改变只是人的解放的抽象，并不是现实的完成。马克思具体从政治领域与社会现实双重视角分析了私有制的废除、等级差别取消的限度，最后得出国家的存在就是要以政治解放的不彻底性为前提，私有制与等级的现实存在才使国家能够作为政治国家而存在。

政治解放的结果是形成代表普遍利益的政治国家，政治国家的形成把人的生活二重化为政治共同体的天国生活和市民社会的尘世生活：人在天国中充满着非现实的普遍性，是被剥夺了现实生活的类存在物；但是在直接现实的私人领域，人作为尘世的存在物却是不真实的存在，政治解放只是形式上政治权利的解放，人民得到的只是一个抽象的公民身份而已。同时，马克思认为政治解放仅仅是市民社会的政治解放，资产阶级政治解放只是推翻封建专制制度，废除了政治特权等级，但是并没有消灭现实社会生活中实际的不平等，反而是以这种不平等为基础的。马克思以人本主义原则对资本主义市民社会利己主义原则进行深刻批判分析。

马克思还批判了政治异化并提出人类解放的命题。马克思认为资产阶级政治解放所实现的人权不过是市民社会成员实现私人利益个人权利的政治表现，实际需要、利己主义是市民社会的基本原则，自由是建立在人与人彼此分割狭隘上的单个人的权利。所谓人权不过是市民社会成员追求个人私利的权利，马克思认为这种人权是异化的人权，人并非作为类存在物，把人联结起来的不过是人的需要和私人利益。马克思以费尔巴哈宗教批判为前提，又超出费尔巴哈仅仅把宗教作为人的类本质异化的产物简单定论，在对资产阶级政治批判基础上分析宗教异化的政治根源。马克思认为正是政治生活脱离市民社会导致人的二重化才使宗教意识发展起来，人们之所以信奉宗教，是由于自身现实的个人生活与自己的类本质相异化，人们只有在宗教生活、在抽象政治生活中才能找到自己理想的状态，宗教异化不过是人们政治异化的外在结果，政治异化则是宗教异化的现实原因，如果说宗教是现实的人在彼岸天国的精神寄托，政治异化就是市民社会成员在政治天国的精神信仰，现实的利己狭隘性在政治生活中通过抽象精神归还人自身，只是作为抽象精神的归还。

政治解放作为人类解放的前夜，必然导向人类解放的现实完成。资产阶级政治解放尽管具有历史局限性，马克思并未彻底否定政治解放的意义与市民社会私利性存在价值，政治解放尽管没有实现真正的人类解放，"但是迄今为止的世界制度内，它是人的解放的最后形式"。正是由于政治解放没有实现彻底的人类解放，所以政治解放还不是现代解放的真正完成，人类解放不同于政治解放的地方就在于它不仅是抽象政治生活的解放，也是现实的人的社会解放，"只有当现实的个人把抽象的公民复归于自身，……只有到那个时候，人的解放才能完成"。

在马克思从黑格尔理性主义走向历史唯物主义的历程中，费尔巴哈是承前启后的关键环节，后来马克思也曾提到，尽管费尔巴哈哲学远没有黑格尔哲学丰富，但是在黑格尔之后费尔巴哈无疑"起了划时代的作用"，马克思在《论犹太人问题》中的现代性批判主要受到费尔巴哈影响，都立足人的类本质、普遍的人分析宗教与政治异化问题，但是对于现代性的批判无论是从广度还是从深度而言却都远远超出费尔巴哈，马克思不仅把人理解为自然的生命个体，也是不能脱离一定社会关系的社会个体，马克思并非对人的类本质进行抽象归纳，而是从分析批判政治社会制度中分析现代人的问题，指出"现代社会"还只是实现政治解放的形式主义国家，现代社会的矛盾就蕴含在政治与市民社会异化关系之中。马克思不是已完全脱离理性主义去追寻现代性启蒙，而是深入社会现实去进行启蒙批判，由此获得的现代性批判的基本立场在后期现代性的辩证分析中始终未变。

（二）超越现代性的实现路径与现实力量

《〈黑格尔法哲学批判〉导言》是发表在《德法年鉴》上的一篇战斗檄文，在这篇文章中，马克思再次界定了宗教的本质，弥补了《论犹太人问题》关于如何实现人类解放、谁来完成人类解放等问题的空白。

首先，宗教批判是现代政治社会批判的萌芽。马克思在《论犹太人问题》中初步分析了宗教的本质和宗教异化的原因，在《〈黑格尔法哲学批判〉导言》中进一步明确了宗教的本质以及与尘世生活的关系。马克思认为宗教究其实质而言就是人的自我意识，是人异化的类本质在思想领域中的实现。人们在世俗生活中的苦难通过宗教的形式寄托给彼岸的天国，现实的苦难通过宗教的形式在人的思想中复现出来，幻想通过宗教生活对现实生活的解脱就是人们对现实不满的抗议，宗教不过是作为人们的鸦片通过自我麻痹方式来超脱现实的痛苦，是"人创造了宗教，而不是宗教创造人"。既然宗教是由人创造的，人又不是抽象的世外存在物，人就是生活于其国家与社会中的，是这个国家和社会最终产生了宗教。于是对宗教的批判同时也就是对产生这个宗教的国家与社会的批判，"于是，对天国的批判变成对尘世的批判，对宗教的批判变成对法的批判，对神学的批判变成对政治的批判"。这样马克思就通过对宗教来源与本质的揭示，解决了宗教与现代性之间的关系，宗教是对现实社会中人的现实状况的虚幻反映，对宗教的批判也就是对产生宗教并对宗教所反映的现代社会的批判。马克思尽管立足于费尔巴哈"人是人的最高本质"的人本主义立场，但是绝不是费尔巴哈笔下的纯抽象的自然人，而是生活于现实的社会关系和社会制度中的人，马克思就从理论的现实与现实的理论相结合开始揭露与批判现代性。

其次，超越现代性的路径与方法。如何摆脱人的现代境遇，马克思以德国为例提出要向德国制度开火，这种批判不仅是诉诸理论的批判，还是武器的批判，批判本身不再作为目的，而是消灭敌人的手段。将理论与实践相结合是实现人类解放的现实路径，马克思由此提出武器的批判和批判的武器思想："批判的武器当然不能代替武器的批判，物质力量只能用物质力量来摧毁；但是理论一经掌握群众，也会变成物质力量。"马克思认为物质的批判武器固然重要，但不可忽视理论的力量，尤其是能够彻底说服人、掌握人的革命理论。马克思此时虽已找到实现人类解放要通过现实活动来实现，但还没有真正站在唯物史观立场从市民社会的生产方式视角考察实现革命变革的物质基础；马克思现在虽然已经转变到唯物主义和共产主义的立场上，但这只是具有浓厚的费尔巴哈人本主义痕迹的唯物主义和人道的共产主义。

最后，无产阶级是实现人类解放的物质力量。实现人类解放既已不再是乌托邦的梦想，那么在市民社会中哪个阶级能够扮演这个角色、完成人类解放的使命呢？马克思通过对社会阶级分析指出无产阶级肩负着解放全人类的历史使命，这是由无产阶级的现实处境和阶级属性所决定的。无产阶级所遭受的苦难是一切苦难最普遍的领域，这个领域没有任何自己的特权而只能通过人类解放来解放自己，无产阶级是人的完全丧失，只有通过人的完全复归才能恢复作为人的真正存在，如果不能把社会所有不公正从一切社会统治中解放出来就不能解放自己，"无产阶级宣告迄今为止的世界制度的解体，只不过是揭示自己本身的存在的秘密，因为它就是这个世界制度的实际解体"。马克思不仅深入现实政治领域批判现代性的各种症结，探求导致诸种问题的制度性根源，同时还找到了承担现代性救赎的革命阶级即无产阶级，破除了仅仅从思想理论中去设计现代性方案的疲软性。

三、总体现代性批判的尝试

《德法年鉴》停刊后，马克思计划继续批判黑格尔的法哲学，但在对其整理复印时发现将对思辨哲学批判和对政治、法律等的批判材料相混合会妨碍阐释并带来理解困难，便计划写若干小册子来批判资产阶级政治、道德与法律等，但后来没有付诸实施，但为此准备的笔记和手稿保留了下来，就是《巴黎笔记》和《1844 年经济学哲学手稿》（以下简称《手稿》）。从《手稿》开始，马克思现代性批判发生重大转折，从现代社会的宗教、国家和法等上层建筑批判转向对市民社会本身的批判以及二者相结合的综合批判，开始从政治哲学研究转向哲学、政治经济学和社会主义等多学科领域对资本主义非理性进行全面的现代性剖析。如罗骞所述，"从现代性批判的视角来看，马克思的《手稿》可以看成是现代性批判的第一个总体性文本"。《手稿》中马克思现代性思想主要包括：资本主义劳动异化批判、黑格尔理性主义现代性的批判性改造和共产主义新现代性论证三个方面。

（一）异化劳动理论对资本主义现代性的全面批判

首先，马克思以异化劳动理论为武器，对资本主义现代性进行现代性批判。马克思的"异化劳动"概念既吸收了黑格尔把劳动视作人的本质思想，同时剥离了把劳动界定为纯粹精神的唯心主义错误；既借鉴了费尔巴哈把人作为异化主体思想，同时摒弃从纯粹自然意义理解人的抽象性局限；既扬弃了古典政治学劳动价值论的合理因素，同时克服把工人仅理解为职业化的"工人"而非"人"的阶级性不足，把劳动与异化结合起来并作为分析资本主义现代性病症的理论武器。

马克思"从当前的经济事实出发"，批判了资本主义生产条件下工人劳动的四重异化。马克思认为现代社会是个充满矛盾的社会，首先是劳动产品作为工人劳动的产物并不归工人所拥有，而是作为异己的存在物与工人相对立；其次是劳动产品的异化源于劳动活动与劳动者的异化，劳动作为人的自由自觉的生命活动，是人类本质的确定与本质力量的彰显，但是在现代资本主义生产条件下劳动发生异化，异化劳动把自由自主的活动、把人类的生活降低为动物般的生存性活动；再次是有意识的生命活动把人与动物区别开来，异化劳动不仅使自然界作为人的"无机的身体"与人相异化，还"把人类的生活变成维持人的肉体生存的手段"，人的类本质也与人相异化；最后是人与自身关系体现为与他人的对象性关系，人对自己劳动、劳动产品和自身的关系也都适用于人对他人、他人劳动产品和劳动对象关系，人的类本质与人相异化也就是人与他人的关系相异化，在异化劳动中工人就生产出资本家与工人劳动的异化关系。马克思通过人与物的异化关系的分析，发现了资本主义社会人与人、人与自身普遍的异化现象，最集中体现为资产阶级与无产阶级间的对立关系。异化理论构成马克思对资本主义现代性全面批判最初的理论表达。

马克思还认为现代资本的支配权力不仅对工人进行统治，而且统治着资本家自身。在《手稿》中马克思曾写道："到目前为止，我们只是从工人方面考察了这一关系；下面我们还要从非工人方面来加以考察"，但手稿除了列举三条要点却没展开对资本家异化的分析，尽管如此，不容否认的是资本主义社会发生异化的不仅是工人，还包括资本家本身。在笔记本Ⅱ中马克思提出现代生产把人当作商品、当作非人化的存在物生产出来，《资本论》中马克思也指出资本家作为"人格化的资本"，他的存在及其活动受制于资本总体性的控制，所以资本家自身也受制于资本的原则，只是不同于工人的异化而已。马克思还通过异化和对象化的区分证明了劳动异化是现代社会的产物。劳动对象化就是劳动的现实化，是人通过物化劳动作用于客观对象的现实活动，只是在资本主义私有制条件下才出现劳动异化。马克思还把异化劳动的分析与资本主义私有制结合起来，提出异化劳动是私有制产生的根据和原因，然后转变成二者之间的相互关系，异化劳动的消除必须要彻底根除资本主义私有制，自我异化的形成同时为自我异化的扬弃创造了物质条件。

马克思异化劳动理论蕴含着现代性分析的科学原则立场，对后期唯物史观的形成具有重要意义，集中体现在以下三个方面：

第一，发现生产劳动对社会存在基础性作用。马克思把人的本质归结为自觉的活动，社会发展史就是劳动的异化与扬弃的历史，马克思此时已经觉察到劳动对社会发展的基础性作用，"整个所谓世界历史不外是人通过人的劳动而诞生的过程，是自然界对人来说的生成过程"，人类史既是以人的劳动为基础的生产史，也是人改造自然的发展史，与黑格尔把社会历史归结为精神发展史和费尔巴哈从抽象人性分析历史的唯心史观区分开来。

第二，从人的能动性与社会性特征理解人的本质。马克思在人与自然关系理解上强调人的自觉能动性，人的生产是在意识的指导下不受肉体直接支配的"真正的生产"，人类改造自然过程中使自然适合于人的生存需要，超越了费尔巴哈对于人的直观性理解；另外在人与人的关系方面，马克思也强调人的社会性，只有在社会中劳动产品才成为社会的产品，也只有在社会中自然界才能是合乎人性的存在，人才成为社会的人，"活动和享受，……都是社会的活动和社会的享受。自然界的人的本质只有对社会的人来说才是存在的……"。虽然马克思还没正式提出生产关系概念，也还是从人的类本质去批判劳动异化，但已经从社会现实出发去理解人，明显已经超出费尔巴哈仅从自然属性界定人的抽象性。

第三，马克思初步阐发了物质生产在社会诸因素中起支配作用的思想，为生产方式进行现代性批判提供理论先导。《黑格尔法哲学批判》中马克思得出市民社会决定国家的结论，但对于市民社会的理解还是比较抽象的，《手稿》对市民社会的理解已赋予其物质生产的内容，他指出"私有财产的运动——生产和消费——是迄今为止全部生产的运动的感性展现，就是说，是人的实现或人的现实"，马克思已经把社会生产—私有财产—政治制度—意识形态联系起来进行整体的现代性批判，现代性无论就其外在表征、历史生成还是运行机制都是各种因素综合作用的结果，对于马克思现代性思想的研究也绝不能进行单一化解读。此外，在《手稿》中马克思还第一次把实践理解为改造自然的对象性活动，虽然没有系统阐述科学实践观，但已初步了解了实践的客观性、主体性和创造性特质，认为理论对立的解决只有借助实践的力量和通过实践的方式才是可能的，现实私有财产的现实的扬弃也只有诉诸现实的共产主义行动等思想，这些都表明马克思对现代性批判与救赎正在逐步接近科学的实践立场。

其次，在对私有财产的批判性分析中得出共产主义作为现代性救赎的有效路径。马克思从对私有财产起源的探索中，从私有财产—异化劳动—外化劳动—人类发展的问题序列转化中，就包含着对私有财产问题的解决，马克思已经超出德国古典哲学、古典政治经济学与空想社会主义对现代性的审视立场，深入对私有制和私有财产的批判性分析中通过现实的共产主义运动实现对资本主义现代性的批判性改造。

在笔记本 I 中马克思批判了国民经济学把要说明的事实当作理论的出发点，把私有财产的现实运动放进抽象公式，把这个公式当作一般规律，但没有说明这些规律是如何产生的，当然也就不能真正揭示现代社会的本质，无法理解私有财产是外化劳动的结果及其被扬弃的历史趋势，私有制是异化劳动的产物，同时也为私有制的消灭和人类解放准备了条件。马克思还批判了资本主义货币拜物教引起了整个世界的颠倒。货币作为一种特殊商品在资本主义私有制下无所不能，一切社会关系都化约为赤裸裸的货币关系，人不仅把他人也把自己作为实现财富欲望的工具和手段。

马克思在《手稿》中认为私有制是劳动异化的产物和结果不是永恒的，共产主义就是对私有财产的积极扬弃，而私有财产扬弃的同时也是人的自我异化的有效克服。此时马克思对共产主义的论证具有明显的费尔巴哈人本主义痕迹，在批判各种错误共产主义思想后，得出他的共产主义表达："共产主义是对私有财产即人的自我异化的积极的扬弃，……而作为完成了的人道主义，等于自然主义。"共产主义对现代资本主义的扬弃不是对现有成果的完全否定，而是在保存现有文明成果的基础上达到更高状态，也不是简单建立无产阶级对资产阶级的统治，而是要彻底消除使人异化的制度性前提，使每一个人以一种全面的方式作为一个完整的人占有自己的全面本质，这种共产主义不是一蹴而就而是一个长期的曲折过程，我们所分析的这种共产主义运动"在现实中将经历一个极其艰难而漫长的过程"。

最后，对黑格尔理性主义现代性思想进行批判性改造。黑格尔认为绝对观念是先于自然界和人类社会而存在的能动实体，通过内在矛盾外化为自然进行第一次自我否定，再通过绝对观念扬弃自然回归自身，进行否定之否定。费尔巴哈不仅批判了黑格尔的唯心主义特质也否定了辩证法的合理性。马克思虽然批判黑格尔辩证法的唯心主义形式，认为黑格尔辩证法只是对人类自我创造和历史发展逻辑的思辨表达，同时也超出费尔巴哈对黑格尔辩证法仅仅作为一种形而上学的规定，而是肯定人的能动创造活动，提到黑格尔《现象学》中的过程观点和辩证法的思想，称赞他"他抓住了劳动的本质，把对象性的人、现实的因而是真正的人理解为人自己的劳动的结果"。马克思批判黑格尔将抽象绝对精神作为主体，同时吸取了人作为对象化主体的能动性特质，突破费尔巴哈仅把人作为消极被动的存在物的误解，最终把主体能动与受动的统一建立在唯物主义基础之上；批判黑格尔把劳动精神化并作为人的本质分析的思辨表达，把劳动作为改造自然与社会的物质性生产活动，分析资本主义制度下劳动异化给工人带来种种灾难。马克思从经济事实出发，在《手稿》中对资本主义国民经济学、空想社会主义及黑格尔哲学进行总体性的现代性批判，尽管还没有科学阐释唯物史观的基本原则，也没有形成科学社会主义新现代性的理论原则，更没有对现代资本主义社会进行深入的政治经济学分析，但是无疑已经包含着通往这条道路的理论前提、逻辑路径和事实基础。

（二）粗糙物质资料生产基础上对资本主义现代性批判与超越

1844 年 8 月马克思和恩格斯首次合作完成《神圣家族》一书，这是一部主要针对以布·鲍威尔为首的青年黑格尔派进行论战的著作，也是马克思、恩格斯对过去哲学信仰的系统清算。在这部著作中马克思继续深化对资本主义现代矛盾的分析，再次批判了资产阶级和无产阶级的异化问题，以"粗糙的物质生产"取代"自由的意识活动"，提出要通过现实的实践运动改造不合理的现代社会等思想。

第一，深化对无产阶级与资产阶级异化对立的批判。《手稿》重点论述了现代社会无产阶级异化状况，而资产阶级的异化虽有提及却没有展开分析，在《神圣家族》中马克思提出"有产阶级和无产阶级同样表现了人的自我异化"，并分析了有产阶级与无产阶级异化的差异：有产阶级与无产阶级在自我异化中有着根本的不同，无产阶级在异化中感到自己力量的弱小和无力，有产者在这种异化中感到自己伟大的力量和无尽的幸福，并从中获得生存的价值。这种异化的差异是由私有制造成的，在无产阶级与财产、无产阶级与有产阶级的对立中，私有者是保守性的一方，是维持自身存在的因素，无产者则是破坏的一方，是打破不合理秩序建立新社会的因素，这就是现代无产阶级与资产阶级两大阶级的对立状况。

第二，拓展现代性分析的基本原则。在《手稿》中马克思已经从生产劳动出发去理解历史发展，但此时所理解的劳动还是从人的类本质来界定，现代社会的异化现象最终是由劳动异化造成的，马克思在《神圣家族》里通过对鲍威尔哲学的批判得出物质生产是历史发源地的结论。马克思认为只有在历史的运动中才能真正认识人对自然之间的理论关系和实践关系，只有把生活本身的直接的生产方式认识清楚才能真正把握这个历史时期，"历史不过是追求着自己目的的人的活动而已"，马克思就开始从物质资料的生产出发探索现代性的产生与运行机制，同时马克思还把社会发展与人的创造活动结合起来，历史也就是人的历史，离开人的活动历史也就无从谈起，还要积极发挥人的历史创造性去改变社会以适应人的需要，从而把历史客观性与主体创造性相结合去分析批判现代性和建构新现代性。

在对资本主义社会进行分析时马克思依然采用"市民社会"的术语阐述社会关系，但已经不再局限于市民社会与国家分离的事实，而是更接近经济基础决定上层建筑的唯物史观立场分析市民社会对国家的决定作用，指出"现代国家的自然基础是市民社会以及市民社会中的人"，正是由于现实的市民生活把市民社会联系起来，那么对现代国家、法律等的分析应该深入市民社会的生产关系中，从人与人之间的物质利益关系去分析。

马克思还充分肯定人民群众在社会发展中的历史作用。黑格尔认为理性是世界的统治者统治着世界历史的形成与发展，鲍威尔不仅继承黑格尔理性创造历史思想，还把历史等同于人的自我意识，而把群众指责为"精神的真正敌人"。针对这些对工人历史创造作用的诋毁，马克思充分肯定了工人在社会创造中的重要作用。马克思对法国大革命进行分析后认为，"历史活动是群众的活动，随着历史活动的深入，必将是群众队伍的扩大"，无产阶级群众运动必然会加速私有制解体和资本主义灭亡。此时马克思已经洞察到工人群众在历史创造中的决定作用和现代资本主义国家必然灭亡的历史命运。

第三，主张通过无产阶级现实运动变革非理性的现代社会主张。马克思揭露了鲍威尔把历史看作精神发展的产物，批判了鲍威尔用思想的斗争取代现实的斗争的错误思想，他认为思想只是反映现实的思想，只在思想中消除雇佣劳动意识并不能现实地改变工人被雇用的命运，"'思想'一旦离开'利益'，就一定会使自己出丑"，只进行思想意识革命是不行的，必须诉诸实际的和具体的方法来消灭异己的力量，才能在生活中真正成为人。世俗的社会主义运动就是要摒弃仅仅在思想理论限度内进行解放的幻想，真正的运动要诉诸实实在在的革命实践，"甚至为了争得一些仅仅为从事'理论'研究所需要的时间和资金，也必须进行物质的、实际的变革"，而无产阶级就是推进这种社会变革的物质力量。

马克思在《〈黑格尔法哲学批判〉导言》中就提出无产阶级担负人类解放的历史使命，在《神圣家族》中则重点阐释无产阶级何以能够肩负这一使命。马克思分析指出在已经形成的无产阶级身上，所有属人的东西已经被剥夺，无产阶级如果不消灭产生自己的社会条件就不能解放自己，如果不彻底消灭自身一切非人性的社会条件从而使社会一切领域从所有禁锢中解放出来，就不能消除本身的生活条件，"由于在无产阶级身上人失去了自己，……所以无产阶级能够而且必须自己解放自己"，无产阶级革命的目标和历史使命已经在现代资产阶级社会和社会生活中以无可争辩的事实呈现出来了。总之，《神圣家族》虽然主要针对黑格尔理性主义和鲍威尔自我意识的系统性批判，也还没有完全摆脱费尔巴哈人本学影响，但已经濒临唯物史观诞生的前夜。

第三节　从实践现代性批判到现代性的政治宣言

1845 年前后是马克思现代性思想发展的转折点，在此期间写作的《关于费尔巴哈的提纲》《德意志意识形态》和《贫困的哲学》等著作，确立了科学实践观这一现代性批判的基本立场，系统阐述了唯物史观基本原理这一现代性分析方法论前提，更重要的是抓住资本这一核心范畴对资本主义现代性进行批判，揭示了现代性生成的根本动力、内在逻辑、双重性质以及矛盾悖论，指明了超越资本主义现代性的历史必然、实现路径与未来图景。

一、现代性反思的实践基础

如果说 1844 年 8 月在马克思写作的《神圣家族》中对费尔巴哈人本主义还进行肯定评价的话，那么到 1845 年 4 月《关于费尔巴哈的提纲》就已经对费尔巴哈进行了批判与清理，在《德意志意识形态》中则进行彻底清算。马克思思想变化为何如此之快，难道真的存在所谓的马克思思想的断裂？其实不然，马克思现代性分析的人本主义立场只是对黑格尔唯心主义头足倒置的颠倒，是向辩证唯物主义转向的跳板，实则马克思从开始就没有完全遵循费尔巴哈足迹，与费尔巴哈完全从人抽象的类本质去认识人不同，马克思始终强调从社会现实出发进行政治经济批判，通过人的劳动本质分析现代社会的异化问题。《神圣家族》中马克思与费尔巴哈的原则性分歧已是非常明显，初步涉及了历史唯物主义的基本立足点；同时 1844 年施蒂纳的《唯一者》对费尔巴哈"人类"概念的批判着实切中要害，促使马克思感觉要对施蒂纳"唯一者"和费尔巴哈人本学进行彻底清算，对费尔巴哈以及整个德国哲学进行唯物主义历史观的系统阐述，《关于费尔巴哈的提纲》就是针对费尔巴哈批判的提纲，文中马克思提纲挈领地明确了科学实践观的理论特质，不仅同唯心主义而且与费尔巴哈等一切旧唯物主义哲学划清了界限，还初步勾勒了唯物史观的理论轮廓，是"包含着新世界观的天才萌芽的第一个文件"，明确了现代性批判的实践基础。

首先，对唯心主义和旧唯物主义现代性分析方法的批判。启蒙现代性以理性、自由作为现代性分析的核心点，康德通过理性批判得出理性为自然立法、以人性代替神性的结论。黑格尔则从本体论立场把整个世界作为理性派生物，世界历史发展都是理性内在逻辑必然。费尔巴哈把理性主义从天国拉到人间，但他所谓的人性原则却是抽象的人的自然性，主张通过人的"类本质"克服宗教异化实现对人的复归。马克思认为包括费尔巴哈在内的一切旧唯物主义对于事物的认识仅从客体本身被动直观地去理解，从而离开实践把人与自然、社会理解为被动反映与被反映关系，忽略了人对客观世界能动改造作用，唯心主义尽管看到人的主体性，但夸大精神对世界的创造作用却看不到实践的现实感性特征。马克思还以此出发把实践作为检验认识真理性的唯一标准，他说人们应该在实践中不断证明自己认识的真理性与现实性。这样马克思就以实践为基点不仅克服了唯心主义对现代社会的思辨分析和旧唯物主义的抽象认知，还为资本主义社会现代性救赎找到了路径选择的基本标准。

其次，对人的本质的科学界定。费尔巴哈从世界被二重化为宗教世界和世俗世界的事实出发，把宗教本质归结为人的本质，他认为正像人属于自然本质一样，自然也属于人的本质，"只有把人与自然结合起来，我们才能克服基督教徒之超自然主义的利己主义"；但是在处理人的自然性与社会性问题上，费尔巴哈要么在感性直观中剥离了人的主体能动性把人降低到动物的水平而失去唯心主义基础，要么赋予人的抽象类本质把人抽象到爱的宗教而失去感性论唯物主义基础。对于人的本质马克思主张不能仅仅从人的自然性去理解，而应从社会实践关系去认识，人的本质不是人所固有的抽象物，它是在实践中所形成的社会关系的总和。费尔巴哈所强调的"爱""意志"等都是脱离特定历史关系的"类属性"，马克思就用过实践范畴把人的自然属性与社会属性联结起来，并从人的实践入手分析现代社会关系和人的本质，由于"全部社会生活在本质上是实践的"，自然通过实践作为人化自然进入人的生活领域成为社会存续的资料来源，通过实践人们形成了并形成着人与人之间的社会关系，人的实践活动是联结人与自然、人与人之间的纽带与桥梁。

最后，人类社会是新现代性确立的政治立场。唯心主义现代性对现代社会病症、病因包括开出的处方都是局限于思想领域之内，同时立足市民社会把要阐述的问题作为根据，最终把现代性批判变为现代性的狡诈所进行的辩护或妥协。马克思确定了新唯物主义作为未来现代性建构的政治立场，"旧唯物主义的立脚点是市民社会，新唯物主义的立脚点则是人类社会或社会的人类"，人类社会就成为马克思新世界观的立足点，与费尔巴哈仅从宗教领域或黑格尔从精神领域所进行的政治解放划清界限，马克思认为实现真正人的解放仅仅通过思想领域的理论批判是不够的，还必须诉诸革命的实践活动，用革命的共产主义运动构造真正的"社会的人类"。在《关于费尔巴哈的提纲》中，马克思不仅把实践观引入本体论，指出脱离人类实践活动的人化自然也就失去了其对于主体存在的意义，还将实践引入认识论，规避了黑格尔唯心主义与旧唯物主义关于认识主体与客体的绝对分离，更把实践观引入历史观，从实践角度界定人的社会本质，为全面分析现代社会运行机制与客观规律、实现真正人类解放与现代性救赎路径提供了最基本遵循。

二、现代性分析的方法论前提

1845年9月到1846年6月马克思与恩格斯合著了《德意志意识形态》一书，在这部著作中他们批判了费尔巴哈人本学唯物主义和唯心史观，同整个青年黑格尔运动实行彻底决裂，系统清算了自己的哲学信仰，系统阐明历史唯物主义基本原理，为共产主义理论与实践提供科学理论基础，开启了辩证分析现代性矛盾、科学对待现代性发展并积极探求现代性新篇章。

（一）现实的个人是现代性分析的基本前提

马克思认为从施特劳斯到施蒂纳在内的整个德国哲学，对现代社会的批判都没有从社会现实出发，仅仅局限于在宗教神学领域进行思想观念的批判，其实不过是用一些词句反抗另一些词句，他们脱离了德国现实问题以及他们的观点与外在关系的关系，从来没有离开过思想的领地进行现实的分析，也就是说迄今为止关于现代社会的批判审思从来没有超出精神领域深入社会现实。马克思认为对现代社会分析的前提既不能从脱离人的纯自然领域进行任意的抽象，也不能完全在纯粹的思想范围内进行教条化的兜圈子，而是立足于现实的个人，要深入现实个人已有或正在从事的实践活动和所创造的物质生活条件之中，进行客观现实的分析与批判。这些现实的个人是在一定物质生活条件下从事创造历史活动的有生命的个人存在，这是构成全部人类历史的第一个前提也是进行现代性批判的首要基础。对这些现实的个人进行现代性分析必须立足以下事实。

人们为了维持衣食住行等基本生活需要，必须从事物质生活资料的生产，人们的物质生产活动是分析人类生存状况和历史活动的首要前提，当人们已经获得满足自身需要以后又会引起新的需要，这层新需要的产生作为第一个历史活动也是现代性分析的重要内容，同时人类社会实践不仅从事物质资料生产，为了维系人自身的持存还要进行人口的再生产，人口繁殖构成社会历史第三重关系。这三个方面是构成社会生活最基本的要素，这就需要根据现有的经验材料考察现代性问题，而不是根据某种既成的概念，这三个方面不是人类社会发展的三个阶段，而是人类社会产生以后就一直存在的三个方面。无论是物质生活资料生产还是人口再生产，在生产中总要结成一定的关系，物质资料生产表现为人与自然之间认识与被认识、改造与被改造的自然关系与劳动关系，人口再生产则体现为人际交往、人伦道德等复杂的社会关系，这就是人们在生产中产生的生产关系和社会关系。一定的生产力状况总是与一定的社会关系相联系，"人们所达到的生产力的总和决定着社会状况"，对现代社会的研究要同当前工业生产、物质交换和社会交往等联系起来考察，人们之间社会关系是由需要和生产方式所决定的，这种为满足生产的联系所不断采取形式就表现为"历史"。唯物史观是进行现代性分析的历史前提，要用经验的方法从人们所达到的生产力状况、与此相联系的社会关系的总和及人们能动表现自己的生活过程出发，才能真正认识现代生产发展、现代剥削的根源、现代国家性质等问题。

（二）唯物史观构成现代性批判的方法论基础

马克思在分析了唯物史观的前提问题之后，系统阐发的新世界观的基本原理，构成马克思现代性思想的方法论框架。

首先，社会意识决定于社会存在的思想。马克思指出"意识一开始就是社会的产物，而且只要人们存在着，它就仍然是这种产物"，哲学、政治、宗教、法律、道德等不过人们在物质生产与交往中的意识表现方式，究其根本而言不过是人类实践活动的产物和结果，在阶级社会，意识还受到社会各阶级的利益关系和阶级关系所制约，所以作为被意识到的存在，在任何时候都不过是人们的存在方式和现实生活过程的反映，无论是科学的理论还是荒诞的观念都是对社会生活的反映。另外意识作为物质活动关系的产物没有自己的历史，"发展着自己的物质生产和物质交往的人们，在改变自己的这个现实的同时也改变着自己的思维和思维的产物"，所以不是意识决定生活而是生活决定意识，对于社会现实的批判也不能单纯依靠精神的批判，而是要实践的推翻异化产生的现实的社会关系，才能根本改造不合理的社会现实。

其次，生产力与生产关系的辩证关系原理。在《神圣家族》中马克思提出物质生产是历史的发源地，但还没有得出生产关系的概念，在《评弗里德里希·李斯特的著作〈政治经济学的国民体系〉》中把生产力与资本主义生产形式区分开，在《德意志意识形态》中马克思从直接生活的物质生产出发考察现实的生产过程，阐释了生产力和生产关系的矛盾及其运动规律。人类从事物质生产活动一方面体现为改造自然的能力即生产力；另一方面在改造自然中所结成的交往关系即生产关系，只要人们继续生活就要不断从事生产活动，只要从事生产就必须在特定生产能力下和社会交往中来进行，唯有从二者相结合的分析中才能从整体上把握现代社会的本质。对于二者之间关系，马克思认为生产力发展的不同层次和水平决定着不同的所有制形式和社会交往方式，私有财产是生产力发展到一定阶段所采取的交往形式，同时一定的交往形式与所有制关系又可以促进或阻碍生产力水平的提高。随着生产力水平的不断发展，原有的生产关系逐渐成为生产发展的障碍，那时就要通过社会改良或革命调整生产关系以适应生产力的进一步提高。由此生产关系发展构成相互联系的序列，其联系在于"已成为桎梏的旧交往形式被适应于比较发达的生产力，因而也适应于进步的个人自主活动方式的新交往形式所代替；新的交往形式又会成为桎梏，然后又为另一种交往形式所代替"，这就表现为生产关系一定要适合生产力状况规律，生产力与生产关系之间的矛盾运动构成现代社会一切社会冲突的根源，二者对立通过社会革命彻底割除或改革来调整生产关系以适应生产力进一步的发展要求。这一规律是分析人类历史最深刻、最一般的规律，马克思就是以此为基础，充分肯定了现代性生产力发展所取得的巨大进步，深刻批判了资本主义生产关系的内在局限性与历史命运。

最后，经济基础与上层建筑辩证关系原理。马克思通过对黑格尔法哲学研究得出市民社会决定国家的结论，后来又经过对市民社会的政治经济学分析，在《1844年经济学哲学手稿》中提出国家和法不过是生产的表现方式思想，马克思在《神圣家族》中把对现代国家及其政治制度的研究建立在市民社会的基础之上，在《德意志意识形态》中马克思通过对青年黑格尔派唯心史观批判，对经济基础与上层建筑及其辩证关系进行科学阐述。马克思认为受生产力发展水平所制约同时也制约着生产力发展的社会交往形式就是市民社会，"包括各个人在生产力发展的一定阶段上的一切物质交往"。市民社会作为社会历史的真正发源地和舞台，国家等上层建筑以及各种意识形态都要以此为基础并受其制约、为其服务，现代私有制由于摆脱共同体，国家获得了和市民社会并存的状况，其实"国家不外是资产者为了在国内外相互保障各自的财产和利益所必然要采取的一种组织形式"。所以市民社会即经济基础决定国家、法律、道德等上层建筑而不是相反，对国家的政治批判必须深入到经济基础分析中去，从生产力和生产关系、经济基础和上层建筑的辩证运动中揭示现代社会运行规律。

（三）对国家、阶级产生与本质的分析

马克思在《德意志意识形态》中考察了阶级、国家的本质问题，并据此科学分析了资本主义国家性质。马克思认为阶级是在生产力有所发展但还未充分发展的情况下产生的，受生产发展所制约、不能满足整个社会的生产，一些人凭借对生产资料的占有剥夺了另一些人对此使用的权力和机会，另一些人因没有生产资料便失去了发展的可能性，为了满足自身迫切需要对生产资料的所有者展开不断斗争。正是在生产有所发展但还远不能满足整个社会需求的条件下，

私人关系才体现为阶级关系。随着分工发展同一阶级内部也会出现利益冲突，有时甚至会引起彼此双方的对立和敌视，但同一阶级内部的冲突是暂时的和非根本的，当整个阶级受到外来阶级侵扰或颠覆的时候，阶级内部的对立和敌视便会自行消失，整个阶级会统一起来一致对外，所以统治阶级之间的根本利益是一致的。阶级的存在也不是永恒的，随着生产力进一步发展与交往更加紧密，当私有制和分工变成生产发展桎梏，阶级也就随之消亡。

国家是特殊利益与公共利益引发的阶级对抗的产物，每个阶级都有自己的特殊利益，占统治地位的社会阶级为了达到阶级统治目的，总是把自己的利益赋予其普遍意义，国家就是经济上占统治地位的阶级为缓和利益冲突而将社会控制在秩序范围内所采取的组织形式，现代国家中的政府组织机构、政治法律制度、道德伦理规范等都不过是以国家为中介的各种政治形式，这些形式都可以从阶级利益的现实基础上寻求依据，资本主义现代法律所标榜的自由、平等都只不过是思想中的观念罢了。马克思不仅科学分析现代国家的本质，而且对自由、平等、法律等思想观念的虚伪性进行批判揭露，每个企图取得统治的社会各阶级都必须率先夺取国家政权，然后再把自己的阶级利益说成是代表普遍群体的利益，这就是现代资产阶级意识形态的欺骗本性。将要取代现代性的未来新现代性的确立也必须要通过无产阶级专政的形式，并通过现实的革命运动致力于实现整个社会现实真正的自由平等，这就为推进共产主义运动、建立真正人的新现代性提供方向指引。

（四）共产主义是现代性发展的必然趋势

在《德意志意识形态》中马克思已经摆脱从人的类本质的复归分析共产主义的必然性与现实性，而是从生产发展与社会分工考察现实的共产主义运动，指出共产主义是消除资本主义社会矛盾悖论的革命实践，并在这一实践中建构未来新现代性社会即共产主义社会。

首先，提出共产主义不是现实应当与之相适应的理想，而是现实的运动。马克思认为共产主义作为未来社会新现代性状况，不是事前规划要实现的详细目标，然后使现实趋同于设定目标，而是要不断改革不合理的社会现实的现实运动。共产主义运动的推进离不开科学理论的指导，但决不能用思想理论取代现实的革命运动，思想解放在任何时候都不过是意识领域中"思想的解放"，思想解放在任何情况下都不能在现实中使人类前进一步，而必须诉诸物质的力量和现实的运动才能完成，所以解放是一种历史的活动，是现实的工商业发展和人们交往所促成的，"对实践的唯物主义者即共产主义者来说，全部问题都在于使现存世界革命化，实际地反对并改变现存的事物"，真正的共产主义不是从思想出发做出的目标预设，而是要以实际手段追求实际目的的现实的革命运动，共产主义就是要彻底推翻现存社会制度和资本主义私有制的革命运动。

其次，分析共产主义运动的实现条件。随着分工发展与社会活动的固化，不同个人的共同活动产生一种不受人类驾驭的社会力量，而且只要人们还处于自然形成而不是自愿形成的社会中，那么这种人本身的活动就会一直成为统治人自身的异化力量。马克思指出这一异化力量的消除即共产主义运动必须具备两个条件：一是形成日益赤贫的广大无产阶级与少数资产者的对立状况，二是人们之间普遍交往的建立，共产主义运动只有在生产力普遍发展和世界交往普遍形成的前提下"一下子"同时发生才能变成经验的可能。资本主义现代工业创造了大量的物质生产力和丰富的人类文明成果，为共产主义运动提供了坚实物质基础，但资本主义私人占有制严重阻滞了生产资料的社会化配置。共产主义就是要通过无产阶级的社会联合实现对社会生产力的普遍化占有，"随着联合起来的个人对全部生产力的占有，私有制也就终结了"。

最后，共产主义就是要建立自由人联合体。个人力量由于社会分工转变为控制人的物质力量，人反过来受到自身物质力量的支配，对这种异化力量的重新驾驭也只有通过消灭分工来实现，人们唯有在共同体中通过个人的普遍联合才能使每个人的全面自由发展成为可能。在生产力获得充分发展之后，作为一种联合"在这个共同体中各个人都是作为个人参加的"，通过这种联合每个人重现占有使自身全面自由发展的全部条件，实现由"偶然的个人"局限性向"有个性的个人"过渡，在共产主义社会里"任何人都没有特殊的活动范围，而是都可以在任何部门内发展，社会调节着整个生产"，仅从政治领域所实现的自由、平等是缺乏现实根基的话语骗局，唯有通过现实的共产主义运动彻底推翻私有制才能真正实现人的全面自由发展。

三、资本主义现代性批判的政治宣言

《共产党宣言》是马克思、恩格斯共同撰写的纲领性文件，基于其激昂的革命热情、深邃的理论特质和深远的历史意义，我们都不能仅仅将其看作单一的革命纲领或纯粹的战斗檄文，而是运用辩证唯物主义和历史唯物主义思想对资本主义现代性进行辩证分析批判、对未来新现代性进行科学建构的伟大理论著作。它以短小精悍的篇幅对资本主义现代性的产生与发展、特点与成就、弊病与命运进行全面阐释，对现存社会主义思潮进行深刻剖析，并以阶级斗争为主线讲述由现代社会向未来共产主义过渡的历史必然性，几乎涵盖所有现代性主题。美国学者伯曼认为《共产党宣言》可以"看作未来一个世纪的现代主义运动和宣言的原型"，在其发表后的170多年里，世界历史发展事实无不证明它对现代社会洞悉的远见，我们沉浸于现代文明的辉煌中沾沾窃喜之时，也深陷现代生活高速运转旋涡不能自拔，在迷失与无奈中卷入现代性的生成实践。

（一）资本主义现代性的产生与特点

马克思以阶级斗争为切入点，对资本主义现代性的历史生成、时代特点与悖反逻辑进行深刻剖析。

关于资本主义现代性历史生成的分析。马克思认为现代资产阶级产生是长期发展的产物，是生产方式发展和交往方式扩大所引起社会变革的必然结果，从外部因素来看，新大陆的发现为资产阶级开辟了新天地，通过对东印度、中国及美洲等地区进行殖民贸易加速商业、工业的迅速发展，激发资产阶级作为封建制度内部革命因素的发展，封建社会传统的生产经营方式不能适应资本主义生产发展要求，工场手工业取代了封建行会的经营方式，随着市场的进一步扩大尤其是蒸汽动力和新机器发明，工场手工业遭到淘汰被机器大工业所取代，大工业建立的世界市场推动了工业、商业、航海和铁路运输业的扩展，并反过来又加速了资本的发展和资产阶级的壮大，壮大的资产阶级不甘于封建主的统治，伴随资产阶级革命的胜利最终取得了政权建立了"现代国家"，"现代的国家政权不过是管理整个资产阶级的共同事务的委员会罢了"，资产阶级在封建社会形成的生产资料和交换手段彻底炸毁了封建所有制关系，建立自由竞争及与之相适应的资本主义社会经济制度和资产阶级政治统治。

关于资本主义现代性时代特点的分析。资产阶级时代是传统宗教祛魅和追求个人私利与金钱至上的世俗化时代，"它无情地斩断了把人们束缚于天然尊长的形形色色的封建羁绊，它使人和人之间除了赤裸裸的利害关系，除了冷酷无情的'现金交易',就再也没有任何别的联系了",资产阶级还抹平了一切封建等级的对立与区分,打破了所有令人尊崇与敬畏的神圣光环,把所有的社会关系都推送到金钱面前进行利益的审判,整个社会阶级简单化为资产阶级和无产阶级两大阵营。同时资产阶级时代还是高速流动性的时代,竞争是市场经济的核心因素,资产阶级是在不断竞争中成长壮大,对内与封建主争夺地产与统治权,对外开拓海外市场与原料产地。高速流动性还表现为生产条件和社会关系变动不居,科技发展日新月异,资产阶级唯有对全部生产进行不断调整才能存续下去,资产阶级除非对全部生产条件和社会关系不断变革,否则资产阶级就不可能持续生存下去,"一切等级的和固定的东西都烟消云散了,一切神圣的东西都被亵渎了",这是马克思对现代性特点最经典的描述。

（二）资本主义现代性逻辑悖论与历史命运

马克思不是一个现代主义者,但是他对资本主义现代性的充分肯定可谓是后无来者;他也不是一个后现代主义者,但是深入资本主义根源进行现代性批判也是后人无法企及。马克思充分肯定资本主义现代性所带来生产力的巨大发展,认为"资产阶级在它的不到一百年的阶级统治中所创造的生产力,比过去一切世代创造的全部生产力还要多,还要大"。资本主义通过开拓世界市场还促进了各区域之间、民族之间以及国家之间的经济贸易、政治交往和文化交流,不仅打破了民族国家闭关自守的状态,还促进了世界文明的拓展,把资本主义现代"文明"洒向未开化或半开化的农村与东方,尽管更多是通过殖民侵略方式实现的,但客观上资产阶级现代性的生成充当了历史不自觉的发展工具;资本主义通过消灭生产资料与人口的分散状态促进世界一体化进程,由于生产工具的改进和交通的便利,它用廉价的商品摧毁了民族隔阂的万里长城,把利益不同、政治各异的不同地区"联结在一起成为一个拥有统一的政府、统一的法律、统一的民族阶级利益和统一关税的统一的民族"。

但是资产阶级社会现代性也具有极大破坏性,一方面资产阶级社会并没有消灭阶级对立,它只是用资产阶级代替封建阶级的统治,用无产阶级反抗取代了农民阶级的斗争,而且使阶级对立更加尖锐化;另一方面现代资本主义生产尽管创造了数量庞大的生产资料,但却是一种创造性破坏的生产,集中体现为资本主义周期性的经济危机,生产过剩的瘟疫把已经生成的生产力毁灭掉;此外现代资产阶级社会还是异常残忍、泯灭人性的社会，工人作为廉价商品不得不将自己出卖给资本家，作为商品也同样受到市场竞争和供求关系的影响，并随着机器推广、科技发展、管理效率提高大大降低了对工人的需求，但由于廉价女工童工被雇用以及小企业家等的破产纷纷加入工人阶级队伍中来，整个无产阶级的生活更加穷困潦倒，过着奴隶不如的悲惨生活，这一切都是由资本主义制度、最终由资本主义私有制所导致的，要彻底改变这一切必须彻底消灭资本主义私有制。

随着资本主义的发展，资本主义生产关系也不能再容纳生产力的持续扩大而成为社会化大生产的障碍，资产阶级已经不能照旧统治下去了，但是现代无产阶级在大工业中却获得了锻炼，它作为真正的革命阶级是大工业本身的产物，作为社会最底层如果不能彻底摧毁整个资本主义社会、不把社会一切领域从束缚压迫中解放出来就不能解放自己。客观上由于交通工具的便捷与世界交往的密切，为实现各地工人阶级的世界联合提供了重要保障，性质相同的区域性斗争汇合成全国性斗争逐渐成为可能，因此马克思得出"资产阶级的灭亡和无产阶级的胜利是同样不可避免的"的结论。

（三）自由人联合体的新现代性建构

在《宣言》中马克思针对推翻资产阶级统治、进行无产阶级革命必备条件进行阐述。首先，必须成立无产阶级政党即共产党。共产党由无产阶级队伍中革命最坚决、最富有组织性和纪律性的先进分子构成，他们不仅与整个无产阶级具有共同的利益，而且他们的革命活动代表整个无产阶级革命的整体与趋势，他们还更加了解无产阶级运动的条件、进程和一般结果。工人革命就是要在共产党的领导下实现无产阶级的革命联合，通过无产阶级革命取得统治、建立无产阶级政权，然后利用自己政治统治逐步夺取资产阶级全部资本，并尽可能快的增加生产力的总量。其次，必须要消灭资产阶级所有制即私有制。马克思明确无产阶级要消灭的不是供生命再生产所需要的劳动产品的个人占有，而是凭借这种占有去剥削和奴役他人劳动的权力，共产主义运动要消灭的不是一般的所有制而是资产阶级私有制，在这种私有制下工人只是为资本增殖而活着，而且也只有资产阶级生产需要的时候才勉强活着。最后，自由人联合体的新现代性建构。在《德意志意识形态》中马克思已经针对共产主义社会进行原则性的描述，《宣言》中则更具体细化了未来新社会建设的十条原则，包括普遍劳动义务制、实现工农业结合、消灭成相对立和对儿童实行公共的免费教育等措施，当全部生产全部集中在联合起来的个人手中时，公共权力由原来意义上统治阶级压迫被统治阶级的暴力组织也便失去了政治性质，无产阶级作为统治阶级在消灭了旧的生产关系的同时也消灭了作为一切阶级存在的条件，阶级也就趋于灭亡，"代替那存在着阶级和阶级对立的资产阶级旧社会的，将是这样一个联合体，在那里，每个人的自由发展是一切人的自由发展的条件"。《宣言》全面分析了资本主义现代性产生与发展、时代特点与内在逻辑，还通过对资本主义现代性历史命运的揭示指明了未来新现代性的实现路径。

第四节　从资本现代性批判到对未来现代性建构

一、对欧洲革命的现代性检省

如果说《共产党宣言》的问世标志着现代性诊断的理论武器已经成为反抗现代性的革命纲领和行动指南，那么 1848 年欧洲革命则从现实层面开启抵制现代性危机的具体展开。1848 年素有"人民之春"之誉的欧洲革命影响国家之多、波及范围之广，但仍以失败而告终，马克思从中切身体会到现实革命斗争的错综复杂，并对其进行深刻的理论思考与现代性检省。面对资本主义经济社会发展，马克思又回到书房，潜心对资本主义现代性进行政治经济学批判，对资本逻辑及其现代资本主义进行全面的现代性审视，形成现代性批判的奠基性成果，并为未来共产主义新现代性构建提供科学的原则性理据。

1848 年欧洲革命对于整个现代社会来说都是一个标志性的事件，根据马克思的分析，它是现代危机意识普遍觉醒的时代。1856 年马克思在《在〈人民报〉创刊纪念会上的演说》中指出，1848 年以前欧洲社会并没有感到从四面袭来的革命气氛，19 世纪不仅产生了难以想象的现代工业，也逐渐暴露出强大的颓废征兆，在欧洲社会看似坚硬的外表下面"献出了一片汪洋大海"，革命的微风即刻可以卷起波涛巨浪，足以把铜墙铁壁炸得粉碎。同时经济社会发展与最初的理论预测也出现反差,《共产党宣言》中曾热情满怀地宣布"两个必然"的结论,但从 1848 年 2 月法国革命爆发到 1851 年 12 月路易·波拿巴确立帝制,巴黎无产阶级革命尽管斗志昂扬却终遭失败,如何运用唯物史观对待这一状况,马克思进行了深入的理论思考。

限于革命反动势力,马克思被迫离开《新莱茵报》流亡到英国。到伦敦后马克思写成《1848 年至 1850 年的法兰西阶级斗争》和《路易·波拿巴的雾月十八日》两本著作,从以前比较乐观的革命态度逐渐转向更加审慎和略显悲观的情绪,体现为对无产阶级革命的根本途径进行阐述。马克思在总结 1848 年革命经验时充分肯定了革命在历史发展中的作用,提出"革命是历史的火车头",他从 1848 年无产阶级历史作用中看到今后历史发展都要以无产阶级革命结果为依据。

在《路易·波拿巴的雾月十八日》中马克思回答了无产阶级革命与资产阶级国家政权的关系问题,提出打碎资产阶级国家机器的结论,1871 年马克思给路·库格曼的信中提到下次法国革命的尝试不仅把国家机器继承下来,而且要彻底将其打碎才能进行真正的民主革命。马克思从法国资产阶级国家产生和发展进程中考察了现代资产阶级国家本质,认为资产阶级国家虽然在加速封建制度解体中起过非常革命的作用,但现在已经完全成为镇压无产阶级和劳动人民的工具,巴黎无产阶级六月起义使无产阶级认识到在资产阶级统治范围内企图改善自己的生活处境就是一种幻想与犯罪。因此,在马克思看来,要想彻底变革资本主义现代性,建立人的自由全面发展的新现代性,唯有"推翻资产阶级!工人阶级专政"。共产主义新现代性的确立不能从原有旧制度的废墟中复活,而是要彻底打破原有国家机器,这为后来社会主义革命实践提供了有益的理论指导。马克思在《1848 年至 1850 年的法兰西阶级斗争》中还明确了无产阶级专政的发展目标:这种专政作为一种过渡形式就是要消灭阶级差别,消灭产生差别的一切生产关系及与之相适应的社会关系和思想观念。马克思把现代资本主义国家政权置于服务于资产阶级根本利益的界点,并作为最后一个阶级统治的政权形式,明确无产阶级专政作为消灭最后一个阶级社会和走向未来新社会的过渡形式,为共产主义新现代性的转型既提供了方向指引又提供了路径选择。

二、政治经济学的现代性批判

经过对 1848 年欧洲革命反思之后,马克思深入现代资本主义生产方式和经济运行机制等层面进行政治经济学现代性批判，在马克思思想视野中，现代性的生成与发展是一个总体性的过程，指出现代性生成不仅包含工业与技术革命，还包括社会、政治与文化结构在内的整体性变革。马克思主要从社会现实与生产方式的视域，进行意识形态批判与资本批判的双重批判，辩证批判、超越与重构现代性，对资本主义现代性的社会基础、生成逻辑、内在矛盾与新现代性建构等方面进行全面科学分析，成为当代中国新现代性建构的直接理论来源。马克思现代性批判主要集中于资本现代性批判，本书第四章会进行全面剖析，现将其大概简述如下。

首先，现代生产是资本主义现代性生成的决定性因素。对于现代性生成根源的探究马克思不同于西方现代性思想家从思想、观念及主体心理层面追寻现代性缘起，认为现代性生产是现代性生成的决定因素。在马克思看来，现代生产具有二重性，同时遵循劳动过程（生产使用价值的物品）与价值增值（生产剩余价值）的双重逻辑，这一逻辑的结果包含现代生产的物质内容和社会形式两个方面：从现代生产的物质内容来看，现代生产带来了发达的工业体系，先后经历了从简单机械到复杂机器再到机器体系的发展过程，现代科技在生产中逐步推广，生产资料和劳动者的科学素质、知识化水平日益提高，社会生产的机械化、信息化、科技化、智能化水平逐渐提高；社会分工逐渐从不同部分间分工精细化为同一部门生产内部分工以及同一生产过程不同生产环节的分工，极大地提高了劳动生产率；以市场经济为基础的商品交换和资源配置方式取代了自给自足的小自然经济模式，使社会财富极大涌流，总之现代生产体系创造了较大的物质财富。从现代生产的社会形式来看，现代生产还是以资本与劳动的雇佣关系的生成为基础的，构成现代社会生产关系的内容。马克思从劳动与劳动条件的分离、劳动者与劳动资料的分离中发现了资本与雇佣劳动起源的历史逻辑，"货币转化为资本，是以劳动的客观条件与劳动者相分离、相独立的那个历史过程为前提的"，劳动条件、劳动资料独立化为交换价值的资本形态，失去生产资料的劳动者转化为可以自由出卖劳动力的"自由工人"。从现代生产的生成与发展出发揭示现代性的起源是马克思现代性思想的首要基点。

其次，资本逻辑二重性是资本主义现代性危机无法克服的内在根源。现代性生成之后，现代社会运行的主导性环节就是资本增殖的动力机制。资本追求剩余价值、自我增殖与扩张的本性是现代性的内在驱动力，资本首先具体化为感性直观的生产资料形式的庞大堆积，并通过人格化的资本家和资产阶级主宰国家政权与意识形态控制为资本逐利保驾护航，这种资本控制的现代生产不仅在民族国家内部取得了无处不在的统治形态，还超越了国家的界限在全球范围内活动，成为全球化进程的内在根源与基本动力。资本内涵无法超克的逻辑悖论：作为资本的"物"的逻辑与作为"社会关系"逻辑，资本具有推动生产力发展进而创造文明的积极本质，同时也具有因增殖而限制生产力全面发展的局限性、狭隘对抗性，具体化为资本主义劳动过程生产力发展无限性的趋势与价值增值有限性的矛盾；资本主义生产社会化、普遍化的"社会性"与资本主义私有制为基础的"私人性"之间的矛盾；资本主义通过使用价值生产推动人类文明的"创造性"与因价值增值加剧社会对抗与分裂的"破坏性"之间的矛盾，最终导致资本主义社会的整体性危机。这种资本内在矛盾在资本的全球化运行中表现为突破民族国家的限制在全球范围内进行资源整合的同化作用，资本的增殖驱动及市场机制还包含着分裂世界的"中心——边缘"机制。资本运行逻辑决定着现代性的逻辑，资本创造现代社会的过程实质上就是资本逻辑总体化与社会化相统一的过程，最终导致科学技术异化、社会分化与冲突以及自由民主的深层悖论等资本主义现代性的系统性危机。

最后，资本主义现代性内在超越的根本出路与替代方案。资本主义生产力与生产关系矛盾运动体现为资本运行逻辑的悖论：既具有推动生产力发展的积极属性，也具有限制生产发展的致命不足，这种对抗性矛盾是资本主义存在不可调和的根本矛盾。马克思通过分析认为资本主义所创造的积极成果和由资本主义制度所带来的灾难可剥离的可能性，认为未来社会对资本主义现代性的超越既要充分继承资本主义生产力发展的文明成果，又要彻底打破资本主义国家机器和摒弃虚假意识形态，这是未来社会现代性超越的逻辑前提。马克思提出资本现代性外在超越和内在超越的两种可能：一是通过共产主义运动消灭私有制来取代资本主义现代性。马克思通过对资本主义现代性危机根源的揭示后，号召全世界无产者联合起来，通过无产阶级革命消灭资本主义私有制，建立每个人全面自由发展的自由人联合体即共产主义社会，共产主义是扬弃了资本主义现代性的替代形态，实现了对资本主义现代性的内在超越。

三、未来社会"新现代性"思考

马克思晚年不仅立足资本主义社会发展事实进行现代性的政治经济学批判与研究，还针对未来社会"新现代性"即共产主义社会现代性的发展阶段、分配方式等问题给以科学阐述，对东方落后国家跨越现代性的条件与可能进行谨慎分析与指导，集中体现于《哥达纲领批判》和晚年《历史学笔记》之中。

（一）《哥达纲领批判》：现代性批判的思想结晶

以拉萨尔为代表的拉萨尔主义是 19 世纪 60 年代德国工人运动中的右倾机会主义思潮，主张推行所谓"和平道路"和普鲁士政府的"国家帮助"实现社会主义的机会主义路线。1875 年，德国社会民主工党即爱森纳赫派和全德工人联合会即拉萨尔派准备合并，且共同起草了纲领草案即《哥达纲领》，其中浸透着拉萨尔主义思想。马克思对此非常气愤并于 1875 年写作《哥达纲领批判》进行回击，这虽然不是一部严格的理论著作，却是马克思现代性批判的思想结晶，深刻剖析了共产主义现代性与资本主义现代性的区别，尤其为未来新社会现代性构建提供了方法指导和基本遵循，汇集了马克思现代性批判的理论结晶和新现代性构建的科学原则。

首先，对《哥达纲领》抽象观念论的批判。在《德意志意识形态》中马克思就提出，对现代社会和历史发展的考察不能把统治阶级思想与统治阶级本身割裂开来，脱离了产生思想的历史条件和社会阶级就会把资产阶级关于自由、民主、人权等思想臆想为普适的现实社会关系，任何一个时代的统治思想都不过是统治阶级的思想，统治阶级为了维护自己的阶级统治都会把本阶级意志上升为具有普遍约束力的国家意志，然后通过法律、道德、价值体系等形式打扮成公共理性的化身在全社会推广开来。

马克思批判了《哥达纲领》中"劳动是一切财富和一切文化的源泉"及"劳动所得应当不折不扣和按照平等的权利属于社会一切成员"的思想。马克思指出一般来说劳动不是一切财富的来源，自然界也是使用价值的源泉。只有当生产者不仅占有生产资料而且能够自行处置的情况下，他的劳动对他来说才是财富的源泉，现代资本主义社会原始积累恰恰就是通过暴力实现生产者与生产资料的分离，在劳资分离的情况下空谈劳动是价值的源泉不过是为了进一步掩饰资产阶级凭借生产资料占有权进行剥削的事实。

另外，"劳动所得应当不折不扣和按照平等的权利属于社会一切成员"也是没有实质所指的空洞口号。社会总产品的分配必须要考虑到生产资料消耗的补偿、扩大再生产的追加部分以及应对自然灾害等突发事件的后备基金，此外剩余部分作为消费资料分派还要考虑满足公共需要等部分的扣除，此外未来新社会实行生产资料的公有制，个人劳动已经作为社会总劳动的一部分存在，商品货币已无必要，商品交换趋于消亡，劳动所得也就失去了意义。对此马克思认为不能泛泛而论"劳动"和"社会"，马克思则提出"应当清楚地证明在现今的资本主义社会中怎样最终创造了物质的和其他的条件，使工人能够并且不得不铲除这个历史祸害"，这是马克思通过政治经济学批判得出的基本结论，也是马克思现代性批判的核心命题。

其次，关于共产主义社会发展阶段的分析。《哥达纲领》提出"按照平等的权利属于社会一切成员"来分配劳动所得，马克思认为片面强调"公平的分配"就是在重复资产阶级的陈词滥调，都是没有实质意义的空话。据此马克思科学分析了未来社会的分配问题，由于社会历史发展具有继承性，不仅可以继承生产发展的物质文明成果，而且在思想道德、精神文化等方面还具有先前社会残留的痕迹，在这种社会条件下每个人除了给社会提供劳动已经没有其他东西可供提供，社会除了转给满足个人生活所需的消费资料也别无其他，在这种情况下社会产品分配只能采取按劳分配，"每一个生产者，在作了各项扣除以后，从社会领回的，正好是他给予社会的"，尽管这种分配是一种相对进步的平等权利，但依然是商品等价物的交换中的资产阶级权利，这种分配从作为同一尺度的劳动来说是平等的，但对于个人天赋不同及其不同工作能力而言又是不平等的，马克思认为这些弊病对于刚从资本主义社会产生出来的共产主义社会第一阶段是不可避免的，因为决不能撇开生产力发展、不能不顾现实生产关系和经济发展水平的制约抽象讨论公平分配等没有实体意义的空谈。我国现在处于并将长期处于社会主义初级阶段，生产力发展水平还不高，目前也只能采取按劳分配为主的分配方式，由此也必然产生贫富差距问题，尽管"十四五规划"把实现共同富裕提上日程，但共同富裕不是同步富裕和同等富裕，不同群体之间收入差距会依然存在，要正确认识与面对这个问题。

只有生产力极大发展，彻底消除阶级差别、政治差别以及所有不平等以后，在只有到了共产主义高级阶段，"在迫使个人奴隶般地服从分工的情形已经消失，……社会才能在自己的旗帜上写上：各尽所能，按需分配！"马克思认为仅仅在分配问题上大做文章其实也并没有抓住事情的根本，因为生产资料的分配不过是生产条件本身分配的结果，生产条件的分配又是生产方式本身性质的体现，应该从生产方式入手揭示未来新社会的实现与原则问题。

最后，关于未来社会与现代社会的界分。马克思认为《哥达纲领》提出的把建立"自由的国家"作为工人阶级政党的目的，这个提法还是在现代国家思想意识的范围内兜圈子，其实质并没有超出现代国家的程度，马克思认为"现代社会"（即资本主义社会）就是存在于文明国度的资本主义社会，只是由于不同国家历史革命的程度不同以及具体发展形态不同，其文明程度因国而异罢了。马克思指出在未来共产主义新现代性之中，现代的根基即资产阶级社会已经消亡了，国家已经不复存在，还谈论什么"自由国家"的论调呢？当然由资产阶级国家向未来国家消亡的过渡，还存在一个无产阶级专政的过渡时期。所以马克思尖锐批评《哥达纲领》中脱离无产阶级专政空谈"现代国家"，此所谓的现代国家不过是存在于德国之外的瑞士、美国等已经实现的政治形态罢了，他们所提出的普选权、人民权利等不过是资产阶级政党或同盟的"回声"而已，其已经以比较成熟的资本主义国家作为实现形态存在了。

（二）晚年笔记关于东方国家现代性跨越的思考

马克思对原始社会研究构成马克思历史观的重要组成部分，1879年至1882年马克思摘录了前现代社会发展的5卷本笔记，现仅针对与本文有关的现代性主题，即关于原始农村公社能否跨越资本主义卡夫丁峡谷的部分略作论述，这为后发现代性的东方社会能否率先进行社会主义革命和现代化建设步入一种不同于西方的"另类现代性"提供了极其有益的借鉴。

马克思通过对美、亚、非三洲原始公社遗留材料的分析对比后认为，现存的原始公社与古代的原始公社是不同的，它既有公有制因素也有私有制成分，形成农村公社的"二重性"，这二重性的矛盾决定原始公社两种命运：或者私有制战胜公有制最终导致公社瓦解，或者公有制战胜私有制使公社成为一个具有生命力的有机体，至于会是何种结果，"一切都取决于它所处的历史环境"。此时的马克思认为社会主义革命的胜利有可能会引导农村公社走向非资本主义现代性发展的道路。

另外通过对俄国农村公社与欧洲国家残留的公社对比后，马克思认为俄国如果按照资本主义道路发展下去，俄国农村公社会最终瓦解。但是俄国农村公社也有其特殊性：俄国农村公社不仅在全国范围内完整保存下来，而且从其所处历史环境来看，由于世界交往，俄国并未完全脱离现代社会，而是处于与资本主义时代并存的同一时空，这样它就"有可能不通过资本主义制度的卡夫丁峡谷，而占有资本主义制度所创造的一切积极的成果"。当然这种跨越也只是一种可能，如果要促成这种跨越的实现仍需具备一些条件，从内部条件来看就是俄国必须要发生革命，促使私有制向公有制转型以保证农村公社自由发展，同时"俄国革命将成为西方无产阶级革命的信号而双方互补的话"，俄国农村公社就可以跨越资本主义卡夫丁峡谷成为共产主义发展的起点。马克思反复强调不同民族国家具有不同的发展模式，即使同一国家未来社会发展也要根据具体环境与条件而转移。马克思关于俄国跨越资本主义卡夫丁峡谷的设想指明了从内部超越资本主义现代性的路径。虽然后来历史发展没有像马克思预言的同质化的世界无产阶级革命没有发生，但马克思已经科学断定资本主义现代性并非现代社会发展唯一模式，打破了西方中心论的现代主义固化模式，并且指出对资本主义现代性所超越的是资本主义所有制形式，生产力和先进科技不仅不可超越还要以继承这些文明成果为前提，为前现代国家进入现代社会发展途径提供了参考，为各民族通过不同方式走向现代化指明了方向。

马克思并不是一个天生的马克思主义者，马克思现代性思想大致经历现代性理性主义审视到人本主义深思，确立了历史唯物主义反思现代社会的科学方法，通过政治经济学现代性批判剖析了现代社会的运行机理，科学预言了现代性的未来命运和未来新现代性建构的思想原则。马克思现代性思想是内容丰富、逻辑严谨的科学体系，以对现代性批判与超越为主题，围绕现代性的历史生成、运行机制与内在超越等理论视域展开现代性分析，构成今天认清现代资本主义社会与建构社会主义新现代性的理论指引。

第四章
马克思现代性思想的理论视域 ↗

马克思话语中关于现代性思考也就是对资本主义现代社会的思考，从其思想结构来看，马克思现代性思想包括现代性批判与建构两大板块，现代性批判又可分为意识形态批判和政治经济学批判；从其思想历程来看，从资本主义启蒙思想批判、政治哲学与法哲学批判经唯物史观科学方法论建立到政治经济学系统性论证，并在批判性反思中探求未来共产主义现代性的路径。综合而言，马克思现代性思想围绕资本主义现代性贯穿"批判"与"超越"的理论主题，通过意识形态、政治哲学和政治经济学这"三大结构性批判"，论析资本主义现代性历史生成、运行机制、基本特征与历史命运等问题，从政治、经济、文化与社会等层面探求全面超越资本主义现代性的现实路径，共同构成马克思现代性思想的理论视域。

第一节　马克思现代性思想的理论主题

科学完备的理论体系必然具有一个最基本的核心问题，阿尔都塞将其称为总问题，"一切都取决于总问题的性质，因为总问题是组成成分的前提，只有从总问题出发，组成成分才能在特定的文章里被思考"，由此看来这个总问题贯穿于整个理论系统并统领整个问题域，抓住这个总问题也就抓住理解整个思想的关键与核心。那么从现代性视角而论，系统批判资本主义现代性、辩证剖析资本主义制度下诸种异化、分裂与矛盾，探求超越资本主义现代性的理想图景和实现路径，即对资本主义现代性批判与超越便构成马克思现代性思想的理论主题，这一总问题贯穿于马克思现代性思想历程、理论批判核心及最终价值旨归的各个方面。

一、资本主义现代性批判

马克思思想包括针对人类社会一般规律考察和资本主义现代社会运行规律研究两个层面，前者构成后者研究的方法论前提，后者围绕现代社会内在矛盾和发展规律研究的深化进一步证实了前者，并且对资本主义现代性批判性分析构成马克思理论工作的核心。

对于资本主义与现代性的关系，西方学者从不同问题域进行非常深刻的阐释，对于这二者关系问题，以吉登斯、华勒斯坦为代表的现代性理论家从经济结构界定资本主义，现代世界经济形式构成现代社会甚至整个世界体系的基础，以布罗代尔为代表的西方学者将经济生活分为物质文明、市场经济与资本主义三个方面，资本主义作为上层建筑居经济生活的垄断地位。与这两者从经济出发理解资本主义不同，以韦伯、舍勒为代表的哲学家主要从精神文化视角界定资本主义，其中韦伯主要从新教伦理与资本主义精神研究现代社会起源，并从现代社会人的心理结构和价值观念理解现代资本主义社会的精神气质和文化伦理。

马克思则是从社会总体界定现代性，资本主义是贯穿现代社会各个方面最基本规定，而资本则是"处于支配地位的社会形式"，因此"'现代社会'就是存在于一切文明国度中的资本主义社会"，马克思话语体系中"现代社会""资产阶级社会""资本主义社会"就是现代性的资本主义社会，市场经济、政治制度、意识形态、现代科技等构成资本主义内在整体的结构性要素。马克思对资本主义现代性进行整体性批判的同时并非均质化、无主次的分析，而是将资本主义现代生产确立为现代性研究的重心，从最根本的生产方式出发科学阐述资本主义现代性的内在逻辑与社会运行规则。生产方式是人们在社会生产中劳动协作和劳动资料的配置方式，是生产力和生产关系的辩证统一，马克思就从生产力和生产关系相结合中理解资本主义时代的总体性特征，二者的辩证统一制约着整个现代社会的制度建构、人际关系与价值伦理，是现代社会占支配地位的生产关系，其增殖本性极大驱使生产效率的提升并带来生产力快速发展，但在运转中劳动与资本的对立也扭曲了人与人的天然联系，整个现代社会"除了冷酷无情的'现金交易'，就再也没有任何别的联系了"，社会关系扭曲的根源就是资本支配的生产关系。因此，资本主义现代生产两个最基本特征一方面是通过逐渐扩大市场交换持续推进现代商品生产，交换价值而非使用价值构成现代生产的内在动力，生产中孕育着社会关系物役化和主体物欲化的异化基质；另一方面社会生产最终目的是价值增值，极大降低生产成本和压榨劳动力价值激化劳动与资本紧张关系，引发工人阶级对资产阶级的反抗。这两个方面关系构成现代资本主义矛盾的根源，也构成马克思现代性批判的核心主题。

二、资本主义现代性超越

马克思对现代性分析主要立足资本主义社会这的确是不争的事实，对马克思所生活的时代而言，"现代社会"也只能是当时的资本主义社会，而且从人类告别传统、走向现代的历史转型来看，资本主义也的确是现代性社会的第一个社会形态，同时也真正实现了从社会生产到制度建构、从宗教控制到世俗生活回归的全面过渡，但这并不意味着资本主义社会就是合理的现代性社会形态。在马克思现代性思想视域中资本主义仅仅是现代性诸多模式中的一种，资本主义所建构的现代总体也并非意味着现代性就是资本主义。

从现代化与现代性关系而言，每个民族国家走向现代化的历史条件不同，所面临的现代性问题也必然各有差异，也就是说就其社会形态而言有资本主义现代性，也会有社会主义现代性，有欧美式现代性生成模式，也不可排除其他民族国家探求自己的现代性发展道路的合理性，而且马克思现代性理论之后众多研究成果和社会发展实践也无不证明在资本主义现代性之外发展另一种"新现代性"的可能。现代性研究最初是一种西方话语，但不能剥夺非西方国家在探索各自现代化发展道路中现代性思考的权利，那种动辄提及现代化或现代性就直接等同西方化的思维方式，是典型的西方中心论的阴魂不自觉的呈现，吉登斯也主张"我们可以把资本主义社会看作现代社会的一种独特的次级类型"。马克思认为资本主义虽然推动大工业发展和科技进步，客观上促进生产力的快速发展，却导致了劳资对立、权力主宰、社会异化、价值虚无化等社会问题。马克思客观分析了资本主义自身包含着难以超克的内在矛盾，提出在继承资本主义文明成果基础上通过无产阶级革命运动扬弃资本主义私有制，建立自由人联合体才能根本消除社会分裂和全面超越资本主义，这就是通过共产主义运动超越资本主义现代性的发展模式。

马克思从生产方式出发辩证分析资本主义现代社会，生产方式是生产力和生产关系的辩证统一，资本主义现代性也就包含现代生产力的物质内容和生产关系的社会形式两个方面内容。生产力是社会发展的最终决定性力量，现代资本主义社会使生产力获得史无前例的解放和发展，生产发展推动人类社会普遍交往的扩大和文明化进程，现代工业发展和科技革命日新月异，市场经济资源配置更加优化，世界交往逐渐打破地域性限制而走向全球化，资本主义客观上加速落后国家文明化进程，人的自由个性获得高度发展。现代性是在资本主义生产关系中孕育成长起来，资本逻辑强力推动现代社会的生成与运转，劳资对抗加速现代资本主义社会关系对抗和分裂，"文明的一切进步……社会生产力的一切增长……都不会使工人致富，而只会使资本致富；……所以文明的进步只会增大支配劳动的客体的权力"。资本主义政治经济制度是现代性最初形态的实现方式和组织形式，现代生产力的发展是现代性最基础的物质内容。

资本主义现代性超越了前现代社会生产的社会组织形式，其形成是社会基本矛盾变化发展所决定的，具有历史必然性，但这种必然性"绝不是生产的一种绝对的必然性，倒是一种暂时的必然性，而这一过程的结果和目的（内在的）是扬弃这个基础本身以及扬弃过程的这种形式"，也就是说资本主义现代性的形成虽然具有历史发展必然性，但这种社会形式只是暂时适应其生产力发展的物质内容，这种必然性又具有历史过渡性和暂时性。生产社会化和资本主义私有制之间的矛盾是资本主义无法摆脱的基本矛盾，随着生产力进一步发展，生产关系日益成为生产发展的桎梏，资本主义现代性作为社会发展的实现方式并非永久契合社会进步的历史目的，必然要被更能适合生产力发展的新的现代性所取代。资本主义生产方式作为物质生产力发展与世界市场形成的历史手段，这种手段是生产力和生产关系的辩证统一，但这种统一并非二者完全适应与和谐的，而是处于经常矛盾之中的，并且二者矛盾在资本主义制度范围之内是无法彻底解决的对抗性矛盾，这一矛盾是造成资本主义一切社会分裂、对抗的根源。

资本主义现代性的矛盾在其制度框架下虽然难以彻底根除，但资本主义现代发展又孕育着自我扬弃、自我超越的趋势，为这一根本矛盾的解决创造了条件：不仅为未来新现代性社会创造了丰富的物质财富和技术手段，而且培养了共享这些财富和使用现代手段的历史主体即工人阶级。未来新现代社会是在资本主义母体中孕育出来的，由现代社会向未来更高级的生产方式的过渡是资本主义现代性自我扬弃的结果，这种生产方式的过渡是由资本主义现代性向更高级现代性的历史延伸，是既保留了以往历史一切积极文明成果又克服各种异化关系和阶级对抗的社会形态更替。马克思主要从资本现代性内在运行逻辑和未来发展趋势分析现代性的超克问题，资本逻辑既造成现代社会制度和社会关系的分裂性对抗，同时又孕育着超越这种对抗的解放潜能。现代性自我扬弃就是资本逻辑自我超克、自我解放的过程，共产主义作为实现这种解放的运行形式，不是在现代社会之外自行构建一个虚无缥缈的时空乌托邦，而是彻底根除了资本主义现代性所有非人化的异化关系和阻滞因素，把现代性自身解放潜能充分激发并通过无产阶级革命变成现实的解放过程。从资本主义向未来共产主义现代性延展并非两个时期的断裂，而是对原有生产力成果的继承和生产关系自我扬弃的过程。问题不在于资本主义现代性能否超越，而是该如何超越，正是在批判分析现代性内在矛盾和扬弃的过程中，马克思不仅开启而且终生致力于探索并推进超越资本主义现代性的现实可能性与可行性路径。

第二节　马克思现代性思想的理论内容

马克思现代性思想的理论视域始终贯穿着对现代性思想的批判与超越的主旋律，其内容主要涉及现代性的历史生成、现代性逻辑运行机制的悖反性、现代性超越的可能路径与现代性基本特征的分析等方面。

一、现代性历史生成论

马克思对资本主义现代性批判是一个总体性剖析，对于现代性历史生成的研究也着眼于总体性的历史视野：资本主义现代性不仅是工业主义和科技革命的单维推进，也不单纯是新教伦理与资本主义精神的启蒙产物，而是包括生产发展、经济变革、政治革命和思想启蒙等多重因素、多个环节在内的整体变迁的过程，对内进行原始积累建立资本主义雇佣劳动关系，对外进行殖民掠夺建立资本主义世界体系内外联动的历史过程，马克思在述及资本原始积累时曾这样描述："对他们的这种剥夺的历史是用血和火的文字载入人类编年史的。"

（一）现代生产是现代性生成的终极根源

不同于一些西方现代性思想家从思想观念、社会心理或文化习俗去探究现代性根源，马克思主要立足生产方式来理解现代性的根源，正是社会生产方式的发展从根本上推动了资本主义现代性的生成，构成了现代资本主义历史起源的决定性因素和社会运行的主导性环节。因此，现代性的起源问题究其根本而言也就是现代生产方式的起源问题。马克思在《神圣家族》中就已经开始试图从"尘世的粗糙的物质生产"出发去探求历史的发源地，资本形成史与雇佣劳动的发展史也就是资本主义现代性的起源史，资本主义现代性的产生问题同时也就是现代生产的起源问题。

马克思认为资本主义生产过程具有"二重性"，是生产使用价值的劳动过程与生产剩余价值的价值增值过程的统一，这一生产过程也是物质资料的生产过程和资本主义社会关系的辩证统一。在物质实体内容方面，现代社会生产先后经历简单机器到复杂机器、工场手工业到机械大工业的发展历程，科技革命成果通过劳动者技能提高、劳动资料日益改进和劳动对象范围的逐渐扩大转化为实际的生产能力，劳动分工由同一部门不同生产领域分工到不同部门日益精细化的社会分工，随着国际交往扩大使一切生产与消费都成为世界性生产与消费，市场经济资源配置方式极大推动了生产的社会化趋势。在社会组织形式方面，现代生产是建立在劳资对立、资本对劳动的雇佣关系之上的，在《资本论》第1卷"所谓原始积累"中马克思主要以英国为例，具体分析了资本与雇佣劳动的起源问题：劳动与生产资料相分离、劳动者与生产条件所有权相分离的过程也就是资本主义社会资本和雇佣劳动的生成问题，这一问题是以劳动条件与劳动者的彼此分离为条件的。在这一分离过程中土地等生产资料和生产条件脱离劳动者独立化为资本存在形态，被剥夺的劳动者从传统社会关系中"解放"出来变成除了出卖劳动力以外一无所有的无产者。资本人格化为资本家和社会为资本主义制度控制着整个社会生产，把劳动者作为生产要素再次与劳动条件相结合，屈从于资本增殖的逻辑法则，资本主义生产就是不断通过劳动力的商品化、雇佣关系契约化和永不停息的剩余价值追求创造着异化的社会关系，体现为建基于抽象劳动之上资本增殖压榨下的绝大多数人口的赤贫。资本主义劳动过程是价值增值过程的基础，价值增值制约着劳动过程并构成劳动过程的生产目的，现代生产同时遵循使用价值生产与剩余价值生产的双重逻辑。在物质生产决定下，现代资本主义精神也构成现代性起源的次生动力，韦伯则重点强调了精神观念、宗教伦理在资本主义生产中的主导性作用，正是"宗教影响的力量——虽然不是唯一的力量，但远远超过其他一切力量——造成了我们今天所意识到的差异"，虽然韦伯将社会意识因素夸大为现代性起源的决定因素，但马克思历史唯物主义决定论不是一元经济决定论，现代精神的革新对物质生产的推动作用也不容忽视，政治、宗教、艺术、哲学等意识形态是实际参与现代性起源的催化因素，也正是在社会复合性因素交互作用中，物质资料的生产方式才最终决定着现代社会的产生与发展。

根据唯物史观，现代生产方式不仅是资本主义现代性生成的根源，而且是现代社会运行的主导因素，支配着整个现代社会生活的全过程，"物质生活的生产方式制约着整个社会生活、政治生活和精神生活的过程"。马克思从日常商品的价值与使用价值溯源到生产商品的抽象劳动与具体劳动，再由劳动二重性分析到物质生产中私人劳动与社会劳动的矛盾关系，私人劳动最终是为了获取剩余价值，继而区分了必要劳动和剩余劳动，揭示了剩余价值生产的方法和资本主义剥削的秘密，描绘了资本主义现代性逻辑的核心机制。马克思认为生产方式不单是物质资料的生产过程，不仅构成社会存在和运行的物质基础，而且生产和再生产着历史发展特定阶段的社会关系，"手推磨产生的是封建主的社会，蒸汽磨产生的是工业资本家的社会"，生动展现了生产关系与生产力的密切关联，伴随生产力的发展，人们也会相应改变自身所处的生产关系。在现代生产中形成与之相适应的生产关系，生产关系制约着其他各种社会关系和意识形态，从而构成经济制度、政治制度和思想文化制度等诸种关系体系与运作机制，并进一步形成社会生产得以进行的交互网络。生产方式对政治、经济和精神生活的决定性作用是就其最终意义而言，是从人类历史发展长河中最一般意义来说生产方式是起着支配性作用的因素，也不可排除在特定时期权力运作等因素对经济发展起关键性制约作用甚至决定意义。物质生产与其他各因素相互联结、相互制约，共同推进资本主义现代性的历史生成与实际运作的各个环节，物质生产方式为整个现代社会政治、思想文化等要素形成与发展提供最基本的物质基础和实践保障。

（二）资本逻辑是现代性生成的基本动力

从马克思现代性思想的理论视野观之，资本逻辑是支配资本主义现代性发展与运行的基本动力，正是资本逻辑驱动极大激发了生产力的各种增殖潜能，使整个现代社会运作机制和各种社会关系都被资本这一特殊的"以太"牵制着。资本是实现现代生产的产物并反过来制约着社会生产过程，使生产各个环节要素都服务于资本的增殖逻辑，现代生产发展尤其是科技进步也促进了资本的增殖效能，为资本扩大再生产和资本积累提供动力之源，正是现代生产与资本增殖本性的内在融合，才促进资本主义现代性不断发展。马克思重点分析了资本的本质特性以及资本如何构成了现代性运行的内在机制问题。

马克思批判了国民经济学家把资本作为有形物体的经验主义倾向，指出"资本也是一种社会生产关系。这是资产阶级的生产关系，是资产阶级社会的生产关系"，"是一种以物为中介的人和人之间的社会关系"，它只是通过这个物并"赋予这个物以独特的社会性质"。所以资本是资本主义现代生产中所体现出来的生产关系，是通过商品、货币、技术等物化形态体现出来的各种社会关系。资本渗透于资本主义劳动过程并物化为各种生产要素，体现为占主导地位的资本主义生产关系，从而作为经济基础决定并构成包括上层建筑在内的整个资本主义社会的基础性动力，主要体现为以下三种样态作用于现代生活全过程。

首先是物化为具体物质形态的资本形态。物品不是资本，但资本天然体现为一些具体的物质形态，物品的使用价值是人类社会产生以来就已存在而且伴随人类发展始终，发展为简单商品形态也不过是商品生产者相互交换劳动产品以满足自身需要的过程，但如若购买这些商品不是为了个人使用，而是作为原料再次投入生产过程进行劳动加工，或为卖而买，旨在实现价值增值时商品便体现为资本形态，除商品外，土地、货币、技术、信息、权利等存在都物化为资本的实体形态。其次是作为资本化身的人格化资本形态即资本家，资本家构成资产阶级形成国家权力机构和垄断联盟，控制着整个社会生产、秩序和法治体系以服务于资本增殖需要。最后是资本作为思想观念的意识形态，主要表现为代表资产阶级利益的国民经济学家，他们从资本主义生产出发把要说明的问题作为理论分析的前提，把受资本主义生产关系支配的社会产品与交易规则作为永恒自然属性加以论证，商品、货币及资本的现代性特质的神秘化和永恒化，为资产阶级统治和资本增殖的合理性进行辩护。资本多重存在样态都服务于资本自我增殖的本性，而且这种增殖是一种不断追求超越自我的永不满足的趋势与欲望。资本为了不断满足自我膨胀的欲望，像吸血鬼一般不断吸吮劳动者心血，哪怕是最后一滴也不放过，因为唯有如此资本本身才能保持旺盛的生命力。资本为了实现增殖的目标，把能够想到的一切有形无形的存在都变成增殖的内在要素，正如马克思在《资本论》中引用托·约·邓宁一段话所指出："资本害怕没有利润或利润太少，就像自然界害怕真空一样……如果动乱和纷争能带来利润，它就会鼓励动乱和纷争。"正是资本这种极富侵略性和扩张性的现代生产关系彻底摧毁了传统封建羁绊，在这种强大的增殖驱动下，不仅在民族国家内部，而且根据自己的面貌在全世界范围内建立了现代资本主义体系。

资本无限地追求剩余价值、实现价值增值，从而进行不断掠夺与扩张的野性构成现代性生成的核心驱动力，尽管在生产效率、政治民主化、思想自由化等方面促进了社会进步与发展，但却也是以血和泪的现代性大屠杀为代价的。资本对社会生活各个层面的作用机制是通过一系列中介因素来实现的。

首先，通过创立现代经济制度保障资本增殖效能，如信用制度、税收制度、财政制度及关税制度等。虽然这些制度体系是社会机制理性化体现，有效提高了社会管理的效率，但根本上都是遵循资本逻辑服务于资本增殖本性的，马克思认为现代信用制度作为生产关系只有在劳资为基础的流通中才会出现，包括关税、财政制度在内也都是为了更好保障资本逻辑运行和对无产阶级持续性剥削合法化服务的，保护关税制度是生产资料资本化和向现代生产方式过渡的一种"人为手段"而已。

其次，通过创立现代政治法律制度保障资本增殖逻辑合法化。现代资本主义冲破封建等级特权，建立了资产阶级代议制度，创立法律面前人人平等的政治原则。用行政等级制取代了封建特权世袭制，等级之间强化行政管辖的隶属关系，保证下级对上级的绝对敬畏与服从，想方设法进行上位是从事行政的直接目标，"就单个的官僚来说，国家的目的变成了他的私人目的，变成了追逐高位、谋求发迹"，这一切都被资本逻辑所控制，凌驾于社会之上的国家其实只是官僚体制的自有财产罢了，"贿赂代替了暴力压迫，金钱代替刀剑成了社会权力的第一杠杆"。资产阶级法律尽管在实体内容与实现形式方面表现出区别于传统的理性化特质，但其实质上也不过是使资产阶级谋取私利合法化的实现方式，遵循的依然是资本增殖逻辑法则,在资本原始积累时期一些封建王权或土地所有者通过立法剥夺了农民土地,"法律本身现在成了掠夺人民土地的工具",同时还通过定居法、最高工资法、流浪者惩治法等对失去生产资料的劳动者进行种种规制与限制,最大限度保证无产者对资本增殖的劳动力供给,被剥夺了生产资料的流浪者不得不屈从于"这些古怪的恐怖的法律"与纪律之下。近代以来,理性的胜利所建立的现代资本主义政治法律制度是一幅令人极度失望的讽刺画。

最后,通过现代科学技术保障资本增殖的最大效率。科学是人类劳动经验与认识能力的理论结晶,技术是人类知识经验的实际运用,现代机器则是这二者转换的物质形态,就其本性而言都是人类在长期实践中改造自然能力提升的结果,其发展运用反过来也必然极大减轻人类劳动强度和促进人自身解放。然而科技进步与机器的广泛使用并没有降低人们的劳动强度和给人类带来更多休闲时间,而是沦为资本攫取剩余价值、压榨劳动者剩余劳动的手段,"在机器上实现了的科学,作为资本同工人相对立"。其实机器作为人的自然力的延伸本没有价值属性,但资本逻辑主导下的机器运用必然成为资本奴役劳动力的一种工具,机器与工人之间的矛盾与对抗是与资本主义制度下的运用分不开的,使机器的运用貌似带有一种与人相异化的原罪。其实正是由于机器的资本主义使用才使其成为劳动的宰制,使机器不仅没有减轻劳动者强度反而还大大强化这一强度,不仅没有取得对自然力的胜利反而还进一步臣服于这一力量,不仅没有改善自己的生活反而还更加贫困化,这一切翻转的罪魁祸首即是资本及其控制下的资本主义制度。在资本主义制度下,人类的精神产品即知识真理也成为资本增殖的奴隶,资本主义科学家和国民经济学家等理论家作为精神产品的生产者都服务于资本的增殖逻辑,"无私的研究让位于豢养的文丐的争斗,不偏不倚的科学探讨让位于辩护士的坏心恶意"。资本主义制度下,资本逻辑决定科学技术和意识形态的生产逻辑,后者不过是为资本增殖进行辩护和开辟道路的刽子手和辩护士罢了。

(三)市民社会是现代性生成的客观环境

如果说现代生产和资本逻辑构成现代性历史生成与发展的最终根源和基本动力,那么现代市民社会从国家中分离出来则构成现代性得以存在与发展的社会基础，市民社会的形成是催化现代性发育与成长的载体与保障。

"市民社会"一词出现较早，亚里士多德曾在"城邦"意义上使用该词，近代英法启蒙思想家将其理解为政治社会或国家以区别于社会的自然状态。康德也是在相近意义上来使用，他把公共权利的市民状态视作由个人权利的自然状态向未来过渡的理想目标，在康德那里市民社会是比较理想化的政治国家。黑格尔把市民社会与现代国家区分开来，把市民社会理解为从国家政治的束缚与控制中解放出来的在现代世界中所形成的"自由市场社会"，是介于家庭与国家之间的私人经济活动领域。在市民社会中每个人都以实现自身利益为目的，其他一切都是服务于私人利益的手段，黑格尔认为市民社会作为个人实现其自身利益的场所，在实现自己利益的同时不自觉地也实现了公共利益，市民社会把各自追求自身利益的个人整合在一起，把私利的个人纳入一个抽象化的制度体系和不稳定的市场秩序。但市民社会不具有普遍理性特质，更不能保障社会整体利益实现，而要彻底克服市民社会私利性实现全体社会的利益，只有依靠理性国家，"人们必须希求于国家的，不外乎国家应是一种合理性的表现，国家是精神为自己所创造的世界，因此，国家具有特定的、自在自为存在的进程"。个人服从国家是扬弃个人自私自利的狭隘性、重获普遍伦理性的必然选择，因此，黑格尔得出"国家高于市民社会"的论断。

在马克思话语体系中市民社会有广义与狭义之分，就其广义而言是"受到迄今为止一切历史阶段的生产力制约同时又反过来制约生产力的交往形式，就是市民社会"，其实也就是对社会历史存在与发展起决定作用的物质资料的生产方式；狭义的市民社会也就是资产阶级社会，因为马克思认为"真正的市民社会只是随同资产阶级发展起来的"。马克思现代性思想中相对应的市民社会即资产阶级社会，主要围绕市民社会与政治国家的分离、市民社会内社会关系分裂和市民社会与国家利益再度统一展开论述。

首先，市民社会与国家分离是现代性生成的起点。在前现代社会，整个社会的经济建设、组织管理、文化交流等都受制于政治权力的运作体系，中央政权至高无上、国家与社会混沌不分、政府掌管整个社会事务是前现代社会的主要特征。在《〈黑格尔法哲学〉批判》中马克思认为"在古代国家中，政治国家构成国家的内容，并不包括其他的领域在内，而现代的国家则是政治国家和非政治国家的相互适应"，行政、司法、立法、军事、财政、基建都直接隶属中央政府和专制君主，社会组织力量极其微弱涣散，这种高度集权化的社会组织模式极大限制了市场经济发展，人治化的权力运作和庞大的官僚体系严重窒息了社会民主化、法治化进程，人们被束缚于特定职业范围并且保持绝对顺从成为生存的基本法则，导致社会创新创造能力不足，生产发展非常缓慢，即使王朝更替也难以打破传统社会的稳定结构。马克思就曾以印度历史为例证实这一状况。

到了现代社会，市民社会与国家分离并成为与国家相互适应的结构性阶段，黑格尔曾把这种分离看作现代社会形成的重要标志，马克思也把市民社会的这种分离视作现代社会形成的基础性特征。国家则成为凌驾于社会之上的抽象性存在，"国家本身的抽象只是现代才有，因为私人生活的抽象也只是现代才有。政治国家的抽象是现代的产物"，"抽象的反思的对立性只是现代世界才有"，国家与市民社会的抽象分离、现实生活与抽象生活的二元对立是现代社会区别前现代社会相区分的重要界点，同时也是经济和思想文化从政治领域中职能分化和独立化的结果。这一分离标志着传统社会解体和现代社会政治解放的完成，"政治解放同时也是市民社会从政治中得到解放，甚至是从一种普遍内容的假象中得到解放"。市民社会从国家中分离出来极大解放了社会生产的活力和社会组织的效力，契约下的雇佣关系一定程度上加速了劳动力资源的流动性，日益完善的市场机制和交换规则推动了商品经济的繁荣，社会创新活力得到激发，科技革命成果通过与生产劳动的结合创造了大量社会生产力，法律法治体系日臻完善，基本人权得到保障，生产贸易逐渐突破民族国家界限并开辟世界市场，促进了各民族国家思想文化交流发展。但是马克思并不是一个现代主义歌颂家，市民社会与国家分离孕育着市民社会与政治国家的分裂与自我分裂，这是导致现代性各种矛盾冲突和社会异化的根源，这样马克思就从市民社会的世俗基础的自我分裂中诊断现代性的诸种病症，并从市民社会的政治经济学批判中寻求克服现代性分裂的超越路径。

其次，市民社会内在分裂是现代性裂变的基础。市民社会与国家的分裂缘起于市民社会自身的内在分裂，并且成为现代社会分裂的原因和前提，所以对现代性矛盾的分析应当深入市民社会内在分裂中去寻找。市民社会的自我分裂主要体现为人与社会、人与人以及人与自身之间关系的分裂。资本推动市场经济发展并通过产品交换建立的普遍的社会联系，个体都成为市场交换网络中的一员，通过交换价值确立人与社会之间的普遍联系，个体对自身与他人的权力关系完全通过所拥有的交换价值来衡量。现代社会人与社会之间全面的普遍的物质依赖关系构成资本逻辑运作的社会前提，马克思将这种现代社会称作与传统社会以血缘关系为纽带相区分的"物的依赖为基础的人的独立性"社会。这种资本推动下通过市场交易把人与社会关联起来的现代社会并没有实现社会群体的有机团结，而是限于物质利益需求和自私自利观念的机械团结，像黑格尔所说"在市民社会中，每个人都以自身为目的，其他一切在他看来都是虚无"，整个社会生产体系和市场网络把个人作为社会机器的零部件整合进现代性的洪流，人与人、人与社会之间冷冰冰的物质利益关系使他们之间成为相互冲突的"原子式的相互敌对的个人"，人与人之间的关系成为异己的社会关系。这种异己的社会关系造成社会整体利益、普遍利益与个体局部利益、特殊利益相互间的对抗与分裂，少部分金融寡头凭借其雄厚的经济实力垄断国家政权，并将自己特殊利益推广至整个国家，作为社会的普遍整体利益而存在。国家作为一个虚幻的共同体名义上代表整个社会的共同利益，其实不过是维护资产阶级利益的管理机构罢了。人与人、人与社会的分裂还导致了人与自身的分裂，政治解放使社会中的个人具有了成为公民与市民双重身份，在政治共同体中个人享有法定的民主、自由等各项权利，而在经济领域的市民社会中却是贫富多寡极其鲜明的阶级分化，"私有财产神圣不可侵犯"把越来越多的人固定为只能出卖劳动力的无产者。现代社会"人不仅在思想中，在意识中，而且在现实中，在生活中，都过着双重的生活"，每个人都是作为政治共同体中社会存在物与市民社会的异己存在物双重对立。现代社会全面分裂意味着资本主义现代性绝不是人类现代社会发展的理想状态，同时也孕育着超越现代性的必要性和可能性。

最后，对市民社会与现代国家分裂的超越。市民社会与国家分离不仅带来社会关系的分裂，而且还催化了社会整体的结构性断裂，这就是整个社会日益分化为资产阶级与无产阶级，两大阶级的对抗与斗争撕裂了现代社会结构的整体性。这样马克思对市民社会自我分裂的批判与社会阶级关系的分析结合起来。现代社会的结构性断裂集中体现为无产阶级与资产阶级的阶级对抗，这一对抗性冲突是超越市民社会内在分裂、扬弃资本主义现代性并向未来社会过渡的首要前提。两大阶级冲突是源自社会生活条件的结构性对抗，"是社会生产过程的最后一个对抗形式"和走向未来新现代性的准备阶段。在资本增殖本性驱使下，资本主义通过社会再生产不断强化资本积累的规模和速度，在资本主义产生初期由于生产机械化、智能化水平不高，科技用于生产链条的能力不足致使资本对劳动力需求量较大，基本还能维持一定层次的劳动就业人口。随着科技革命发展与资本有机构成不断提高，资本用于不变资本部分越来越多而购买劳动力可变资本部分则相对越来越少，随着缺乏劳动技能的劳动者渐次被淘汰加上廉价童工、女工和破产小企业者先后加入无产阶级大军，最后形成大量相对过剩人口存在，资本积累所致的两极分化使社会底层人民越来越大，越来越少的富有阶层掌握越来越多的社会财富，经济分化引致政治权力集中和文化教育资源分布不均等整体性社会断裂，社会矛盾日益尖锐化，看似异常坚硬的社会外壳其实内在早已暗流涌动。应当如何整合市民社会带来的现代性分裂，与斯密通过强化市场自由竞争机制的自我调控和黑格尔通过国家建构进行理性调节不同，马克思通过对市民社会和政治国家的双重批判，把无产阶级理解为整个市民社会的基础，并通过无产阶级革命弥合市民社会的自我分裂和实现国家与市民社会的重新统一。资产阶级政治解放只是实现政治共同体形式的解放，实质却产生国家与市民社会分裂，在市民社会领域人们依然受到资本逻辑的宰制，唯有通过无产阶级的社会主义革命，彻底打碎资产阶级国家机器，扬弃资本的社会统治，把原本属于人的权利全部归还人本身，才能实现真正的"人类解放"。在《法兰西内战》中马克思提出要通过无产阶级公社克服国家与市民社会分裂问题，把国家政权社会的统治和压迫力量变成组织社会和人民自身的协调性力量，实现对国家和市民社会的双重超越。

（四）全球化是现代性生成的催化力量

资本增殖性能与现代性逻辑不会把生产消费等局限于民族国家内部，而是要冲破层层传统壁垒走向世界，从而形成全球化过程。全球化反过来又加速了现代性拓展范围，变成现代性生成发展的催化力量。资本的现代性扩张是全球化的内在根源，资本原始积累进行的殖民扩张本身也就加速了全球化发展，国际分工体系、世界贸易体系与跨国公司协作的加强日益把民族国家纳入世界资本主义体系，改变着人们的生产方式、生活方式和价值理念。全球化不仅是资本追求高额垄断利润、掠夺廉价原料和商品与资本倾销等活动逾越特定国家界限、进行国际流动与融合的过程，同时也是向外通过转移过剩资本和污染严重企业，进行不平衡地理历史发展从而转嫁资本主义内部矛盾的产物，所以全球化其实质也就是资本主义现代性的全球扩展和根据资本主义生产方式的世界扩张。资本主义生产方式不仅在国内打破传统封建羁绊，而且在全球范围内形成世界性的现代生产体系，通过开拓世界市场"使一切国家的生产和消费都成为世界性的了"，这就是全球化资本主义现代性的生成，所以全球化构成现代性生成与发展极其有效的催化力量。

现代性在民族国家内部生成引发市民社会与国家分离和市民社会内部分裂，并引发社会的结构性冲突与对抗，其现代性的外部生成在促进世界民族国家之间同质化的同时，也造成了世界体系中心发达国家——边缘欠发达国家之间的二元对立。资本主义生产方式的全球拓展打破了传统落后国家闭关自守的封闭半封闭状态，使整个世界活动呈现一体化趋势，"资本的普遍趋势是在一切成为流通的前提，成为流通的生产中心的地点，把这些地点加以同化，也就是把它们变为进行资本化生产的地点或生产资本的地点"，充当了落后国家历史发展不自觉的工具；但经济全球化和世界经济一体化进程并未强化世界联合的和谐共存，却通过不平等的国际政治经济秩序和资本自由主义扩张加剧了世界分裂和两极分化。21世纪以来，世界资本主义通过金融资本国家垄断地位、不平衡空间扩张等对发展中国家和非资本主义国家进行新式的殖民掠夺，进一步加剧了国际社会不同国家、不同群体的两极分化。

二、现代性逻辑悖反论

如前文所述，资本主义产生与发展是由多种社会因素共同促成的，这些要素反过来又构成资本主义发展的条件。资本逻辑悖反性就是原初促成资本主义现代性生成的要素与条件却日渐成为其进一步发展的障碍，但离开这一条件资本又无法运转，具备这一条件又会成为资本运转不可克服的屏障。早在1856年《人民报》创刊纪念会的演说中马克思就曾描述资本主义时代的悖反逻辑事实，"在我们这个时代，每一种事物好像都包含有自己的反面。……现代工业和科学为一方与现代贫困和衰颓为另一方的这种对抗，……是显而易见的、不可避免的和毋庸争辩的事实"。现代性演化总是体现为难以克服的发展与倒退、文明与野蛮的矛盾二重性，现代性矛盾的二重性缘起于商品悖反逻辑，资本逻辑悖反最终决定着现代性矛盾的性质，最终体现为科技进步、社会优化、政治民主与理性文明等多重内涵的现代性矛盾悖反。

（一）商品逻辑悖反构成现代性矛盾的基点

马克思对现代性科学分析体现于政治经济学的现代性批判，其中商品逻辑是马克思现代性批判的基点。马克思在《资本论》中以资本主义生产方式及其生产关系与交换关系为核心对现代资本主义社会进行解剖，现代生产孕育和决定着现代性的基本状况和运行规则，而商品则构成现代经济关系最基本的细胞。"对资产阶级社会说来，劳动产品的商品形式，或者商品的价值形式，就是经济的细胞形式"，作为商品的劳动产品是现代社会关系的"抽象总体"，孕育着所有现代社会关系的萌芽和秘密，对商品的分析构成马克思现代性思想的逻辑基点。卢卡奇在《历史与阶级意识》中也曾谈到"在人类的这一发展阶段上，没有一个问题不能最终追溯到商品这个问题，没有一个问题的解答不能在商品结构之谜的解答中找到"，并且把马克思从商品出发对资本主义社会生活所做的总体分析作为马克思成熟著作的开始。其实卢卡奇所谓马克思成熟著作的界定也就将其作为马克思在唯物史观指导下以生产方式为基础对资本主义现代性进行科学分析的始点。商品不仅在马克思理想中达到现代性"总体抽象"分析的理论高度，而且从历史现实来看，现代社会一大特点就是其区别于传统自然经济的商品经济时代，资本主义生产方式中发达的商品生产与贸易的确立就标志着人类从传统向现代的过渡，资本其本质就是商品发展的转化形式和商品关系全面的展开，商品拜物教所引发的货币拜物教、资本拜物教构成现代社会普遍的异化现象。所以马克思对现代性批判始于启蒙理性，科学的现代性分析却是建基于商品分析之上，商品逻辑悖反孕育着现代性矛盾的核心基质。

商品作为人们用于交换的劳动产品，首先是人类劳动的对象化凝结具有使用价值和价值二重性。其使用价值是能够满足人们某种需要的效用，作为商品的自然属性也构成了社会财富的物质内容，商品使用价值是由商品生产者生产出来，通过交换用来满足他人社会需要的物质前提。不同使用价值在交换中所表现出来的数量或比例关系即为交换价值。不同物品为何能够相交换？马克思就对不同商品的不同属性进行剥离，最后剩下的即同一的幽灵般的无差别的一般人类劳动也就是商品的价值，商品交换实际上是商品生产者之间相互交换劳动的关系，其本质上体现了生产者之间的社会关系。商品是由劳动生产出来的，这样马克思就由商品二因素推广到生产商品劳动的二重性。不同商品具有不同的使用价值，种种商品是不同质料的自然物质和劳动的结合，这种生产一定使用价值的具体形式的劳动叫具体劳动；但不同具体劳动生产的产品之所以能够相交换，是因为除却劳动有用性之外还有一种同一化的东西，即撇开一切具体形式、无差别的一般人类劳动即抽象劳动，这样马克思就由具体物质形态的商品分析深入生产商品劳动和劳动所反映出来的人与人之间劳动关系的分析。

其实乍看起来，商品就是一种简单而平凡的东西，但实际上它却"充满形而上学的微妙和神学的怪诞"。就商品属性论之的确没什么玄妙之处：就其使用价值来看，就是表现了人们通过自己的劳动按照自己需要的方式改变物质自然形态来满足自己或他人的需要；就其价值而言，无论脑力劳动还是体力劳动都不过是人体机能的发挥，自己的劳动产品一旦用于别人的需要也必然体现为劳动的社会形式。从商品二因素及其生产商品劳动两重性只是证明了之所以能够成为商品的原因和来源，但在实际生活中商品却成为支配人的生活意义的抽象总体，人们对它顶礼膜拜。商品的奥秘在于人们赋予商品所代表的形式和意义，"商品形式在人们面前把人们本身劳动的社会性质反映成劳动产品本身的物的性质，……由于这种转换，劳动产品成了商品，成了可感觉而又超感觉的物或社会的物"，也就是说，人类劳动如果仅仅用于生产自己需要的产品而无须用于他人使用也就是不用于交换，那么这种劳动产品性能如何以及这个劳动是否具有及具有多大意义则完全由作为生产者和使用者本人来鉴定。如果生产产品用于满足他人使用，也就是要与他人进行交换，那么必然会出现生产与使用的分离，这种产品能否成为商品并通过交换以实现自身价值则取决于社会认可，而能否得到社会认可从而把私人劳动变成社会总劳动一部分则完全蕴含于商品之中。商品则聚集了人们劳动的社会性质，商品生产者之间劳动的社会性质完全通过商品这一物的虚幻形式体现出来，马克思称此为商品拜物教。人们进行商品交换其实质就是在进行彼此的劳动交换，交换成功意味着生产者的私人劳动作为社会总劳动一部分满足了一定社会需要，生产者的私人劳动才满足了生产者本人的多重需要。随着货币这一特殊商品的出现，商品世界分化为商品和货币两极，货币的实现则代表着生产商品劳动的实现，商品拜物教也就转换为货币拜物教。如此一来，商品本身作为人类劳动产品，是由于社会分工人们为满足各自需求所进行交换的产物，现在却成为制约和体现人的劳动价值的标签，商品的悖反逻辑内蕴着现代性的矛盾逻辑。当然商品这一性质是人类进入现代社会以来社会生产发展的产物，也必然伴随生产的进一步发展而消亡。当生产资料是作为社会公共的资料来使用，个人的劳动成为社会劳动一部分，人们的生产直接是社会的生产，劳动也成为社会性的劳动，劳动不再通过物来体现，只有当社会生活过程"作为自由联合的人的产物，处于人的有意识有计划的控制之下的时候，它才会把自己的神秘的纱幕揭掉"。一旦商品使用和生产不再用于满足自己或他人需要，而成为价值增值的手段和工具的时候，商品便体现为一定的资本形式，商品是资本构成形式重要组成部分。

（二）资本逻辑悖反构成现代性矛盾的基石

所谓资本逻辑就是资本作为现代生产关系主体，在追求剩余价值、实现自我增殖的动力趋势下，在生产生活、交换消费等时空领域所体现出来的构成要件、运行规则和内在规律，资本本性是资本逻辑的内在动力，资本逻辑是资本本性的具体展开。在马克思看来，资本逻辑是一种主体性逻辑，既是作为现代性的主体性存在，又是现代性运行的辩证过程，是"能动的主体"和"过程的主体"的统一。资本主体性首先体现为自身的主体性，资本在生产运动中作为预先存在的价值以自身为根据同剩余价值发生关系，资本成为剩余价值的前提，剩余价值是资本自身的实现，其实剩余价值本身就构成了资本组成部分，通过资本积累投入到扩大再生产中去；同时资本还体现为劳动关系的主体性，是一种特殊的与劳动的现实要素既对立又共存的独立存在。资本作为一个整体被纳入生产过程，"它作为活劳动不仅是同作为对象化劳动的自己发生关系，而且，由于这是对象化劳动，它是同作为单纯劳动对象的自己发生关系"，资本作为生产过程的整体在劳动过程中是作为对象化劳动与自身的关系统一体。资本作为生产过程总体中自我增殖的主体性存在，"作为凌驾于这一运动各个阶段之上的、在运动中自行保存和自行倍增的那种价值，……它是流动资本"，资本主体性逻辑宰制着现代性生产过程逻辑。

资本逻辑是一种颠倒的主体性逻辑，受资本增殖本性的驱使，国家制度、社会生活甚至作为历史主体的人本身都异化为资本增殖的工具，而资本增殖却成为衡量人的存在以及政治和各种要素的中心逻辑，资本取代了人的社会主体地位，僭越于人的活动之上，导致"资本人格化和人的物化"这一逻辑悖论。人们生产不是为了生产者的享用和生活水平的提高，只是为了满足资本增殖的无限欲望，生产对于资本来说成为价值增值的手段，"资本及其自行增殖，表现为生产的起点和终点，表现为生产的动机和目的"。作为具体物化形态存在的资本，其内在逻辑主宰着现在性劳动过程，制约着社会关系结构和经济、政治权力体系的运作，并通过上层建筑及资本家的人格化形态主导着意识形态等思想领域，同时资本还跨出国界驰骋于不同制度国家的时空中，最终成为主宰整个现代社会的抽象统治力量。

马克思多次强调"资本是一个活生生的矛盾"，这种矛盾性体现为商品二因素、生产商品劳动二重性、商品经济基本矛盾、资本主义阶级矛盾等现代社会关系的总体性对立，这种对立促使资本兼具创造大量人类文明推动生产发展的积极本性与不断追求剩余价值造成生产进一步发展限制的消极本性之间的冲突与张力。资本内在矛盾决定着资本逻辑的悖反性，资本逻辑悖反性至少体现为以下三个方面。

第一，资本自我增殖与自我贬值的逻辑悖反。资本是能够带来剩余价值的价值，不断突破现有限度实现价值增值是资本不变的本性，但是"资本的价值增值过程同时就是资本的价值丧失过程"。哪怕现今垄断资本主义时期，庞大资本集聚与集中并没有消除竞争反而使竞争更加激烈。迫于竞争压力与生产发展，先进科技成果和管理经验被更多用于资本扩大再生产，致使社会资本有机构成呈不断提高趋势，购买生产资料的不变资本份额不断扩大、用于购买劳动力的可变资本不断减少，随着资本积累发展利润率呈不断下降趋势。资本增殖的悖反逻辑在于它的自我增殖是通过自我贬值、通过破坏现有的生产力来实现的。这一悖反逻辑不仅扰乱资本流通和再生产的链条从而引发生产停滞和经济危机，而且造成大量相对过剩人口，加剧社会财富两极分化等严重的社会问题。

第二，资本自我扩张与自我限制的逻辑悖反。资本具有冲破一切羁绊进行自我扩张的天性。资本不断打破地域性、民族性的贸易壁垒，使一切生产都成为世界性生产的一部分，通过开拓世界市场极大促进民族国家之间经贸往来，生产和再生产着新的消费形式、新的社会需求和新的生产体系，提高了人类改造自然能力和人的本质性力量。但是资本进一步扩张与发展却伴生自我限制的悖反趋势，"资本主义生产的真正限制是资本自身"，资本不断压缩必要劳动也延长剩余劳动，却限制了活劳动的消费能力导致价值实现越发困难；市场竞争迫使资本不断追求超额剩余价值，却限制了先进技术的社会化推广从而限制资本社会化水平的提高；一味追求交换价值的实现却成为使用价值进一步生产的界限；资本私人占有和垄断资本的发展成为资本社会化运作与全球化拓展的界限。总之，"资本的发展程度越高，它就越是成为生产的界限，从而也越是成为消费的界限"。

第三，资本自我创造与自我毁灭的逻辑悖反。在资本主义生产过程中，资本通过劳动过程创造了大量的使用价值和人类文明的物质成果，但是这一文明却又伴随着价值增值催生着社会矛盾的加剧与对抗。因为现代生产的目的是不断生产剩余价值而不是更好满足人们生产生活的实际需要，这种工具理性支配下的社会生产必然会发生生产与消费的断裂，资本的这种生产是一种破坏性生产过程，蕴含着生产与消费、工具理性与价值理性的逻辑悖反性。资本悖反逻辑决定着现代性矛盾的性质，现代性矛盾的逻辑悖反表征着资本逻辑的特性。

（三）现代性逻辑悖反是资本逻辑的展开

无论是现代社会商品生产、政治权力运行、精神文化创作抑或人的个性风格、情绪体验、心理习惯还是思维方式，无不处于资本这一"特殊的以太"和"普照的光"之中。资本逻辑决定着现代性逻辑，资本逻辑规制着科层制等政治权力体系，主导着社会的结构性分化和科学技术对生产生活的控制以及资产阶级文化霸权地位。现代性逻辑多重悖反也同样彰显着资本逻辑的内在理路，这集中体现在启蒙理性反理性化、现代文明反文明化和人的发展的反人性化等方面。

首先，启蒙理性的反理性化。在资本逻辑的推动下，启蒙理性从传统社会的束缚中解放出来，理性化进程推进市民社会与政治的分化，将市民社会从政治权力的全面宰制下解放出来，以经济理性核算为中心的现代企业制度与以官僚制为主轴的现代国家权力机关相互配合，共同服务于资本逻辑运作体系；科技革命把宗教虔诚、骑士热忱、小市民伤感这些情感的神圣发作，在利己主义的冰水中都推送到效率和利益面前进行审判，艺术、道德和宗教也都脱掉高尚的外衣而被赋予世俗和低媚的社会内涵；经济社会理性化进程全面塑造了生命个体的个性化生活方式，物质主义、拜金主义、享乐主义、消费主义等功利化实用性原则全面浸染着个体经济文化生活，究其根本依然是资本逻辑主导的衍生物。资本逻辑全面引发和推动了社会理性化进程，整个社会理性化结果反过来又为资本逻辑运行提供制度保障、思想环境和心理基础。但启蒙理性所昭示的全面自由、平等、民主等现代图景并未真正实现，而是随着资本积累和金融垄断的增强日渐走向理性退化和反理性趋势。恩格斯曾非常敏锐觉察到法国革命建立的理性国家无论相对旧制度而言如何合理，到头来也不过是资本主义现代理性的破产。资本逻辑下理性片面化为工具——经济理性，"对资本来说，任何一个对象本身所能具有的唯一有用性，只能是使资本保存和增大"。经济理性取代了宗教的虔诚、道德的追求和人格的完善，经济增长、资本增殖成为衡量社会发展的核心指标，生产主义、经济至上成为社会生活的主旋律；价值理性的缺失使启蒙理性由工具理性逐渐逆转为反理性，资本的本性不断突破现有限度实现不断增殖，实现增殖目标降低生产成本、提高生产效率成为首要选择。这就促使资产者总是想方设法减少必要劳动时间和提升生产资料的利用率，也就是说要把活劳动的使用和不变资本的价值缩减到尽可能低的程度，但是这双重节约都是以牺牲雇佣工人的劳动条件和生活质量为代价的，"资本主义生产比其他任何一种生产方式都更加浪费人和活劳动，它不仅浪费人的血和肉，而且浪费人的智慧和神经"。因此，资本增殖驱使下的成本节约和精明簿算所体现的工具理性，对工人生活和人性摧残恰恰彰显的就是人道与价值的反理性，理性这种逆理性、反理性趋势是资本主义制度对启蒙理性扭曲利用的结果。

其次，现代文明的反文明化。资本逻辑在破除传统、社会进步等方面具有伟大的文明作用，资本逻辑内在文明化也推动了现代性逻辑的文明化进程，资产阶级由于生产工具的改进和交通的便利"把一切民族甚至最野蛮的民族都卷到文明中来了"。现代文明突出体现为"资产阶级在它不到一百年的阶级统治中所创造的生产力，比过去一切世代创造的全部生产力还要多，还要大"，资本主义打破了人们对自然的原始崇拜并使其真正成为服务于人的发展的有机身体的一部分，创造了丰富的物质财富使社会整体基本摆脱物资匮乏时代；科技进步和机器大工业发展提高了生产效率，通过缩短必要劳动时间使人们享受更多剩余闲暇时光成为可能；资本的国际流动突破民族国家的地域性限制，推进世界交往和全球一体化联系的加强，通过国家贸易和世界文化交流为世界联合和全球治理提供了条件；同时政治民主化、法治规范化、思想自由化、文明普及化等层面的深入推进促进了现代文明进程。但是这些人类文明成果都是在资本逻辑作为基础和目标的前提下实现的，文明化进程又不可避免地呈现对抗、殖民、野蛮等反文明的方式和趋势。从马克思对资本原始积累考察来看，先进资产阶级对农民阶级、资本主义现代文明对传统农业文明的改造无不通过残酷掠夺和血腥镇压来实现，"资本来到世间，从头到脚，每个毛孔都滴着血和肮脏的东西"，资产阶级的发家史同时也是广大人民群众的血泪史；资本逻辑的实现也是以文明成果分配不均为前提的，社会发展成果被极少数人占有与享用，绝大多数人却日益贫穷并要为社会进步所付出的环境污染等代价买单，政治民主只是有产者的民主，法律体系成为保障资产阶级私人利益的坚固城墙；资本主义文明的世界扩张所进行的军事侵略、经济掠夺、文化殖民、商品倾销、种族屠杀等残酷暴行更是达到罄竹难书的地步。资本主义一切剥削与矛盾根源在于资本逻辑泛化，这一逻辑结果表现为不平衡的世界发展，通过在国外推行贸易自由化将所有国家纳入世界资本主义体系，并以此对欠发达国家掠夺廉价劳动力和生产资料以牟取暴利，现代性文明化进程导向了反文明的历史方向。

最后，个性发展的反人性化。人是社会历史发展的主体，人的全面自由发展是现代性的价值宗旨，现代性发展为人的发展提供了丰厚的物质基础。张扬理性、促进人的自由发展是现代性启蒙的旨归，工具理性的膨胀遮蔽了价值理性的场域，人作为社会发展主体在资本逻辑支配下日益碎片化、残缺化。异化构成资本主义现代性的基本特质，社会产品、科学技术、国家政权等都表现为统治人的"异己的物质力量"，资本增殖法则钳制着包括工人和资本家在内的整个社会生活。马克思在《1844年经济学哲学手稿》中就深刻批判了资本主义现代性所造成的人的主体异化：劳动产品本来是为了满足人的生产生活需要，但是资本主义生产的劳动产品却成了追求剩余价值和实现价值增值的中介与手段；劳动作为人的本质性力量的体现，但在资本主义生产中劳动者的劳动降低为维持自身肉体生存的手段；人对自身的关系表现在与他人的关系中就是人与人的异化，资本逻辑支配下现代社会的全面异化，形成了人的发展与社会进步之间的对抗与分裂。现代性全面异化的悖反逻辑是历史发展的产物，是生产已经获得发展但还未极大丰富时期所采取的过渡性形式，是人们告别人的依赖性为主的传统社会之后必须采取的以物的依赖性为特质的现代商品经济形式，并成为未来向人的自由全面发展的联合体这一更高水平新现代性过渡的必经阶段，"个性的比较高度的发展,只有以牺牲个人的历史过程为代价"。现代性社会全面异化尽管目前不可避免会带来发展的阵痛,但同时也为超越现代性、向未来新现代性过渡准备了充分的物质基础和阶级力量。

三、现代性发展超越论

既然现代社会是建基于资本逻辑基础上并表现出主客颠倒、价值虚无与逻辑悖反的社会样态,那么对于这个社会未来命运如何?也就是现代社会能否超越、如何超越、超越后又该何去何从等问题。近现代一些学者关于现代性能否超越的代表性观点有两类:一类观点认为现代社会是理性的化身和自由的实现,它已经是人类社会最理想状态而无须超越,持这类观点学者可称为"不可超越论者";这类观点虽然都认为现代性是不能超越的,但针对现代性态度而言又可以区分为"无须超越"的现代乐观主义者和"无法超越"的悲观主义者,前者以黑格尔为代表,后者以波德里亚为代表;另一类观点认为现代性已经走向终结,一个与现代断裂的新现代性不仅是可能的,而且是必要的和现实的,问题不在于能不能超越而是该如何超越,持这类观点的学者可称作"可超越论者"。但是针对该如何超越的探讨又可以分为解构型的"外在超越论"和扬弃型的"内在超越论",前者如尼采、德里达等;后者如哈贝马斯、吉登斯等。

马克思既不是仅限于对现代主义的肯定而陷入不可超越论,也没有从资本主义体系外部去寻求现代性救赎的良方;既没有从社会的内在结构出发去进行现代性不同区域整合也没有抓住社会某一方面去探求现代社会改革的秘方,而是依据资本逻辑的内在矛盾和演化趋势去思考现代性的内在超越问题。在现代生产的劳动过程与价值增值的二重性中去分析资本主义生产力发展的文明成果和资本主义生产关系所内蕴的自我解放潜能,在继承、克服和扬弃资本主义现代性中通过无产阶级共产主义运动培育资本主义"母体"中的新现代性"子胎",实现对现代性的总体性超越。

(一)现代性超越的可能与限度

马克思认为"我们不想教条地预期未来,而只是想通过批判旧世界发现新世界",因此马克思对现代性超越的结论源于资本主义现代性的内在逻辑,而资本逻辑又决定和制约着现代性逻辑，所以马克思对现代性超越的可能性分析究其根本依据而言在于资本内在逻辑。

资本主义现代性超越的可能内在于生产力与生产关系的矛盾。生产关系一定要适合生产力发展状况的规律是贯穿人类社会的基本规律，资本主义生产关系是在打破封建制生产关系对农民束缚的要求、促进生产要素不断流动的基础上建立的，但是伴随机器大工业发展，资本主义生产资料私有制成为社会化大生产发展的限制，必须要打破日渐陈腐的资本主义生产关系禁锢，一种新的生产关系必然在原有制度内开始孕育，成为旧社会内部新社会的因素，从而推动原有生产关系变革或社会形态更替。此外，资本主义现代性超越的可能性还内在于资本劳动过程与价值增值过程的矛盾之中。资本本身是一个自我超越与自我限制并存的矛盾体，其本性在于不断突破自我进行价值增值，但是这一增值过程必然以劳动过程为前提。为最大限度实现增值必须不断压缩必要劳动、提高技术水平来绝对或相对延长剩余劳动时间，但是对必要劳动的压缩必然更加限制人们的购买能力，资本有机构成提高又不断降低利润率的水平，无论是生产与消费的断裂还是利润率降低都是资本本性所不能容忍的。同时资本增殖具有克服一些限制生产力发展障碍的要求，但资本积累或集聚所形成的垄断反过来又成为资本进一步发展的阻碍。资本主义生产力发展就是在这种不断自我增长中自我毁灭、自我创造中自我消亡，孕育着超越资本主义现代性的种种可能。

对资本主义现代性超越的可能并不意味着后资本主义时代与现代性的彻底断裂和否定，而是对现代性的批判性继承、辩证性扬弃，那么哪些因素需要继承、哪些因素需要扬弃，这就涉及对现代性超越的限度问题。在马克思看来，资本主义现代性必须要超越的是资本增殖驱动的现代性的实现方式和运转机制，但在资本主义劳动过程中所创造的生产力发展水平和物质文明成果不仅不可超越，而且未来新现代性建构还必须以此为基础。

资本主义所涵盖的一整套现代经济、政治和思想文化等制度体系作为现代性的实现方式相对于前现代社会而言，创造了大量的物质文明成果和丰富的精神文化产品，伴随着生产力和生产关系矛盾运动的发展而产生，在特定历史时期适应了生产力发展要求。但是资本主义制度毕竟不是人类所理想的终极形式，文明成果的取得是以牺牲绝大多数人利益为代价换来的，资本主义对生产力发展的适应性也不是绝对的，随着社会化大生产的发展，资本主义生产关系和财产关系便由生产力发展的形式变成生产力发展的桎梏，这就是现代性超越所必须要突破的制约生产力发展的瓶颈。资本主义制度毕竟曾经适用并推动了社会生产的快速发展，在此过程中所创造的文明成果、先进技术和世界交往等基础构成未来新现代性发展的前提。未来新现代性建构旨在现代社会内部孕育成长起来，共产主义运动不仅要推翻旧的生产关系和交往关系，而且要自觉消除现有文明成果的自发性，"使这些前提受联合起来的个人的支配"，现代性所实现的积极人类成果是任何社会发展不可或缺的物质条件，这构成现代性超越的限度。现代性运行所依据的社会制度是特定时期所采取的外在形式，现代性所达成的文明成果是现代和未来社会不可缺少的物质内容，这个外在形式作为现代性的外壳越发不能容纳物质内容的快速发展，"这个外壳就要炸毁了"，只有通过无产阶级的共产主义运动消灭资产阶级统治，建立与社会化大生产相适应的新现代性才能重新实现现代性发展的社会形式与物质内容的再次统一。

（二）现代性超越的条件与前提

马克思认为任务的解决只有在解决任务的物质条件已经存在或生成的时候才是可能的，相对于资本主义现代性的超越来说也是一样，如果超越资本主义的条件还没产生就奢谈现代性超越问题，完全不符合马克思"两个绝不会"的结论，无异于痴人说梦。那么现代性超越需要什么条件，现代资本主义发展为未来新现代性过渡孕育了哪些基础和前提，马克思对此也进行了现代性批判的探讨。

马克思肯定了资本主义现代性具有自我突破的解放潜能。现代资本主义社会总体性悖论中包括化解这一悖论的秘密，"在资产阶级社会的胎胞里发展的生产力，同时又创造着解决这种对抗的物质条件"。资本主义生产关系中劳动异化作为头足倒置的形式内在包含着资本主义生产前提解体的绝对条件，也为个人生产力的全面普遍发展创造了充分的物质基础，现代性正是在资本主义社会的异化、对抗与冲突中产生突破自我限制的超越条件。现代性超越需要具备哪些必要条件呢？马克思认为"共产主义只有作为占统治地位的各民族'一下子'同时发生的行动，在经验上才是可能的，而这是以生产力的普遍发展和与此相联系的世界交往为前提的"。就此而言，现代性超越必须具备两个核心要件：一是生产力物质成果的丰富和发展水平的提高；二是世界普遍联系的增强和国际交往的形成。资本主义现代性的生成已经发展了和正在发展着这两个基础条件。

　　资本主义生产力发展在不断加剧生产关系矛盾的同时，也再生了解决这种矛盾的条件和方法。首先，生产力发展所创造的物质文明成果为现代矛盾解决提供了物质基础。生产力的充分发展是人们告别前现代普遍物质匮乏时代，为新现代性重构奠定必备的物质前提。其次，生产力的发展为解决社会异化与阶级冲突提供了基本的实现方式。生产力的发展尽管没有给社会成员带来普遍的财富，资本积累还加剧贫富两极分化，这种分化创造了超越现代性的阶级力量即失去了所有财产的无产阶级，并且同现存"有钱有教养的世界"处于相对立状态，在此情况下无产阶级唯有通过革命方式把社会一切领域从旧秩序的束缚下解放出来，只有彻底解放全人类才能解放自己，才能建立真正属人的社会，"而这两个条件都是以生产力的巨大增长和高度发展为前提的"。最后，生产力的发展提升了人们的生产能力，为新现代性重构提供前提与可能。在最初人的依赖关系的社会形式中，人的生产能力极其有限，只能在狭小的范围内进行，进入物的依赖性为基础的人的独立性阶段，现代社会极大提高了人们的生产能力和技能水平。尽管资本主义制度下人的能力提高是屈从于社会分工体系的残缺化发展产物，但是从历史发展长期来看，现代性消除就是通过人的能力增强来消灭社会强制分工进而实现人的全面自由发展目标，就此而论，人的生产能力提高是超越现代性必不可少的前提条件。

　　交往的普遍化为资本世界扩张提供了便利，通过全球殖民体系不断开拓世界市场，通过自由主义贸易加剧国家间不平衡发展，但同时也推动了世界性的商品贸易、生产要素跨国流动和世界整合的条件，构成了无产阶级革命进行世界联合的物质手段。交往的普遍发展推动了资本的跨国经营，使现代生产越发成为世界性生产体系的一部分，由此促进了国际生产协作性和国际贸易互补性，"各国人民日益被卷入世界市场网，从而资本主义制度日益具有国际的性质"；交往普遍化发展强化了世界各国的依赖性，尤其使人类面临如臭氧层破坏、全球变暖等世界性难题，因此更需要国际合作，经济全球化和世界一体化趋势进一步增强；普遍交往发展及其所面临的世界性难题为探寻更加合理的世界性或区域性共同体目标及全球或区域治理提供了可能，现今的联合国、世界经济与贸易组织、世界银行等国际组织以及北美自由贸易区、上海经济合作组织等区域性跨国组织，孕育了现代性超越的趋势与条件，为探寻超越资本主义现代性奠定了基础。

（三）现代性超越的实现路径

资本主义现代性自身蕴含着无法超克的逻辑悖论，但同时也孕育了突破自我的革命力量、前提条件和物质基础，应当如何整合利用现代性所提供的诸种条件实现向未来新现代性的过渡呢，这就涉及现代性超越的路径问题。马克思认为唯有通过共产主义才能真正实现对现代性的超越，"我们所称为共产主义的是那种消灭现存状况的现实的运动。这个运动的条件是由现有的前提产生的"，现代性超越必须要客观分析现有的社会条件，通过现实的共产主义运动消除产生社会异化的根源，把资本从人的主体性中剥离的东西归还人本身，人重新成为社会活动和社会关系的主体，才能真正完成新现代性建构。共产主义运动就是要在继承现有文明成果基础上，彻底消灭私有制，消除阶级差别，通过无产阶级社会主义革命创立人的自由全面发展的社会联合体。

首先，共产主义运动的核心是消灭资本主义私有制。私有制反映生产资料的占有关系，决定着生产中人与人的关系和产品分配关系。资本主义私有制是广大无产阶级群众受剥削奴役的根源，随着社会分工协作化和机械大工业社会化水平提高，生产越发成为社会的生产，生产资料也理应公共化占有与利用，但资本主义私有制却严重阻滞了生产社会化趋向。共产主义运动就是要彻底消灭资本主义私有制，彻底打碎资产阶级国家机器和破除维护资产阶级统治关系的思想毒瘤，对社会进行全面变革。共产主义运动是要通过无产阶级物质武器推翻资产阶级统治，而且从现代资本主义走向未来共产主义之间还有必要存在一个无产阶级专政的过渡时期；但消灭私有制最终目的并不是实现无产阶级对资产阶级的统治，那样得到的还是一个阶级对抗的新阶级社会，而是要使社会最大多数人获得解放，"无产阶级的运动是绝大多数人的，为绝大多数人谋利益的独立的运动"。共产主义新现代性就是要消灭私有制，彻底终结不平等的社会关系，为人的全面自由发展铺平道路。

其次，共产主义运动的重点是消除阶级差别。现代资产阶级私有制是建立在阶级对立与剥削之上"最后而又最完备的表现"，劳动与资本关系、资产阶级与无产阶级关系制约和支配着资本主义私有制的性质，因此消灭私有制最根本是消除产生私有制的阶级差别和造成不平等的根源。随着阶级差别的消灭，政治社会中的一切不平等现象也随之消亡，这样马克思就把自由平等的启蒙理念建基于特定生产方式基础之上，将其视为社会阶级之间利益关系对抗的产物，只有现实的消灭社会等级秩序，革除产生社会不平等的经济根源才能为人的全面自由发展提供保障。共产主义运动就是要重新支配资本主义各种异己力量，使之重新服务于人的生产生活需要，个人的全面依存关系以及世界历史性活动通过共产主义革命转化为人的自觉控制之下，实现对现代性主体性异化的颠倒。资本逻辑作为生产发展工具创造了丰富的物质产品，但同时也取代了人作为历史发展的主体，一切社会关系受制于资本逻辑和市场规则的盲目力量的控制，"合理的东西和自然必需的东西都只是作为盲目起作用的平均数而实现"。共产主义就是要克服这种盲目性力量，社会化的人实现生产者自觉的社会联合，"将合理地调节他们和自然之间的物质变换，把它置于他们的共同控制之下，而不让它作为一种盲目的力量来统治自己"，整个社会生活从对立走向联合、从自发走向自觉、从异化走向和谐，实现更加合理、更高层次的新现代性。

最后，共产主义运动的具体方式是社会革命。资本逻辑尽管孕育了自我超克的趋势与条件，资产阶级也锻造了自身的掘墓人（即无产阶级），但是资本就像脱缰的野马，在增殖驱动下不会自动停下脚步，资产阶级作为资本的人格化也不会自行退出历史舞台，现代性的超越还必须诉诸无产阶级的社会主义革命。马克思反复强调要废除资本主义私有制建立公有制、消除阶级对立实现自由人联合，工人阶级要想真正实现自己的目标就必须彻底推翻现存的资本主义制度，"他们的目的只有用暴力推翻全部现存的社会制度才能达到"，通过暴力革命打碎资产阶级国家政权，推翻资产阶级政权和建立无产阶级专政，这就是建立共产主义新现代性最直接的锐利武器。当然，马克思强调社会革命的同时也没有排除和平改良的可能性，1872 年马克思在演说中提到采用什么样的方式还"必须考虑到各国的制度、风俗和传统；……工人可能用和平手段达到自己的目的。但是……在大陆上的大多数国家中，暴力应当是我们革命的杠杆"。在马克思看来和平改良只是作为一种可能的辅助手段，在没有这种可能时只能诉诸革命方式。马克思去世以后恩格斯根据资本主义新变化，也曾肯定德国普选制对工人阶级解放的重要意义，但是也绝对不能彻底放弃使用暴力，国际共产主义实践无不证明这一原则的正确性。

（四）共产主义现代性特点

共产主义现代性是从资本主义社会内部生成发展起来，正如资本主义是从封建社会内部孕育出来一样，所以现代性超越的目标就是建构共产主义"新现代性"。新现代性有什么特点？新现代性要实现什么样的目标？马克思对共产主义现代性进行了原则性阐释。共产主义就是要消灭私有制、消除阶级之间利益分化根源，摒弃资本主义制度带来的公共利益与特殊利益、个人关系与社会关系之间的普遍性对抗，建立每个人全面自由发展的自由人联合体。

自由人联合体是共产主义新现代性建构的社会形式。列宁认为资本主义战胜封建制度就是通过民族运动的方式来实现的，现代社会发展至今，"建立最能满足现代资本主义这些要求的民族国家，是一切民族运动的趋势（趋向）"。由此看来民族国家是资本主义现代性基本的组织形式，是资本增殖运行的环境支撑和制度保障，在民族国家内，国家权力建制于资本逻辑之上并反过来为资本畅行保驾护航。未来新现代性则是要消除资本所带来的人的主体异化，通过自由人联合体的社会形式共同占有社会财富，超克了共同体与个体、普遍性与个性之间的分裂与对抗。相对于资本主义国家公共利益掩盖下的特权阶级利益的"虚幻的共同体"来说，民族国家是人类生产已经发展却未充分发展的产物，也必然随着生产进一步发展趋于消亡。自由人联合体作为"真正的共同体"取代民族国家并不意味着国家职能的完全终结，而且刚刚建立的无产阶级政权为巩固革命成果也必然要采取国家形式，不过这时国家职能重心是组织社会经济建设和社会管理而非阶级统治和政治压迫。只有彻底消除阶级差别，把全部生产条件与过程集中在联合起来的个人手里的时候，公共权力才会祛除政治统治职能，民族国家才会最终消亡。无产阶级就是要不断消灭产生旧的生产关系和阶级对立的条件，为走向自由人联合体创造可能。自由人联合体必须彻底扬弃民族国家统治职能，充分发挥社会组织和公共管理作用才能真正服务于个体发展，只有通过这种共同体方式才能使个人重新驾驭因分工而获得的物质力量，"只有在共同体中，个人才能获得全面发展其才能的手段，也就是说，只有在共同体中才可能有个人自由"。马克思就把个人自由实现与社会整体联合贯通起来，个人全面自由发展是社会联合的人道目标，社会联合是真正实现人的自由的社会前提。

人的自由全面发展是共产主义新现代性建构的人道主义目标。马克思并不是反自由主义者，他反对的是现代性的虚假自由，他要实现人真实的全面的自由个性。

首先，现代社会自由是资本统治下的虚假自由，而新现代性要实现的是人真实的自由个性。资本统治下的自由相对于封建社会政治共同体对社会组织和人格束缚而言，使包括劳动力在内的各种生产要素获得前所未有的独立和解放，但这个自由的限度也仅仅是资本权力范围内，"在自由竞争中自由的并不是个人，而是资本"，在资本统治下实现的自由只是维护有产者利益的虚假自由。新现代性要实现的自由就是要把现代受偶然性支配并且作为某种独立的东西从单个人对立的条件中解放出来，"把个人的自由发展和运动的条件置于他们的控制之下"，从而实现真正的个人自由。就此而论，马克思才是一个真正的人道主义者，因为马克思深切体悟到"必须打破资本的全面束缚，才可能实现彻底的人道主义"。

其次，现代社会自由是资本统治下的片面自由，而新现代性要实现的是人的全面自由。现代自由是社会分工体系下一定范围内的自由，每个人都固定在相应职业范围以内和等级秩序之中，"社会活动的这种固定化，我们本身的产物聚合为一种统治我们、不受我们控制、使我们的愿望不能实现并使我们的打算落空的物质力量"，现代自由是特定领域内的残缺化、片面性的自由。未来新现代性要实现的自由要突破限定范围的全面自由，由此"我有可能随自己的兴趣今天干这事，明天干那事"，是一种打破特定活动领域限制的全面自由。

最后，新现代性还要为实现人的全面自由提供条件保障。现代自由是资本主义国家政权主导下和根植于资产阶级私有制基础上的自由格局，在这种体制下的个人自由是局限于统治阶级范围内的有产者的自由，他们之所以能实现自由是因为他们是作为统治阶级的特定身份。但是"在真正的共同体的条件下，各个人在自己的联合中并通过这种联合获得自己的自由"，新现代性就是要打破资产阶级赖以生存的经济基础，通过自由人联合体的社会组织形式实现对自由平等分配，使自由个体占有实现自由的一切社会条件和环境要素，从而实现每个人自由平等。

四、现代性基本特征论

通过前文对马克思现代性思想历史发展的梳理及现代性生成、矛盾与超越的分析可知，马克思尽管没有系统界定现代社会的理论表征，但通过对现代社会状况的描述与批判分析，马克思对现代性特征的概括与揭示一直贯穿于他的理论体系。马克思认为"无论在现实中或在头脑中，主体——这里是现代资产阶级社会——都是既定的"，范畴所能表达的仅仅是这个主体存在形式或规定的个别侧面，范畴作为对社会存在形式和现实存在关系的反映，在理论中的地位不是由人们的逻辑预设和个人喜好所决定的，而是取决于这个范畴所描述的事实在社会中的地位。如前文所述，资本逻辑制约着现代性逻辑，现代性特征也不过是资本规则及其异化本质在现代社会的理论呈现。综合来看，马克思围绕资本主义现代性批判与超越的理论主题，至少表达了现代性的世俗性、矛盾性、流动性三个典型特征。

（一）现代性的世俗性

世俗化是现代社会区别于传统社会的重要特征，其本质是宗教对尘世生活控制与影响的衰落及对世俗生活的肯定的过程。列奥·施特劳斯曾指出"现代性是一种世俗化了的圣经信仰"，黑格尔也认为现代性的本质就是世俗化了的基督教，从笛卡尔的"我思故我在"到康德的"理性立法"和黑格尔的理性本体论，理性取代上帝成为衡量事物合理性的标准，韦伯更是将祛魅即宗教世界观的瓦解以及世俗文化的产生作为现代性的基本特征之一。与这些思想家从思想、文化或心理角度剖析现代性特征不同，马克思认为宗教批判和主体理性回归只是批判的开始，"人的自我异化的神圣形象被揭穿以后，揭露具有非神圣形象的自我异化，就成了为历史服务的哲学的迫切任务"，对此提出通过"三大批判"以实现从天国到尘世的世俗转型，这样马克思就深入现代政治社会、市民社会中针对现代性的世俗化特征进行剖析。

在马克思看来，现代社会世俗化并不是传统社会价值观的崩溃或"上帝之死"，而是发生了价值转移，由对上帝的信仰和宗教的虔诚变成对商品、对资本的顶礼膜拜，超验价值的崩溃就是交换价值对人的价值的褫夺，人与人之间的关系变成纯粹的现金交易。犹太人最卑污的利己主义行为成为市民社会最真实的交易原则，"金钱是以色列人的妒忌之神；在他面前，一切神都要退位"。古代社会无论何种政治制度、何种民族信仰、何种生活习惯，社会生产的目的终究是人的需要；但现代社会，一切生产和消费、一切法治和自由、一切价值和虔诚都成为资本增殖的手段，相对"神圣的"现代显得更加鄙俗。

（二）现代性的矛盾性

马克思认为对现代社会剖析既不能进行非批判的证成也不能极保守的摒弃和浪漫的空想，而是要从客观实际出发进行辩证的批判，现代性的矛盾与分裂本身就是资本现代性运行的结果，也为资本对人的主体性颠倒的再颠倒提供条件与可能。现代性的矛盾性既是现代社会矛盾运动特征的外在呈现，也是超越现代性逻辑悖论的内驱动力。

如前文所述，现代性的矛盾与分裂源于现代性自身即资本逻辑的矛盾悖论，现代社会一方面产生了以往人类历史上难以想象的现代工业与科技；另一方面随着现代性向纵深推进却又显现出颓废的征兆，文明与野蛮作为现代性的一对孪生子使这种社会中的每一个事物好像都包含着自己的对立面，充满着矛盾、分裂和对抗，现代性就是一个充满自我悖反、自我合分的矛盾综合体。马克思在《黑格尔法哲学批判》中就曾分析政治解放是人们虽然实现了政治天国的自由平等成为一个公民，却又无法突破尘世生活自私自利的市民束缚而过着分裂的双重生活。现代性发展所引发的矛盾与冲突无可争辩的历史事实，无论是伤感世风日下的悲观主义者还是告别现代返归传统的反现代主义者，抑或解构现代崇尚多元的后现代主义者，只要身处现代性的旋涡都难以置身事外，只要资本还是现代社会的基本建制，只要资本主义生产方式还是现代社会基本运作，现代性的矛盾将会永远存续，这是由资本性质和本性所决定的。马克思以生产力和生产关系的矛盾对立作为尘世现代性矛盾的基础，通过分析资本逻辑批判资本主义社会形态的矛盾根源，破解现代工业技术和机器所背负的现代性原罪，指出纠正科技、工业的不正当使用才是求解现代性矛盾的突破口，"要使社会的新生力量很好地发挥作用，就只能由新生的人来掌握它们，而这些新生的人就是工人"。相比一些后现代学者仅仅从科技、制度或理性本身寻求现代性救赎，马克思的方案则要更加根本、更加科学、更加有效。

（三）现代性的流动性

现代社会相对于传统来说最明显的差异莫过于现代生产的飞速发展，而生产发展的主要动力则首推科技革命推动的现代工业进步，正是科技的工业运用构成现代资本主义生产方式内生动力，并通过资本的资源整合推动社会迅速发展。资本主义之所以能够主宰现代社会，美国学者斯塔夫里阿诺斯将其归因于资本的原则即"利润或死亡"，为规避资本灭亡的命运就必须要不断地突破一切障碍进行自我增殖，就是要不断推进科技更新和生产关系的变革，这就集中体现为现代性的高速流动性。

马克思曾在《共产党宣言》中描述这一流动特质："生产的不断变革，一切社会状况不停的动荡，永远的不安定和变动，这就是资产阶级时代不同于过去一切时代的地方。"马歇尔·伯曼就"一切坚固的东西都烟消云散了"的马克思话语专述了现代性的流动性特点，指出《共产党宣言》是一个世纪以来现代主义运动中伟大的现代主义艺术品。虽然伯曼强化了马克思现代性描述的现代主义立场，但却有将马克思进行"现代主义泛化"的嫌疑，其实马克思显然并没有拘泥于现代性体验的描述，而是通过解释现代性的流动性去批判性分析现代生产方式，是现代性分析范式的基础性的存在论批判，是循着这个流动的时代去挖掘资本作为消解时空界限的基本动力，把这种瞬间流动性作为资本主义生产方式推动的结果。同时马克思将现代性流动性与全球化结合起来，资本的世界性流动是现代性流动性的重要体现，资本具有自我突破一切限制的冲动，它"按照自己的这种趋势，既要克服把自然神化的现象，……又要克服民族界限和民族偏见"。资本在增殖驱动下通过革命不断冲破地域、民族的原始界限在世界范围内的自由流转，使人们生活在一个加速主义的时空领域中，在加速的时空流中人们心无定向、不知所措，这才构成后现代主义批判性分析的主要视域。可见一些后现代主义者仅仅从内心体验、心理惯式或技术、交往等领域分析批判现代性流动性，而忽略了资本逻辑的关键环节，更没有达到生产方式的基础性层次是何等肤浅和片面。

第三节 马克思现代性思想的理论特质

前文已经针对马克思关于现代性论析的问题域、理论体系和现代性主要特点进行论述，马克思现代性思想主要针对资本主义现代性为主要分析对象，对资本主义现代性批判与超越成为贯穿马克思现代性思想的理论主题。综合来看马克思现代性思想具有个体性与总体性、科学性与价值性、辩证性与实践性、原则性与发展性相统一的理论特质。

一、个体批判的总体性

马克思现代性思想的个体性分析主要（当然也只能）是针对现代资本主义社会展开的批判，将资本主义社会作为人类历史发展特定历史阶段，现代性的政治经济学批判又主要以比较发达的英国为典型，因此马克思现代性思想主要围绕资本主义社会进行剖析，资本主义又以典型的英国作为分析对象，这就是马克思现代性批判的个体性。但同时马克思把现代社会历史看成一个不断总体化的过程，现代社会形成不仅涉及生产方式发展所带来现代市场经济建立，而且还通过现代政治变革、技术革命、思想革新等整体推动现代社会总体与传统的决裂，马克思关于现代性论析也无疑具有鲜明的总体性特征。这集中体现在以下几个方面。

首先，马克思论域中的"现代"是一个总体性范畴。马克思以生产方式分析为基础，把"现代"作为区别于"传统"的世界历史时代，这个历史时代从其时间坐标而论是不同于传统的"现代历史"，就其空间而论是不同于传统的"现代社会"，马克思所谈及的现代是作为现代性理论的一种总体性的叙事结构或叙事方法，是有别于仅仅从思想、技术或制度等某一侧面论述现代性的一种叙事风格。其次，马克思以资本作为现代建制的逻辑基点，而资本现代性具有总体性特质。马克思所生活的资本主义，资本内在原则贯穿现代社会政治经济体制、思想文化心理和主体生活体验等各个层面，并反过来成为资本运行的外在机制与保障。马克思正是抓住资本积累、资本增殖、资本逻辑等问题对资本主义进行政治经济学的"原本"批判。所以马克思现代性中资本范畴绝不仅是一个经济学范畴，而是现代性批判的总体性范畴。再次，从相关学科视域来看，马克思现代性思想具有总体性理论特质。马克思大学主修专业虽为法学，但从其与父亲通信可以发现马克思更钟情于哲学，毕业后由于理论批判需要又涉及政治学，通过《黑格尔法哲学批判》现代性批判由思想政治的副本转向市民社会的原本批判，又通过研究古典经济学对现代社会进行政治经济学研究；此外马克思还涉猎历史学、社会学、人类学等广泛的学科视野，其综合性学科特点在《1844 年经济学哲学手稿》《德意志意识形态》《哲学的贫困》和《资本论》等经典著作可见一斑，所以马克思对现代性研究分析也并非局限于某一纯粹学科领域。试图通过特定学科对马克思思想进行专业化研究，尽管在一个侧面可以进行精细化分析，但也势必因理论孤立化而遮蔽马克思现代性分析的总体性进而导致片面化理解。最后，从现代性超越路径来看，马克思坚持总体的共产主义运动革命路径。在《〈黑格尔法哲学批判〉导言》中马克思就指明无产阶级肩负人类解放的历史使命的命题，因为无产阶级不是遭受社会压迫特殊的不平等，而是一般的不平等，无产阶级与资产阶级对抗不仅代表两大阶级内部的对抗，而是整个现代社会普遍矛盾的一般性对抗，这种阶级对抗是涵盖经济冲突、政治统治等复合领域的总体性对抗。所以无产阶级共产主义运动就是要使社会所有领域、社会所有群体从压迫与对抗中解放出来，通过全世界无产者联合起来的总体性世界革命彻底超越现代性。

二、科学批判的价值性

近现代以来，随着科学形式的现代变迁及科学作为技术与生产结合的日益密切，自然科学被作为科学的本质形式，实证性成为衡量科学的内在指标，把社会科学视作代表一定阶级利益的价值认知排除于科学的领地之外，进而导致社会科学要想称其为科学，必须坚守"价值中立"的基本立场。众所周知，包括马克思、恩格斯在内也无不声称其理论体系是被实践所证实的科学，但同时也旗帜鲜明表明自己的理论是无产阶级的理论武器，是无产阶级和全人类解放的学说，马克思现代性思想是在科学现代性批判中捍卫无产阶级利益的理论学说。

从马克思现代性思想历史发展分析不难看出，马克思早期思想深受现代启蒙影响，他的博士论文中充满着对现代自由的现代性追求，《莱茵报》时期也是从国家理性中去批判现实制度的非理性所带来的对自由和平等的束缚，在《〈黑格尔法哲学批判〉批判》中通过对现代国家与市民社会关系的重新界定，开始从现实物质关系和经济关系中去阐释国家法律的基础，发现导致现代价值扭曲和人们生活异化的根源在于政治经济制度，而资本逻辑则构成现代性建制基石，并在资本自我扩张、自我膨胀到自我限制、自我超克的分析中扬弃现代性。在科学分析现代社会基础上把人真正解放、实现人的全面自由作为终身奋斗目标，在社会形态更替与现代社会发展中实现人道主义和人的价值，其实这是马克思把社会发展价值追求建立在对历史的科学分析之上，彻底摆脱抽象人性论、价值论的典型表征。马克思所追求的是真正人的价值，既不是从人的理性自由的思想特征去形而上学论述人的价值的应然状态，也不是从蛰居世界之外人的自然本性中寻求人的不变价值，他认为人就是人的世界，就是国家和社会，人就是在现实国家与社会中、在特定的生产关系中获得自己的对象性存在，也只有改变现实处境才能实现人的真正价值，这样就把对现代社会的分析建立在现实、科学的基础之上，并在这一基础上改变和实现人的价值。如果忽视了马克思现代性思想所蕴含的人文主义价值趋向和阶级话语所彰显的价值立场，必然导致社会进步的强制和非人道的专制；相反，如果无视科学现实阶级革命实践，抽象谈论理性、自由的价值追求必然导致阶级调和的改良主义与"阶级合作"的自由主义，必将迷失马克思现代性思想科学性与价值性的统一。

三、辩证批判的实践性

马克思现代性思想把社会发展的历史逻辑与人的发展的价值逻辑相关联，马克思肯定了现代资本主义社会所创造的现代性成果，但相对于社会发展主体的广大人民而言却都受到资本的奴役，这种关联必然要求马克思对现代性要坚持辩证的批判立场。马克思敏锐觉察现代性逻辑受制于资本逻辑，资本具有自我突破一切限制的增殖驱动，这一内在动力推动现代生产快速发展，但是自我突破膨胀到一定程度必然带来自我限制，而且总是在自我突破与自我限制中创造性毁灭，资本内在悖论决定着现代性命运。马克思深刻揭示了现代性分裂与对抗，认为所取得的一切现代进步都包含有矛盾的对立面，马克思对现代性的认可与批判是由现代性自身辩证本性决定的。因此，马克思对现代性的态度决不能从肯定与否定、赞同与反对二元对立的立场去分析，而必须立足于马克思实践立场进行具体的历史分析。

马克思现代性思想的实践性是区别于其他现代性思想的基本特征，也是马克思辩证分析现代社会的源头与活水。从前文对马克思现代性思想历史发展分析中可以发现，无论是在博士论文中关于古希腊哲学解体后哲学发展的理解还是对人的自由个性张扬，无论是关于自由理性的理解还是人的本质的界定，马克思都不会肯定一切或否定一切，而坚持辩证的分析立场，并将这一立场建立在客观现实和实践的基础之上。在马克思看来，"全部问题都在于使现存世界革命化，实际地反对并改变现存的事物"，马克思现代性批判不仅是源于对现实的敏锐观察和分析，而且还亲自参加现实的革命运动，所以就此而论，马克思不仅是一位资深的理论家，更是一位跻身于社会运动现实的实践家，是在具体实践中探求社会发展规律和探索未来理想社会产生的外在环境和内在动力，并亲身参与这一运动。马克思在《关于费尔巴哈的提纲》中批判了旧唯物主义对象、现实的理解只是从客体或者直观形式去理解的形而上学性，在《德意志意识形态》中也批判了施蒂纳思辨哲学的抽象性，指出思辨终止的地方才真正是人的实践活动和实际发展过程真正的实证科学开始的地方，前者忽略了分析的辩证性而导致机械性，后者忽视了分析的现实性而走向抽象性，其实这二者共同之处是都缺乏辩证的实践基础。我们研究马克思现代性思想一定要立足具体的语境，而不是把马克思理论变成跨越时代、脱离语境的抽象，要坚持辩证批判的实践性立场。

四、原则奠基的发展性

我们从理论渊源、历史逻辑和理论逻辑等层面梳理了马克思现代性思想，时至今日革命导师马克思已离世 140 多年，马克思生活的时代则更加久远，但是历史与现实发展表明，马克思思想依然绽放着新时代的光辉。研究讨论马克思现代性思想的原则性贡献，客观对待因时代发展马克思思想本身所面对的限度与张力，增强对资本逻辑、资本主义新变化本质的辨识与批判能力，在全球化浪潮中既要避免对马克思现代性思想教条主义套用，也要积极回应后现代语境中思想家对马克思现代性思想的曲解，在全面推进我国社会主义现代化建设新征程中为建构既具时代底蕴、现代气息又具民族特色、中国风格的社会主义新现代性提供原则性指导。

（一）马克思现代性思想只是作为现代性思考的原则性奠基

现代性意味着人们对特定社会形态的一种认知与体悟，包含从时间上告别传统进行划界和从空间上建构现代形成规范。启蒙运动之后，通过笛卡尔、斯宾诺莎，尤其是康德和黑格尔等哲学大师的哲学阐释，人们建构了以理性和主体性为主题的现代性时代，甚至众多后现代主义者依然延续着先哲们理性主义和人本主义的精神启蒙，但无论其话语穿透力如何，终究是在意识、心理的圈子内所进行的观念论批判，而没有触及现代性的现实基础。马克思现代性批判则进行了原则性奠基，在历史唯物主义的方法指导下抓住了现代社会建制的基点即资本对现代生产方式、政治经济制度、思想文化观念进行总体性批判，因此马克思现代性批判并非简单否定或置换观念论现代性批判，而是抓住更根本的资本逻辑进行包含观念在内的全方位、根本性批判。

马克思现代性理论的原则性奠基首先在于历史唯物主义的分析方法。马克思现代性思想起源于黑格尔，早年马克思以青年黑格尔派的"自我意识"哲学为目标进行现代性追寻与辩护，对普鲁士政府对出版言论自由的干涉和林木盗窃法的批判最终也是以理性国家作为原则依据。在遭遇物质利益原则的碰壁之后，马克思通过对黑格尔理性主义国家观的批判之后才意识到代表理性的国家和法不能构成对市民社会抽象性的扬弃，现代政治解放也仅仅是自由、人权等抽象观念的解放，丝毫未触动现实物质利益的解放，对现代性的批判性解剖必须深入市民社会的物质生活领域进行政治经济学的批判，并在此基础上阐发了历史唯物主义基本原理："人们在自己生活的社会生产中发生一定的、必然的、不以他们的意志为转移的关系，……随着经济基础的变更，全部庞大的上层建筑也或慢或快地发生变革。"这样马克思就从生产方式出发，从最基础的经济关系中分析现代社会生活、政治生活和精神生活全过程，并从生产力与生产关系矛盾运动中去理解资本主义生成、发展与历史命运，奠定了现代性分析的方法论基础。

马克思现代性理论的原则性奠基还体现在资本逻辑的基础性批判。资本构成马克思现代性思想的存在论基础，为现代性批判与超越提供了可能的时空场域，资本主义生产方式构成现代社会发展的根本动力，资本主义市场经济、民主政治、思想自由、个性张扬都是在资本原则规定和限度内的施展，触动资本逻辑的底线即被宣布为非法而出局。资本是马克思解读现代性的基本概念，其内在本质与外在表征也只有在唯物史观的理论视域中得以阐释，资本作为一种社会关系是现代资本主义社会机制建立运行的核心法则，现代社会中的任何事物与关系都受到资本原则的规制，既超越了古典哲学理性观念论的现代性建构，也与现今从制度（如吉登斯）、价值（如尼采）、文化（如詹姆逊）、符号（如波德里亚）等侧面以偏概全的现代性存在基本差异，资本现代性构成现代性分析的规制性基础。

马克思现代性理论的原则性奠基最后也体现为总体性的批判原则。现代性形成发展与展开是生产方式推动下的一个总体性过程，资本原则对政治、经济、文化和心理等领域的现实性渗透也是一个总体化过程，"总体性"批判构成马克思现代性批判的又一基础性原则，无论是现代性理论批判还是实践批判都要立足总体性的视野。一些后现代主义者从哲学、社会学和美学等学科出发，分别就现代性制度、情绪情感、内心体验等角度进行现代性解读，不同学者之间也难免重叠、交叉或对立，不同现代性主张又进行彼此批判与指责，其实现代性是一个总体性复合体，也必然运用总体性视角和方法才能全面根本说明现代问题。马克思以资本作为解读现代性的本质范畴，对资本主义社会进行政治经济学批判；但马克思现代性解读绝不是纯粹经济学分析，只是资本通过经济关系贯穿渗透于其他社会关系各个方面，马克思对资本主义意识形态、自由人权的批判性解读无不投射着资本以太的光芒。只有在总体性原则分析前提下，才能使现代性分析各个微观层面相互贯通，而不至于局限于某一片段的碎片化执着。

此外，马克思现代性思想还蕴含着鲜明的历史进步意识与乐观主义精神。马克思把资本主义现代科技与工业从资本主义生产关系与社会制度中剥离出来，并将此作为实现未来理想社会的物质前提，具有超越现代性与后现代性的历史理性品格。

（二）马克思现代性思想于 21 世纪的今天具有不可克服的时空性限度，要结合新的时代特点与国情实际进行发展

马克思现代性批判与超越的分析尽管奠定了最基础的理论原则与方法论前提，但这并非说明马克思现代性主题能够涵涉现代性领域的方方面面，也不能渴求马克思每一个论断都能够跨越历史时空且正确无误，就其理论本身生成与当代社会发展的维度来看，也有其难以避免的时空限度与现实张力。

从其理论本身来看，马克思现代性思想的出发点是黑格尔理性哲学，哈贝马斯也认为黑格尔是第一个完整表述现代概念的哲学家，马克思也多次表明自己是黑格尔的学生，这就表明马克思现代性思想必然受到黑格尔哲学的影响。黑格尔把市民社会作为国家与家庭的中间层次，遵循形式理性的理论原则并具有不可克服的内在局限，唯有通过国家理性才能规约市民社会自身局限，达到形式理性与实质理性的统一。马克思通过对黑格尔法哲学批判，认为现代国家和理性精神都是建立在市民社会基础之上，只有深入物质关系领域进行市民社会批判，才能真正揭示现代性的内在限度，唯有通过政治经济学批判才能寻求市民社会与政治国家和谐统一的现实路径，因此他将社会发展历史逻辑与政治革命的主体逻辑之间关联起来，以无产阶级革命超越黑格尔的理性革命。这样马克思就从市民社会、政治国家与阶级革命的宏大视野进行现代性的原则性剖析，而不可能针对诸如语言、符号、心理等现代性体验的方方面面，这也是后现代主义者从某一角度进行现代性解读并对马克思现代性思想中的所谓"宏大叙事"进行解构的原因。

从其时代发展来看，即使是马克思所认为的现代社会获得其典型形式的 18 世纪，距今也有近两个世纪，如毛泽东在《实践论》中所言，"马克思不能在自由资本主义时代就预先具体地认识帝国主义时代的某些特异的规律，因为帝国主义这个资本主义最后阶段还未到来"，自然也就不能苛求马克思跨越时代对当今作出精细的说明。此外为充分说明现代社会的特点与机制，马克思还主要以典型的英国、法国为对象，而其他众多国家还处于传统与现代的过渡形态，全球化虽然表现出扩张与发展势头，但还没有真正形成一体化的强劲趋势，也就是说马克思所处的时代是现代性的形成却未完成的时代。新时代，日益完善的市场经济决定着资源配置方式，金融资本的全球融资与扩张成为常态，宗教、

道德、自由都已完全祛魅而转向尘世生活并回归思想的领地，经济全球化与世界经济一体化使世界交往更加紧密，尽管资本主义与社会主义两制并存，但彼此对外开放使各国经贸文化往来更加频繁。这种情况下"现代性"带来的问题更多，生态破坏、粮食短缺、贫困失业、局部战争冲突等全球性或地域性问题不断，发达资本主义国家为解决国内危机所进行社会福利改革等措施为社会达尔文主义、改良主义等思潮的滋生提供温床；20世纪东欧剧变却成为一些现代性思想家解构马克思主义、唱衰社会主义的完美音符，将所谓的斯大林专制主义作为马克思现代性思想的原罪进行诋毁。但无论是资本主义新发展还是社会主义发展的波折，事实证明这不仅没有推翻也没有驳倒马克思现代性思想的正确性，反而从正面或反面进一步证实了这一正确性。现代性越是危机重重、风险四起，现代性矛盾越是成熟定型、现代性改良越是缝补频现，资本现代性逻辑原则越能得到科学、合理的解释。不可否认马克思现代性思想不仅受到马克思所涉猎思想资源的限制，也受其所处社会历史环境限制，我们不能苛求前人做出只有后人才能完成的任务，也不能无视这一时空限度而任意拔高理论的跨越性，必须立足具体的历史实践之中，在坚持马克思现代性思想原则基础上进行新的时代特点的现代性建构。

马克思以资本主义社会为现代性分析对象，奠定了现代性分析的理论性原则，尽管在后马克思时代资本主义世界发生许多新变化，但他所揭露的现代性批判的立场、原则与方法依然是当今认识现代社会的科学方法。对马克思现代性思想也不能教条化地生搬硬套，马克思对现代性分析只是原则性奠基，当时很多现代社会问题还未得以显现，包括马克思关于未来新现代性建构中基于特定条件所提出的个别论断，还应结合当今时代变化与国情特点进行创新性转化与创造性发展。中国是具有几千年封建传统的文明古国，晚清以来，资本—帝国主义殖民侵略把传统大国推进资本主义殖民体系，面对半殖民地半封建的近代国情，如何在救亡与启蒙交织中推动我国的现代性转型成为摆在国人面前的重大课题。以毛泽东为代表的中国共产党人坚持马克思现代性思想的理论原则，在中国革命与现代化实践中创造性发展了马克思现代性思想，形成一条具有中国民族风格与时代特色的中国社会主义现代性之路。

第五章
马克思现代性思想的中国探索与实践 ↗

当代中国现代社会转型是考察中国现代性首要的主题。中国由传统走进现代不同于西方国家从内部孕育现代性因素，通过社会生产变革和资产阶级与封建势力的社会革命建立现代制度，而是在西方生产发展起来以后，在帝国主义殖民侵略铁蹄下被动纳入现代殖民体系。西方资本主义生产方式和思想文化的侵入，包括中国现代化的开启在很长时期内也从未撼动封建社会根深蒂固的传统基质，如何处理与帝国主义、封建主义和国内资本主义之间的关系是近代以来中国实现现代转型不可回避的现实主题，这一转型从步入近代社会以来至今仍未完成，而且是伴随现代化过程展开的，但现代化建设并不能等同现代性构建，在全社会形成具有中国特色的现代文明秩序引领现代化建设的重要一环。

党的二十大提出当前中国共产党的中心任务就是团结带领全国各族人民全面建成社会主义现代化强国、实现第二个百年奋斗目标，唯有将中国特色社会主义现代化的研究置身于40多年改革开放史、70多年建国史、170多年近代史中关于我国现代化的探索与现代性思考的分析，才能将坚持马克思现代性思想的理论原则与新时代中国实践相结合并进一步推进中国化，才能透彻理解中国特色社会主义现代化道路形成的历史必然性，才能在不断总结提升近现代以来现代化经验与现代性思想中全面推进我国社会主义现代化新征程。

第一节　马克思现代性思想的中国启蒙

中国封建社会不仅在时间上比西方早1000多年，而且形成了一整套完善的经济、政治、社会、思想文化等制度体系，这套制度体系尽管一定程度巩固大一统的封建专制，却也严重阻滞着中国社会的现代转型。

中国的现代化进程与西方现代化有着巨大的差异，前现代中国经济上是自给自足的小农经济与家庭手工业相结合的经济结构，中央集权制的官僚帝国体制延续了几千年，虽然因内部分裂或农民起义也引起王朝更替，但一体化的政治、经济、文化体制却是一脉相承，经济社会结构没有太大的变革或调整。中国前现代的这种发展模式在世界上是独一无二的，虽然这一模式长时期保持了多民族国家的统一，积累了无比丰厚的文化底蕴，形成无与伦比的前现代帝国的优先地位，但是千年不变的自足发展与天朝上国的文化优越感也阻滞了社会技术的持续革新。因此近现代尤其是自鸦片战争以来中国通向现代化的路途主要依靠伴随侵略的外来因素所推动，罗荣渠先生将中国从传统走向现代的过程概括为政治经济衰败化、国际地位半边缘化、救亡图存的革命化和自强求富的现代化四大趋向，这就是中国现代性生成发展的特殊性。相对于西方现代性变革，近代中国"晚发外生"的时代境遇与传统—现代"断裂失衡"构成近代中国现代性的基点。中国现代性建构相对于反对帝国主义、封建主义和官僚资本主义历史任务而来的是"救亡""理性"与"资本"的多重维度。

一、资本主义现代性启蒙屡败

一味闭关自守终究使古代中国越发落后于世界历史潮流，鸦片战争以后由于帝国主义通过经济掠夺、政治控制、军事打击、文化渗透等方式不断掀起对中国的瓜分狂潮，自给自足自然经济日趋瓦解，近代中国日渐卷入世界资本主义殖民体系而沦落为半殖民地半封建社会。面对"数千年来未有之强敌，数千年来未有之变局"，"自从一八四〇年鸦片战争失败那时起，先进的中国人，经过千辛万苦，向西方国家寻找真理"。五四运动是中国新旧民主主义革命的分水岭，在此之前的救亡运动归结为资产阶级旧民主主义革命范畴，旧民主主义现代性启蒙就包括以李鸿章为代表的封建官僚、以洪秀全为代表的农民阶级、以康有为和孙中山为代表的资产阶级，作为中国共产党出世以前掀起救亡图存的人物代表，他们在探寻救亡图存的改革或革命历程中开启了近代中国现代化的序幕。

第一，近代早期一些开明绅士拉开现代性思考的序幕。19世纪上半叶中国封建社会几近穷途末路，鸦片输入猖獗导致国库空虚、民不聊生，一些有识之士揭露封建专制弊病，将眼光放到国外。睁眼看世界第一人林则徐倡导经世之学，广州禁烟期间开始关注西方国家发展状况，并组织编写《四洲志》介绍西方；龚自珍对封建专制统治以及社会萎靡之风进行尖锐批判，认为"自古及今，法无不改，势无不积，事例无不变迁，风气无不移易"，主张在君臣关系、用人制度和务实治学之风等方面进行改革；魏源更是针对现存社会问题主张引进西学，并在林则徐影响下编纂鸿篇巨制《海国图志》50 卷，对西方各国历史、社会、风俗、政治、经济、宗教、地理、文化、物产等方面给予系统译介，提出"以夷攻夷""以夷款夷"和"师夷长技以制夷"，主张学习西方制造战舰等军事武器和练兵养兵之法以挽救民族危亡，对后期洋务运动、日本明治维新都产生极其深刻的思想启蒙。但这些开明绅士的现代性启蒙多限于西方风土民情的译介，对现代国家的学习还多出于防御性目标。

第二，洋务运动开启军用民用企业现代化实践的先河。第二次鸦片战争后，统治阶级内部比较开明的官员主张学习西方先进技术，富国强兵以抵御外侮。奕䜣、曾国藩、李鸿章、张之洞等人以"中学为体、西学为用"为指导思想掀起一场洋务运动，掀起了中国创办现代工业的先河，客观上也推进了近代中国现代转型。1861 年以曾国藩创办安庆内军械所为标志，先后提出"自强""求富"的洋务主张，先后创办一批军用民用企业，设立京师同文馆等外语学校翻译大量外文书籍，同时向欧美等国派遣留学生，拉开中国经济、军事和科技等领域现代化序幕。这些举措严重冲击了中国固有的传统观念，西方现代思想开始在华夏大地慢慢滋生、蔓延，创办的军用民用企业大部分采用机械化生产方式，并出现了资本主义雇佣关系，客观上推动了中国民族资本主义企业发展。但是洋务运动终究是以封建统治阶级发起的局限于军事科学技术领域的旨在巩固封建君主专制的改良运动，最终以 1895 年甲午海战中国战败而宣告破产，洋务运动仅从器械、科技等方面进行现代化不仅不能巩固落后的封建体制，反而进一步加速了传统制度的灭亡。

第三，戊戌变法推动封建君主专制向君主立宪制转向的尝试。19 世纪 70 年代中国民族资本主义破土而出，民族资产阶级获得初步发展，甲午海战中国战败举国震惊，1898 年 6 月光绪帝根据康有为等人建议颁布"定国是诏"宣布变法：经济上办实业、建商会、修铁路、改财政；政治上开言路、修律例、整吏治、练新军；文化上办西学、设驿馆、译书籍、奖发明。这些举措主要通过学习西方先进政治经济制度和管理模式，建立君主立宪制，发展资本主义，但这场维新改良终因触动慈禧等顽固派的利益而遭到血腥镇压。这场运动虽然从现实成效来看甚微，但却极大促进了近代资产阶级的思想启蒙，从政治制度改革来看，戊戌变法试图革新封建专制制度，革除人治的传统陋习，推动政治现代性向重民权和崇法治的方向转型；从价值观念来看，戊戌维新开始译介西方文化，试图在中国传统文化的土壤中培植西方价值理念的种子，以培养现代国民性为重点开出中国文化现代性之花。改良的失败开始促使资产阶级走向社会革命的道路。康有为的《大同书》对私有制批判和公有制倡导、对世界大同的刻画与社会和谐描绘已经超出"凡天下田天下人同耕"的小农生产者的狭隘视角；梁启超对建立国之新民的阐述与国民资格的新解、对近代自由权利思想论述和民史观的观念变革构成近代中国现代性启蒙重要内容。戊戌变法所掀起的资本主义改良运动是资本主义现代性在近代中国的一次尝试，但传统顽固势力的强大再次将中国社会的现代转型扼杀在襁褓中。

第四，三民主义是近代中国现代性启蒙的重要界标。三民主义是中国民主革命的伟大先驱孙中山的现代启蒙思想，主要集中体现在民族、民权、民生的纲领中：首先，民族主义。孙中山认为"民族主义就是国族主义"，并希望把中国人的团结力从家庭、宗族扩展到国族，认为国族性是民族国家存续的根本，国家只是民族实现自身利益的组织形式和外在手段；他还设想日后强盛起来的中国仍要遵循"济弱扶倾"的天职，强大起来的中国绝不称王称霸，扶持弱小民族，抵制列强侵略，通过"道德和平"实现整个世界的"大同之治"。孙中山的民族主义包含着世界和平、天下大同的传统价值思维。其次，民权主义。孙中山认为民权就是实行人民的政治，就是人民自己管理自己的国家，他参照西方三权分立的原则，把国家政治分为由人民行使的政权和由政府行使的治权两部分，实现政权与治权的分离可以实现防止政府专权和确保人民掌权的双重目的，具有重要现实意义。最后，民生主义。孙中山把民生主义等同于社会主义，认为"民生就是人民的生活，社会的生存，国民的生计，群众的生命……故民生主义就是社会主义"，提出解决民生问题要通过平均地权和节制资本来实现。三民主义是资产阶级革命派对中国现代社会民主构建的总纲领，辛亥革命结束了中国两千多年的封建专制，开启了中国民主共和体制的建制历程，构成近代中国现代转型的基础环节。此外孙中山在《建国方略》中还提出发展国家实业思想，包括修建港口、编制全国铁路运输网和发展衣食住行等基本生活资料的生产等设想，这些宏观规划虽然在当时的社会条件下难以实现，但是孙中山擘画的这个蓝图，显示了他对中国发展的卓越见识，凸显了当时世界工业化的时代气息，极大助推了近代中国现代化的步伐。三民主义用革命方式开启了近代中国由封建专制走向民主共和的先河，但由于资产阶级软弱性，在封建势力与帝国主义的双重胁迫下，并未真正实现向现代的转型。

近代中国旧民主主义革命先后从器械、技术、制度、思想等方面师从资本主义现代性样板，但如毛泽东所思考的，"帝国主义的侵略打破了中国人学西方的迷梦。很奇怪，为什么先生老是侵略学生呢？"如果说洋务运动拉开了从军械与科技方面进行理性启蒙的帷幕，戊戌维新运动则开始从制度领域效法现代西方国家，而辛亥革命更是通过现代革命方式推动传统向现代的根本变革，并开启民主共和制度建制的尝试。尽管对资本主义现代性的效仿无一例外均以败北收尾，但借由西学推动传统中国现代转型的反复尝试与失败结局，为后期马克思现代性思想传入既提供了可能也确有其必要，构成马克思现代性思想在中国传播与实践的历史环境。

二、马克思现代性思想的传播

始于 1915 年的新文化运动深入思想文化领域进行理性启蒙，尤其五四运动前后马克思主义开始传入中国，为近代中国社会主义现代性转型提供科学的理论指引。前期的新文化运动主要侧重资产阶级民主主义即民主与科学思想的传播，以反封建文化为主；后期新文化运动主要是无产阶级民主主义文化运动，主要是反帝反封建主题。直到马克思主义传入中国以后，近代中国现代转型才逐渐理顺救亡、启蒙与建设之间的关系，即通过救亡进行反帝以实现民族独立、通过民主革命进行反封以实现民主共和与通过节制资本进行反官僚以实现国家富强，三者融会贯通构成中国现代性的逻辑理路。限于篇幅，现仅针对早期马克思主义者陈独秀、李大钊两位典型代表人物相关思想做一简单梳理。

陈独秀的现代启蒙思想非常丰富，主要体现于对民族国家理论、现代国民性思想及资本主义现代性批判三个方面：关于现代民族国家理论，陈独秀认为中国人缺乏普遍的主体意识，要摆脱周而复始的王朝更替必须建立现代民族国家，"现在西洋各国，都是一种人，建立一个独立的国家，不受他种人的辖治，这就叫作'民族国家主义'"，民族是自然力形成的产物，国家则是人为武力称霸的结果，现代民族国家作为自然力与人力的辩证统一应当"赞成王道，反对霸道"，他认为当代中国的首要任务就是反对帝国主义和建立民族国家，并且在国际社会中坚决不称霸。关于国民性改造思想，陈独秀认为当前中国最主要的问题不是政治制度建设，而是人民大众的思想改造，即改造国民性问题。他认为尽管我们满脑子追求现代政治、君主立宪或民主共和思想，其实骨子里依然遵循着封建伦理纲常观念，所以"欲图根本之救亡，所需乎国民性质行为之改善"。关于资本主义现代性的批判性反思，陈独秀一方面通过对马克思剩余价值理论研究，批判资本主义反人道性，揭露了美国、日本等现在资本主义尽管建立比较发达的工业与教育，但也铸就了贪婪、卑鄙、欺诈、侵略的本性，还论证了资本主义生产方式、资本私有和生产过剩等现代问题，而主张通过资本集中和财产共有的方式取而代之；另一方面坚持马克思唯物史观基本原理和无产阶级革命的思想原则，指出"社会主义要起来代替共和政治（即资本主义政治，作者注），也和当年共和政治起来代替封建制度一样，按诸新陈代谢底公例，都是不可逃的运命"，并且主张改变这一运命必然要通过无产阶级革命的方式来实现。同时无产阶级要想取得胜利，还必须要建立无产阶级专政的国家政权，通过无产阶级国家机器与世界革命的联合，消灭世界帝国主义殖民体系，消灭私有制和发展无产阶级专政下的现代工业，最终实现共产主义。陈独秀的现代性批判与推翻现代帝国主义的革命思想对于近代中国社会主义思想启蒙与马克思主义传播起到了巨大的推动作用。

李大钊作为在中国传播马克思主义第一人，也在批判封建专制思想中宣传马克思主义思想。在《我的马克思主义观》《庶民的胜利》等著作中，李大钊系统阐述了马克思主义理论的整体结构，即"关于过去的理论"（即历史唯物主义）、关于现在的理论（即资本主义经济理论）和"关于将来的理论"（科学社会主义）之间的逻辑关系；对马克思社会结构理论、阶级竞争（阶级斗争）理论、群众史观等重要理论以及马克思劳动价值论、剩余价值理论、平均利润论等方面介绍马克思的经济学原理；通过对马克思"社会组织进化论"对资本进行批判性认识，资本导致对人的劳动的剥削和掠夺进行价值增值，雇佣工人不得不出卖劳动力为生，并且认为随着资产阶级和无产阶级贫富差距的增大，最终必然导致阶级革命，阶级竞争的结果是把集中的资本收归公有，这是很朴素的道理。在《Bolshevism 的胜利》等著作中李大钊通过对法国和俄国革命的分析，认为中国应该尽快实行社会主义以成为与世界同时代的国家，并通过对俄国革命的考察论证社会主义制度的优越性以及在中国进行社会主义的必要性和可能性，从而找到了超越资本主义政治解放的新道路。李大钊通过对马克思思想的传播与宣传，加速了当代中国现代性的马克思主义转向，是马克思主义现代性思想中国化的起点。早期共产党人关于如何在挽救民族危亡的过程中实现近代中国的现代转型的论述，除陈独秀、李大钊外还包括毛泽东、周恩来等为代表的中国共产党人，其现代性思想在下文重点论述，在此不再赘述。

三、近代中国现代性转型的主题

如前文所述，古代中国封建专制体制严重阻滞近代中国的现代转型，甚至包括开明封建官僚都意识到闭关锁国的清王朝已远远落后于西方现代社会及所付出的沉重代价，在"中体西用"指导下西学救亡之道，资产阶级更是深入制度领域进行变革或革命来推动传统中国走向现代，所以现在主要问题已不是考虑要不要实现现代转型，而是如何实现现代转型。纵观世界各国由传统走向现代的历程，按照发生时间的先后，可以区分为"先发"国家和"后发"国家，前者主要是指发生于 17 世纪的欧美国家，先后通过资产阶级革命和现代工业发展建立资本主义政治制度和生产方式，继而在资本扩张驱使下通过殖民侵略建立资本主义世界体系，后者主要是 19 世纪为摆脱殖民统治通过民族解放运动建立民族国家，再开始走上现代化发展道路；按照发生驱动力量，可以区分为"内生型"和"外生型"国家，前者现代化动力主要是由内部因素自然而然促成的，后者则主要是由外力因素导致的。

近代中国现代性启蒙是属于典型的"晚发外生型"。晚清王朝是西方现代国家侵略后被卷入世界资本主义殖民体系，面对强大劲敌，这就不得不涉及该如何面对资本主义的问题。根据汤因比"挑战—反应"理论的分析，近代中国由传统向现代转型实际是对外部挑战所产生的一种反应，面对这些现代化国家如慈禧般守旧者麻痹自乐、顽固守旧，如李鸿章、康有为般的革新者主张留我所长、避我所短，也有如孙中山、胡适般的激进者力推与传统断裂、全盘西化；

但守旧者因顽固不化被历史所淘汰，革新者因阶级局限抱恨余生，西化者也因敌我辨识不清而前途渺茫，终其一点就是没有真正了解半殖民地半封建的中国国情，没有真正认清西方资本主义和挽救民族危亡之间的辩证关系，从而也就不可能选择一条通向富强的中国现代化道路。

马克思现代性思想主要包括理性和资本两大主题，近代中国现代性转型除此之外还要增加"救亡图存"的历史重任，构成理性启蒙和节制资本的存在论前提。通过马克思对现代资本主义社会形成分析可以看出，西方社会现代转型主要面临思想启蒙和社会资本两大主题，在启蒙思想昭示下通过资本逻辑建立资本主义现代国家。但晚发外生型的中国却不同，尽管封建社会内部商品经济发展已经孕育着资本主义萌芽，或许如果没有帝国主义侵略，中国也有可能或快或慢转向资本主义社会，但外国资本主义的侵入尽管严重冲击自然经济和家庭手工业，却也给中国民族资本发展提供商品市场和劳动力资源；然而帝国主义侵略的目的绝不是把中国从封建专制体制下解放出来，也不是要把中国改造成现代资本主义国家，事实证明恰恰与此相反，"它们是要把中国变成它们的半殖民地和殖民地"，这也是类似于洋务运动、戊戌维新之类的西学自救之所以破产的主要原因之一。因此，中国现代性问题包括救亡、启蒙和资本三大主题，而且挽救民族危亡，通过民族革命实现民族独立和人民解放成为建立共和体制、实现自由平等和走向国家富强和人民幸福的首要前提。近代中国现代性启蒙具有以下特征：第一，近代中国的现代转型是不同于西方"晚发外生型"模式，西方帝国主义殖民侵略将封建中国拖进世界殖民体系，"制夷自强"的现代化目标使中国现代化起步难以摆脱与西方现代性的历史"纠缠"；第二，抵御外侮以求民族独立、推翻帝制以求民主共和、变法革命以实现现代化的历史使命决定近代中国不会循着西方社会资本逻辑展开，西方列强也不允许近代中国通过资本主义改革或革命走向与西方并行的资本主义现代化国家；第三，半殖民地半封建的中国在中国共产党所领导的新民主主义革命成为近代中国现代转型的清道夫，通过新民主主义社会过渡跨越资本主义发展而直接进入社会主义社会，避免了资本逻辑基础上建构的铜墙铁壁的资本主义制度体系，市民社会的缺失决定中国道路不会走向资本主义发展道路。如果不能彻底推翻帝国主义实现民族独立，也就不可能完全推翻封建统治实现民主共和，这也是类似于辛亥革命之所以没有完成民族、民权与民生三大使命的根源之一。帝国主义与封建主义成为阻滞中国现代性转型的主要障碍，身负历史重任的中国无产阶级如何处理好救亡、启蒙和资本的三大主题，最初是由以毛泽东为代表的中国共产党人坚持马克思现代性思想原则与中国革命、建设的具体实践相结合来完成的。

第二节　中国社会主义现代性转型的探索

现代性是对现代社会发展的批判性思考，在毛泽东思想的指导下，中国共产党人取得了新民主主义革命的胜利，成功进行了社会主义改造，并确立了社会主义制度，完成民族独立和人民解放的历史任务，并进行了社会主义现代化建设的探索与思考。实现了近代中国社会现代性的转型，这一转型体现在把中国由传统农业国向现代工业国的转向、由资本主义导向的启蒙救国向社会主义实践范式的转向、由半殖民地半封建旧中国向充满生机活力的社会主义新中国转向，彻底割除了封建专制传统，在中华大地上全面开启了现代人民民主制的先河，在坚持马克思现代性思想原则基础上对中国社会主义现代性建构进行理论创新与阐释，在推动中国社会由传统向现代过渡的现代化实践中试图走出一条跨越资本主义现代性的发展模式。

一、新民主主义时期现代性转型的滥觞

近代中国的现代性转型不仅面临根深蒂固的封建传统阻滞，还要承受资本帝国主义的经济掠夺、政治控制和文化渗透，夹缝求生的民族资本主义经济也使民族资产阶级具有两面性，占人口绝大多数的是文明程度极低的无地或少地的贫民，中国现代化进程面临民族危亡和国家重建的双重危机，救亡与启蒙、自强与求富、独立与民主等多重任务复杂交错，要顺利开启社会主义现代性建构的救亡、启蒙和资本三大主题，必须正确处理好马克思现代性思想与中国近代国情、社会主义现代性与古代传统、社会主义现代性与外国垄断资本、社会主义现代性与国内资本主义多重关系。以毛泽东为代表的中国共产党人坚持马克思现代性思想的基本原则，客观分析近代中国国情和主要特征，认识到只有

实现民族独立才能建立社会主义现代文明，社会主义现代性转型滥觞于新民主主义革命过程之中。

（一）进行民族民主革命以实现民族独立和人民解放，为中国现代性转型提供必备的外在环境

马克思针对现代性的批判性分析主要是在资本主义民族国家内部，尽管马克思对帝国主义对东方国家的殖民侵略进行谴责，对于落后国家通过民族民主革命走向现代的路径也进行了初步探索，但由于时代与环境因素所限，马克思不可能针对落后国家尤其是近代中国如何实现民族民主革命的策略进行详尽分析，不过马克思对现代性的态度与革命策略的原则性问题为落后国家通过革命实现现代转型提供重要依据。

毛泽东通过对中国国情客观分析后认为，帝国主义和中华民族的矛盾、封建主义和人民大众的矛盾是近代中国社会的主要矛盾，其中帝国主义和中华民族的矛盾是最主要矛盾，这就决定了近代中国走向现代必须首先要实现民族独立和人民解放，通过建立现代民主国家才能为实现国家富强和人民富裕奠定基础。毛泽东坚持马克思主张的通过无产阶级革命、建立无产阶级专政并取得革命政权的思想，在无产阶级领导下进行民族民主革命。早在1921年1月新民学会长沙会员大会的发言中毛泽东就分析世界各国解决社会问题常用的六种方法，指出只有通过发动劳农阶级专政的激烈共产主义更适合中国实际。不过鉴于半殖民地半封建的中国国情，外有帝国主义列强的殖民侵略内有封建阶级的专制统治，这场劳工革命既不同于欧美各国资产阶级推翻封建贵族、建立资产阶级专政政府的资本主义革命，也不是直接通过无产阶级革命推翻资产阶级政权、建立无产阶级专政的社会主义国家，而是在无产阶级领导下几个革命阶级联合起来的新民主主义革命。

中国新民主主义革命相对于马克思分析的无产阶级革命又具有中国特点。中国革命的任务主要有两个，一是通过民族革命对外推翻帝国主义压迫，二是通过民主革命对内推翻封建地主压迫，而且帝国主义与封建势力内外勾连，两个任务不能彼此分开而是要有步骤地同时进行，唯有取得这双重革命的胜利才能为中国现代化发展和建立民主制度扫清障碍。这场革命又不同于马克思所讲的无产阶级社会主义革命，其革命的对象不是一般的资产阶级，革命措施不仅

不废除私有制而且一定程度上还要保护私有制，革命结果在一个时期内还是资本主义获得一定程度的发展，通过"耕者有其田"的土地革命还要把地主土地所有制变为农民的所有制，而"耕者有其田"是所有革命民主派的主张而非无产阶级政党的革命主张。新民主主义革命虽然就其性质而言还是资产阶级民主主义革命，但是这场革命不是旧式的在资产阶级领导下旨在建设资产阶级民主共和国的革命，而是在无产阶级及其政党的领导下，在马克思列宁主义思想指导和国际共产主义帮助下所进行的一场旨在挽救民族危亡、建立民主国家的革命，它是中国无产阶级革命的第一阶段，这个阶段的主要任务就是把殖民地、半殖民地的中国变成一个民主和独立的中国，为完成社会主义革命和建立社会主义制度奠定基础，"这个社会的前身是封建主义的社会（近百年来成为半殖民地半封建的社会），它的后身是社会主义的社会"，新民主主义革命和未来社会主义革命犹如书之上下两卷，构成中国社会主义现代性建构不可缺少的两个步骤，民主主义革命是社会主义革命的必要准备和必经阶段，社会主义革命是民主主义革命的未来目标和必然趋势，这就为发展社会主义现代性提供了前提条件。

（二）节制和利用民族资本以巩固统一战线，为中国现代性转型提供广泛的阶级基础

如前文所述，马克思在阐释无产阶级社会主义革命时曾反复强调无产阶级世界联合的重要性，并将其作为落后国家实现对资本主义"卡夫丁峡谷"的跨越，并且作为取得共产主义运动胜利的必备条件之一；恩格斯在《共产党宣言》1890年德文版序言中也指出只有俄国革命作为西方工人革命的信号而且实现双方互补，俄国农村公社的公有制才有可能成为共产主义运动发展的起点，其中俄国革命与西方工人革命互补其实也就是无产阶级的联合。

中国新民主主义革命的性质和中国无产阶级力量弱小的现实状况决定这场革命决不能单纯依靠无产阶级自身的力量，而是要联合各革命阶级建立最广泛的统一战线才有胜利的可能。毛泽东坚持马克思的经济基础决定上层建筑的基本原理，认为中国社会各阶级对于中国革命的态度和立场"全依它们在社会经济中所占的地位来决定"，通过对中国社会阶级的经济状况进行调查分析后指出，无产阶级政党要实现对被领导的阶级和阶层的领导，除了要率领被领导者向着共同敌人进行斗争并取得胜利之外，关键还要"对被领导者给以物质福利，

至少不损害其利益，同时对被领导者给以政治教育"，从而在不同时期对各革命阶级通过"耕者有其田""节制资本"等有效措施妥善处理无产阶级与农民阶级、地主阶级、民族资产阶级、小资产阶级等之间关系，建立统一战线和实现革命阶级联合。

毛泽东认为中国的现代性转型需要建立强大的民族工业，但是中国无产阶级力量比较弱小，这就需要几千万的农民由农村转向城市，构成中国工业化进程的主力军；同时由于中国历代农民阶级在封建经济剥削和政治压迫下，没有任何政治权力和人身自由，过着穷苦的奴隶般的生活，农民阶级作为无产阶级天然的同盟军又构成中国革命军队力量的主体，未来中国要实现真正的民主也必然是人民民主，农民也构成了民主政治的主要力量和文化运动的主要对象，所以毛泽东认为"中国的革命实质上是农民革命"。刘少奇也得出中国工人阶级的主要任务就是要实现中国农民的解放的结论。李维汉也认为"谁能领导农民进行革命斗争，实现'耕者有其田'，解决农民问题，谁就成为中国革命的领袖"的主张。在关于农村土地问题上，新民主主义经济采取孙中山"耕者有其田"的主张，把封建地主土地私有制转变为农民的土地所有制，从而与农民阶级建立最可靠的工农联盟；中国民族资产阶级受帝国主义和封建主义的双重压迫，在民主主义革命中具有反帝反封的革命性，但因为他们同封建势力与帝国主义又具有经济上联系，又没有彻底的反帝反封的勇气而具有妥协性，这就决定了中国共产党的革命路线对资产阶级采取既联合又斗争的革命策略。毛泽东认为在新民主主义国家制度下，"除了国家自己的经济、劳动人民的个体经济和合作社经济之外，一定要让私人资本主义经济在不能操纵国民生计的范围内获得发展的便利"，让那些不能操纵国计民生又有益于人民生活的私人资本主义有其自由发展空间，通过限制和保护民族资本既有利于团结资产阶级进行革命，又保障社会经济平稳运行和有序发展；在抗日战争这一特殊时期，为巩固扩大抗日民族统一战线和最大可能降低拒绝抗日的阻力，毛泽东改变没收其地主土地的政策为农民交租交息地主减租减息的政策，鼓励地主的资产向工业方面转移，争取一些开明地主参加抗日民族统一战线，对于富农则鼓励其发展生产；即使对于代表大地主、大资产阶级利益的国民党集团，也不能看成清一色的反动派，其中仍有部分党员干部和将领对国民党拒不抗日的政策表示不满，比如发动西安事变的张学良、杨虎城等爱国将领，这些都是可以争取的抗日力量。

民主革命时期所积累的对待各革命阶级的经济政策为后来社会主义改造和建设时期中国由传统向现代转型积累了宝贵经验。

（三）实行民主集中制以推进社会主义民主建设，为中国现代性转型提供坚实的政治保障

马克思深刻分析了资本主义政治民主的欺骗性和虚伪性，资本主义民主不过是资产阶级内部的民主，资本主义制度下自由、人权不过是以私有制为基础的伪科学。民主革命时期中国现代性转型的首要主题即挽救民族危亡，只有实现民族独立才能引领中国建立现代文明；在革命救亡中除采取相应经济政策外，也要进行现代理性启蒙。毛泽东在分析未来中国历史命运时即指出，新民主主义革命的主要任务就是在党的领导下，团结一切可以团结的力量，"将中国建设成为一个独立、自由、民主、统一和富强的新国家"。如果说独立、统一对应救亡的现代主题，那么民主、自由则对应启蒙的理性主题。

根深蒂固的封建专制独裁统治使传统中国缺乏最基本的民主土壤，毛泽东深刻认识到民主对于建立社会主义现代化国家的重要性，指出民主政府应当是真正代表民意的民主政府，只有这样才能得到广大民众的支持和拥护；但民主制并非要实行"极端民主化"，当民意政策交付政府去执行时，采取一定行政权力的集中化以确保政策执行顺利无阻也是必要的。所以新民主主义政权组织形式就是民主集中制，它既是民主的又是集中的，是民主基础上的集中和集中指导下的民主的辩证统一，通过人民代表大会的政权组织形式既能保障广大人民享有真正的民主，又能保证人民政府集中处理反映人民切身利益的一切事务和保障人民一切必要的民主活动得以展开，只有按照民主集中制组织原则的民主政府才能保证民意真正来自人民和政策执行强劲有力。此外毛泽东坚决反对自由主义，认为自由主义源于小资产阶级的自私自利性，提出要用"马克思主义的积极精神，克服消极的自由主义"。但是毛泽东反对的是罗素主张的自由放任的极端化自由化，他认为自由和民主一样都是相对的，都是为经济基础服务的一种手段而非目的，所以"世界上只有具体的自由，具体的民主，没有抽象的自由，抽象的民主"，只有在民主集中制下人民才能享有真正的民主和自由，"西方国家的所谓自由，实际上是资本家有剥削的自由"。就此启蒙目标而言，毛泽东坚持了马克思现代性思想的理论原则，并在中国具体实践中结合中国革命实际进行丰富与发展。

二、社会主义改造时期现代性转型的奠基

随着新民主主义革命的完成，帝国主义、封建主义和官僚资本主义已被推翻，中华民族独立和人民解放的"救亡"任务已基本完成，国内主要矛盾已转变为资产阶级和工人阶级之间的矛盾，剥削阶级依然存在，尽管社会主义性质的国营经济位居领导地位，但私人资本主义经济与农民和手工业者的个体经济占绝大多数。社会主义现代化建设与当代中国现代性转型不能建立在私有制的基础之上，通过社会主义革命建立社会主义制度进而向社会主义现代性过渡成为当时的主要任务，社会主义制度的确立为中国社会主义现代性转型奠定了方向指引与制度基础。

（一）推动中国社会主义方向转型，为社会主义现代性转型明确方向指引

马克思曾指出由资本主义走向未来共产主义社会需要经过一个过渡时期，这个过渡时期就是无产阶级专政的国家政权，这也是进行新现代性建构的政治前提。1949 年中华人民共和国成立，标志着近代中国半殖民地半封建社会的结束，中国革命开始由资产阶级民主革命向社会主义革命转变，中国开始"进入由资本主义到社会主义的过渡时期"，这一时期我国社会性质是新民主主义社会，是向社会主义社会转变的过渡形态。当然这一过渡时期与马克思所说的过渡时期有着异同点：异在我国经济上仍是私有制而非公有制为主体，政治上还是各革命阶级联合专政而非无产阶级专政；同在公有制经济已经成为主导性经济成分，无产阶级已经成为领导阶级，其实马克思说的过渡性社会就是当时我们要实现的社会主义社会。毛泽东认真分析国内国外形势，认为无论从国内还是国际来看都还存在社会主义与资本主义两条道路、两个前途的较量。

从国内形势来看，国内经济成分错综复杂，私有制经济占据绝大比例。毛泽东在《中国共产党第七届中央委员会第二次全体会议上的报告》中客观分析了这一时期国内现存的五种经济成分，即社会主义性质的国营经济、半社会主义性质的合作社经济、比较分散的个体农业经济和手工业经济、私人资本主义经济和国家与私人合作的国家资本主义经济，这五种经济成分从其性质而言集

中体现为公有制经济与私有制经济的对立，社会主义经济与资本主义经济、个体经济之间的斗争，其实也就是资产阶级与无产阶级之间的斗争；从国际因素来看，新中国成立以后我国已与社会主义阵营的社会主义国家建立外交关系，以苏联为首的社会主义国家也极力援助并推动我国社会主义建设，但以美国为首的西方资本主义国家还对这一新生政权进行政治孤立、经济封锁和军事打击，社会主义因素与资本主义因素之间，不可避免地存在着剥削与反剥削、限制与反限制之间的斗争。在消灭帝国主义和封建势力之后，国内工人阶级和资产阶级之间的矛盾，国际社会主义道路和资本主义道路之间的矛盾就构成这一时期我国主要矛盾，刘少奇一针见血指出："这种矛盾和斗争，将要决定中国将来的发展前途到底是过渡到社会主义社会，抑或过渡到资本主义社会？"为了促进社会生产力的进一步发展，全面实现国家富强、民族复兴和人民幸福，以毛泽东为核心的中国共产党人不失时机地推动我国新民主主义社会逐步过渡到社会主义社会，并在推进农民阶级和小手工业者向现代社会化生产过渡、对资产阶级社会主义改造、社会主义现代化进程中的现代性审视等方面积累宝贵经验。

（二）推进私有制的公有制改革，为社会主义现代性转型奠定经济基础

马克思在《共产党宣言》中曾明确无产阶级革命首先就是要把自身上升为统治阶级，建立民主政治的国家政权，然后利用自己的政治统治，消灭资产阶级的私有资本，在社会主义国家范围内激发各种生产要素和劳动工具的创造潜能，加快推进现代生产的发展。中国共产党在建立无产阶级领导的新民主主义共和国之后，就是要不失时机地建立公有制经济的主导地位。在《论联合政府》中毛泽东就已睿智觉察到"新民主主义的国家，如无巩固的经济做它的基础，……是不能巩固的"。在党的七届二中全会上则明确了建国后要把中国由落后的农业国转变到先进的工业国、由新民主主义国家转变为社会主义国家即"两个转变"的工作部署。1949年至1952年党领导人民集中力量恢复国民经济，先后完成民主革命遗留的任务，我国经济、政治与社会的整体面貌发生重大改变。经过针对过渡时期总路线的酝酿与思考，到1953年12月完整表述了党在过渡时期的总路线和总任务，即在社会主义改造完成之前的这个过渡时期，通过一段相当长的时期"逐步实现国家的社会主义工业化，并逐步实现国家对农

业、对手工业和对资本主义工商业的社会主义改造"，这个"一化三改"的总路线其实质就是使社会主义公有制成为我国的经济基础。

马克思分析资本主义机器大工业对生产力发展所带来的革命性变革，充分肯定了工业社会创造了比传统社会大得多的现代文明成果。机器大工业是现代社会支柱产业，但中国工业主要是传统工业，现代性工业产值约占国民经济总产值的 10% 左右，重工业发展不足。针对建国初期我国工业生产状况，毛泽东进行了深刻的现代性思考，提出如果没有现代化大工业便没有巩固的国防，也就没有国家的富强和人民的幸福。在苏联的帮助下，第一个五年规划于 1951 年正式启动，1953 年边实施边讨论修改，到 1955 年正式通过。"一五"计划的基本任务就是集中精力建立中国社会主义工业化基础，同时进一步解放生产关系，对农业和手工业进行社会主义改造，把资本主义工商业纳入各种形式的国家资本主义轨道。自此，社会主义工业化建设正式拉开帷幕。

尽管农民阶级具有强大的革命潜力，但是落后的小农生产不能引领未来社会化大生产的发展要求，所以农民阶级不是先进生产力的代表。马克思在分析法国农民阶级特点时曾指出农民阶级无论是通过议会还是国会，他们都不能完全以自己的名义保护自身的阶级利益，"他们不能代表自己，一定要别人来代表他们"，就是需要在无产阶级领导下通过农业现代化保障农民的阶级利益。毛泽东不仅在理论认知方面认为"没有农业社会化，就没有全部的巩固的社会主义"，而且针对农村土改后农业生产比较落后的现实问题，毛泽东觉察到当时农村资本主义自发势力在日渐加剧，新富农数量逐渐膨胀，广大贫农因生产能力较低与劳动资料不足依然处于贫困的边缘，农村贫富分化进一步拉大的情况，认为"如果让它发展下去，农村中向两极分化的现象必然一天一天的严重起来"，因此必须把农民、手工业者的个体经济联合起来，改造成为社会主义性质全民所有制经济或集体经济，通过生产资料所有权与使用权分离取缔生产资料因买卖而集中的问题，同时不断提高生产效率以改善人民生活水平。以毛泽东为代表的中国共产党人根据马克思列宁主义关于农业社会主义改造的思想原则，从我国农村实际出发，制定并实行了一整套适合中国农业特点的社会主义改造方针和办法：遵循自愿互利、典型示范和国家帮助的原则，以互助合作的优越性吸引农民走互助合作的道路，从互助组到初级社再到高级社的积极领导、稳步前进的方针，结合农村阶级状况制定正确的阶级政策，充分依靠贫下中农，逐步从限制到消灭富农的阶级政策，将所有制改造与技术改造相结合，一切以增加产量和农民收入生产力标准作为改造的基本原则，为实现向社会主义现代性转型奠定了坚实的物质技术基础与广泛的群众阶级基础。对个体手工业的改造与农业相似，采取因地制宜和自愿互利的原则，先后通过生产小组、供销合作社和生产合作社的由低级向高级、由简单到复杂的循序渐进步骤，力求把合作社办得对生产者、国家和消费者都有利，开辟了一条适合我国国情的农业、手工业社会主义改造之路。

马克思对现代社会的批判主要集中于对资本主义私有制的批判，把私有制作为现代社会罪恶的根源和广大人民受奴役的罪魁祸首，认为只有彻底废除资产阶级私有制度建立社会主义公有制，切断一切凭借对生产资料的占有去剥削奴役他人的社会条件，才能为人的全面自由发展创造条件。资产阶级为了维护其统治地位不会自动退出历史舞台，无产阶级推翻资产阶级统治取得无产阶级专政是建立新现代性社会的直接动力。当然马克思也没有否定对资产阶级和平改良的可能性，而且认为这是最实惠、最有效的一种方法。列宁在领导十月革命以后，曾试图对俄国资产阶级进行和平赎买，但由于资产阶级联合抵抗，最后也唯有诉诸社会革命，推翻了资产阶级临时政府。由于我国资产阶级成长先天性不足，既具有反帝反封建的革命性又具有革命的不彻底性，在新民主主义革命时期，中国共产党人对民族资产阶级采取既联合又斗争的革命策略，民族资产阶级与中国共产党长期保持着统一战线的联盟关系。在社会主义革命时期，民族资产阶级因占有部分生产资料在经济上具有追求利润和剥削工人的一面，同时国内各民主党派与中国共产党人共同建立中华人民共和国，又有拥护社会主义宪法、愿意接受社会主义改造的一面。新中国成立后我国建立了以工人阶级为领导、工农联盟为基础的人民民主专政的国家政权，通过没收官僚资本建立了社会主义国营经济并掌握了国家的经济命脉，这就为和平改造民族资产阶级提供可能。在客观上毛泽东也意识到继续与民族资产阶级保持联盟关系，"有利于对付帝国主义的侵略，有利于发展生产、稳定市场，有利于争取和改造资产阶级知识分子"，因此对资本主义工商业的和平改造具有坚实的理论依据、历史渊源、经济基础、政治保障和现实可能。

以毛泽东为代表的中国共产党人对中国民族资本采取和平赎买的方法，国家有偿地将私营企业逐步转变为社会主义性质的国有企业，把资本主义企业的改造与资本家的改造相结合，让私营企业主在一定期限内从企业经营所得中获取一部分利润。这种方式可以充分争取民族资产阶级参加社会主义生产的积极性，继续巩固新时期爱国统一战线，也可以充分发挥民族资产阶级所拥有的现代生产经验、管理技能与知识才能为社会主义建设服务，还可以发挥私营工商业在国计民生方面的积极效用，维持社会供需平衡以促进国民经济持续发展。一方面对资本主义企业主要采取由低级到高级的国家资本主义的过渡形式，用各种形式使民族资本与社会主义国营资本相联系，是一种受工人监督的"新式的国家资本主义经济"，与马克思所批判的现代资本主义企业不同的是，这种民族资本"主要不是为了资本家的利润而存在，而是为了供应人民和国家的需要而存在"。另一方面将对资本家的改造和对资本主义企业的改造结合起来，国家对资本家采取"包下来"的政策，根据"量才使用，适当照顾"的原则，在政治方面根据资本家能力状况适当安排工作，充分发挥其知识才能，把资本家改造成为自食其力的社会主义劳动者并赋予其政治权力，通过阶级成分的逐步改造达到整体上消灭资产阶级的目的。和平改造不仅有效避免了阶级对抗所引发的政治革命和流血事件，同时还通过生产关系的调整与技术革新稳步推动生产发展和社会进步，迈出了中国社会主义现代性转型的步伐。

（三）限制与利用资本主义经济法则，为社会主义现代性转型提供理论指导

马克思通过资本现代性批判揭示了无限追求剩余价值就是资本的本性，毛泽东也充分意识到这一资本主义经济法则，提出要限制、利用资本主义这一经济法则的思想。

毛泽东认为资本主义经济法则就是剥削剩余价值，具有唯利是图的反动品格，所以"中国资本主义的存在和发展，不是如同资本主义国家那样不受限制任其泛滥的"。毛泽东还提出了要在税收政策、市场价格和劳动条件等方面，根据各地区、各行业的具体状况在不同时期对资本主义生产经营活动采取恰如其分的有伸缩性的限制政策，但是还不能限制太死，还必须让资本家获得实惠，如果"有些工厂让资本家剥削得太少了，这就不能换来国家资本主义"，在限制与反限制之间要把握适当的度。毛泽东提出不仅要限制资本主义经济法则，还要充分利用资本主义经济法则。其实早在民主革命时期毛泽东就已经认识到，

发展资本主义代替帝国主义侵略和封建主义的压迫，这对生产发展比较落后的半殖民地半封建的传统中国来说不仅是个进步，也是一个不可避免的历史过程，这种发展不仅有利于资产阶级谋取利润也有利于无产阶级建立统一战线、最终取得革命胜利。在社会主义改造时期毛泽东继续发展了这一思想，提出"在社会主义经济法则支配下，适当地利用资本主义经济法则，……不执行劳资两利，把它变为一利，就是不了解这个法则"。

马克思在《德意志意识形态》中提出了"世界历史"思想，指出资本主义大工业首次开创了世界历史，逐渐冲破了各民族地方闭关自守的传统状态，在世界各地推动资本主义文明落地生根，使人们的需要和需要的满足都成为世界性的需要和满足，促进了民族交往和世界历史形成。新中国成立后毛泽东也充分意识到要把我国由落后的农业国变成先进的工业国，关起门来搞建设是行不通的，必须善于学习和利用其他国家有益的经验为社会主义建设服务。毛泽东认为在经济建设上要工业现代化与农业现代化同时并举，认真"学习资本主义国家的先进的科学技术和企业管理方法中合乎科学的方面"；在对外经贸往来上，提出不仅要与社会主义国家保持经贸往来，而且也可以"同资本主义国家做生意"，只要他们愿意与我们做生意的我们都要争取。毛泽东充分利用资本主义建设社会主义的现代性思想在今天依然具有不朽的时代价值，为我们今天全球化条件下中国特色社会主义现代化发展提供重要的理论指导。

（四）全面辩证认识社会主义社会，为社会主义现代性转型进行思想启蒙

马克思在《黑格尔法哲学批判》中就揭示了资本主义政治民主的虚假性，资本主义只是完成了人的政治解放，却没有实现市民社会中人的经济解放。毛泽东认为社会主义革命要实现人的政治经济等领域的全面的解放，实现社会主义发展与富强不是哪一群体的事，"现在我们实行这么一种制度，这么一种计划，是可以一年一年走向更富更强的，一年一年可以看到更富更强些。而这个富，是共同的富，这个强，是共同的强"。毛泽东明确了社会主义现代性的价值理念就是共同富裕，社会主义现代发展与资本主义两极分化的现代状况有着根本的区别，而且这种共同的富强是在社会主义制度可控之下必然要实现的常态现象。此外，毛泽东尽管为社会主义现代性明确了共同富裕的美好目标，但也告诫我

们不要以为在社会主义制度下什么都是好的，要作为实干家具体分析客观状况，解决实际问题，"我们不要迷信，认为在社会主义国家里一切都是好的。事物都有两面：有好的一面，有坏的一面"。社会主义现代性转型就是伴随传统与现代、手段与目标、理想与现实的交融交织与相互制约、相互改进的历史进程。

社会主义革命时期，通过对农业、手工业和资本主义工商业的社会主义改造，把新民主主义革命时期各革命阶级联合专政的民主政体变革为社会主义性质的人民民主专政，并在此基础上建立社会主义政治制度。1954年9月第一届全国人大一次会议通过了《中华人民共和国宪法》《中华人民共和国全国人民代表大会组织法》等法律，人民代表大会制度正式确立，为近代中国走向法治国家、为中国政治生活进一步民主化、为人民真正享有民主权利提供法律保障；1954年12月中国人民政治协商会议第二次全体会议通过《中国人民政治协商会议章程》，对人民政协性质、地位、作用与任务做出调整，为坚持中国共产党领导的多党合作和政治协商制度奠定坚实基础，打破了一党制、两党制、多党制等现代政党政治对峙困境，为世界民族国家处理好政党关系树立典范。毛泽东对社会主义社会、社会主义民主和社会主义制度的辩证分析既坚持了马克思现代性分析理论原则，又深化了社会主义现代性的理性启蒙。

三、社会主义探索时期现代性转型的开拓

1956年底生产资料公有制的社会主义基本完成，党和国家工作重心转移到社会主义现代化建设上来，如何把一个落后的农业国建设为现代的社会主义工业国，并且既要完成由传统向现代的华丽转型，又尽可能规避资本主义现代化所造成的沉重代价，充分发挥社会主义制度优越性，这在当时没有现成的历史经验可供参考。1956年4月毛泽东在中共中央政治局扩大会议上作了《论十大关系》的报告，标志着以毛泽东为主要代表的中国共产党人对社会主义建设道路探索的良好开端，在社会主义现代性的前提属性、社会主义现代化的理性思考等方面取得了积极的成果，在理论与实践上开拓了社会主义现代性转型的新局面。

（一）对建设社会主义现代国家的认识

1954年毛泽东在第一届全国人大第一次会议开幕讲话中就号召全党要"准

备在几个五年计划之内，将我们现在这样一个经济上文化上落后的国家，建设成为一个工业化的具有高度现代文化程度的伟大的国家"。作为"高度现代文化程度"的社会主义国家相对于传统中国而言要有什么变化？相对资本主义现代国家又有何制度优势？以毛泽东为代表的中国共产党人对建设社会主义现代国家进行深刻理论思考。马克思批判资本主义民族国家在资本扩张中不断加剧国内人民贫富分化，同时也使发达国家与发展中国家之间差距越来越大，并通过对国家起源与实质的分析得出国家必然灭亡的历史命运。毛泽东也多次强调政党、国家与阶级必将随着生产发展而消亡，但在还存有阶级对抗与资本主义国家敌视的过渡时期，要想建设社会主义现代国家必须要先建立独立自主的民族国家。在《论联合政府》中毛泽东就明确指出"没有独立、自由、民主和统一，不可能建设真正大规模的工业。没有工业，便没有巩固的国防，便没有人民的福利，便没有国家的富强"，实现民族独立和国家统一是实现国家工业化、建设现代国家的首要前提，这是现代中国区别于传统中国的现代性表征。

当然社会主义现代国家又不同于资本主义国家，新民主主义革命其性质是资产阶级民主革命，因中国共产党人最低纲领和新三民主义具有共通之处，主要采取"节制资本"和"平均地权"的方式，苏联式的先进国家的国家结构和政权形式还不适合当时半殖民地半封建的中国，但社会主义改造完成以后，中国的现代国家建设的前途是社会主义而不是资本主义，这样毛泽东就把中国建设现代国家命运与社会主义紧密联系在一起。在社会主义革命时期，毛泽东在《关于农业合作化问题》的分析中就已经把在生产关系上所进行的变革私有制为公有制的社会制度革命，与生产力上所进行的由手工业生产到现代化机器大生产的生产技术革命结合起来，强调这两种革命不能顾此失彼，也就是说中国现代性转型不能仅仅局限于现代科技等工具理性的生产发展，而是要在社会主义制度前提下实现这种转型，即中国社会主义的现代性转型。1956年针对波匈事件，毛泽东又强调了中国经济社会发展事实再次证明："只有社会主义能够救中国。"中国现代化推进始终遵循社会主义前进方向，有效规避了资本主义只有现代化发展却并没有实现人民生活的改善和人的价值提升的悖反逻辑。

当然规避资本主义现代性鄙陋并非完全排斥资本主义现代国家，毛泽东向来提倡要批判地吸收借鉴资本主义所创造的文明成果，对于资本主义在发展进程中积累的先进科学技术和管理经验我们必须要学习利用；而对于斯大林在苏联社会主义现代化建设中所犯的错误，我们也要引以为戒，少走弯路。每个民族国家的存在发展都有其合理性，正确的做法就是一切国家的优点长处包括政治、经济、科技、文化我们都要虚心学习，不过要根据我国的国情特点选择性地学、灵活性地学，决不能照抄照搬、生搬硬套。更可贵的是毛泽东还正确区分商品生产的制度属性，提出商品生产不能与资本主义混为一谈，关键"要看它是同什么经济制度相联系，同资本主义制度相联系就是资本主义的商品生产，同社会主义制度相联系就是社会主义的商品生产"，只有在产品充分丰富之后，才可能使商品流通趋于消失，而现阶段应当充分利用商品生产这个工具为社会主义发展服务。批判吸收资本主义现代文明成果、发挥利用商品经济法服务于社会主义发展和人民生活水平提高，这是社会主义现代性区别于资本主义现代性的制度表征。

（二）对社会主义现代化的现代性设计

在一穷二白的基础上建设强大的社会主义现代国家自然难以在各个方面综合发力，今天所要进行的全面协调建设社会主义现代化国家在当时远不具备现实基础。当时的中国既要巩固新生的社会主义国家政权，持续推进社会主义现代经济社会建设，又要避免西方国家通过殖民掠夺和圈地运动进行原始积累，还不能照搬苏联工农业"剪刀差"方式牺牲农民利益扩大工业积累。应当在哪些最紧要、最关键方面率先实现现代化以及如何推进现代化，党中央经历一个由工业化到"四个现代化"的发展历程。鉴于工业尤其是重工业在现代国家建设中的战略地位，毛泽东在《论十大关系》中提出重工业是我国建设重点，但绝不可忽视生活资料尤其是粮食的生产，在《关于正确处理人民内部矛盾的问题》中提出发展工业必须和发展农业并举，最终形成"以农业为基础，以工业为主导，农、轻、重为序"发展国民经济的总方针，使社会主义通过工业化发展促进生产力提高，但要遵循人民生活改善这一价值主线。社会主义现代国家也绝不能仅限于工业现代化，1954年9月，周恩来在全国人大一届一次会议上指出"如果我们不建设起强大的现代化的工业、现代化的农业、现代化的交通运输业和现代化的国防，我们就不能摆脱落后和穷困，我们的革命就不能达到目的"，大致描绘社会主义中国现代化发展的四重目标。1957年毛泽东在《关于正确处理人民内部矛盾的问题》一文中首次将科学文化纳入社会主义现代国家建设目标，凸显了科技和文化在现代国家发展中的重要作用，体现了现代化发展的精神文明需求和价值指引。1964 年周恩来根据毛泽东建议，正式提出"全面实现农业、工业、国防和科学技术的现代化"的目标，"四个现代化"成为全党全国各族人民在一定时期告别传统、走向现代的重要奋斗目标指引。

民主是现代国家发展主要趋势，也是社会主义制度的灵魂，推进现代政治民主建设也是毛泽东为代表的中国共产党人进行社会主义现代性设计的重要主题。我国是人民民主专政的社会主义国家，人民作为民主主体和指向对象，社会主义民主也就集中体现为人民所指涉的范围，毛泽东在社会主义建设时期把一切拥护和参加社会主义现代化建设的阶级与阶层都归列到人民的范畴，并且结合我国历史和发展实际，创造性发展了马克思无产阶级专政理论，把工人阶级同民族资产阶级之间的矛盾归属于人民内部矛盾，这样就扩大了民主对象，极大团结一切可以团结的力量为建设社会主义现代国家服务。在《一九五七年夏季的形势》中毛泽东明确了社会主义现代民主建设的目标，即"造成一个又有集中又有民主，又有纪律又有自由，又有统一意志、又有个人心情舒畅、生动活泼，那样一种政治局面"，同时在政治思想领域人民内部矛盾所实行"团结——批评——团结"的方针，物质利益和分配方面实行统筹兼顾、适当安排的方针，科学文化领域里实行"百花齐放、百家争鸣"的方针，对共产党和民主党派坚持"长期共存、互相监督"的方针，对民族政策方面实行民族平等、团结互助的方针等都是社会主义制度下民主政治建设的重要体现，为现代社会主义民主政治建设指明了原则性方向和制度性基础。

（三）对跨越资本主义现代性的尝试

在构建什么样的中国现代性，如何构建中国现代性等问题上，以毛泽东为代表的中国共产党人进行深刻的理论思考和实践探索。如何改变长期以来"一穷二白"的贫困状况，如何尽快增加社会主义发展的物质文化基础，毛泽东希望在有生之年能够使中国现状得以改观，实现国家富强与人民幸福的发展目标，"赶超发达国家"战略正是他这一心理的体现。1955 年 3 月在全国人民代表大会上，毛泽东首次提出"要在大约几十年内追上或超过世界上最强大的资本主义国家"的赶超思想，同年 10 月在资本主义工商业社会主义改造问题座谈会上的讲话中又具体指出"我们的目标是要赶上美国，并且要超过美国"，此时虽然提出赶超，但基本还只是作为去实现的中期目标。1957 年毛泽东赴苏联参加十月革命 40 周年庆典，赫鲁晓夫提出苏联利用 15 年不仅赶上并且超过美国的目标，毛泽东深受启发，提出 15 年左右我们可能赶上或超过英国的口号并作为当时的行动目标。1958 年毛泽东又提出七年超过英国，再加八年或十年赶上美国的目标，同年 6 月在给薄一波的批示中又提到"赶超英国，不是十五年，也不是七年，只需要两年到三年，两年是可能的。这里主要是钢"。这种赶超战略尽管满腔热血，却因违背客观规律结果事与愿违。1962 年毛泽东在中央扩大会议讲话中也纠正道："要赶上和超过世界上最先进的资本主义国家，没有一百多年的时间，我看是不行的。"

毛泽东赶超发达国家的现代化发展战略，其实质是通过社会主义制度优势与现代化建设跨越资本主义"现代性峡谷"的实践尝试，当然赶超发达国家，无论从政治战略还是现代国家发展实践来说都是非常必要的，确立明确的参照对象和奋斗目标，对于在经济社会发展还不太充分的条件下鼓舞全国人民的斗志与热情也极具重要意义。现代性目标设计与价值定位固然重要，但要变成现实必须遵循现代化发展客观规律，经济落后国家也可先通过革命手段率先建立社会主义制度，然后通过社会主义制度优越性快速发展社会生产力，但经济社会发展具有自身的客观规律，人民群众创造历史作用的发挥也是建立在充分认识与尊重客观规律基础之上。当然有些学者据此得出毛泽东是"反现代主义者"，这显然是他们首先进行理论预设，将毛泽东现代性思想置于西方现代性话语之下，然后在其著作中寻求只言片语去刻画勾勒毛泽东的现代性肖像，最终也无非是一厢情愿的自吹自擂。还有学者立足西方现代主义中心论立场，脱离中国具体国情谈论毛泽东关于社会主义现代社会建设实践，然后将种种所谓与西方国家"不一致"进行对比，得出毛泽东"另类现代性"思想的结论。其实毛泽东是一个典型的现代性思想家，对其现代性思想解读首先不能离开马克思主义尤其是马克思的现代性思想话语，马克思对现代性批判话语、无产阶级立场和共产主义新现代性信念构成毛泽东现代性思想的核心架构；另外对毛泽东现代性思想认知也不能脱离近代中国具体国情，因为中国传统向现代的华丽转型要处理好外国资本主义现代性、古代传统文化要素（如农业个体经济）、新生先进生产要素（如民族资本主义）等方面与社会主义各要素之间的复杂关联。

第六章
新时期马克思现代性思想的继承发展 ↗

  人类由传统步入现代社会是历史发展的巨大进步，现代化实践的现代性思考必须正确处理好社会转型的方法手段与价值目标之间的关系，这也是现代性思考的重点议题，中国现代化建设也不例外。德国社会学家马克斯·韦伯明确界定了分析现代社会的一种社会科学方法，"合理性"就是他把握社会行为性质的一个重要概念，他把"合理性"区分为"目的—工具合理性"与"价值合理性"两个范畴，其"目的—工具合理性"意指立足预期目的，通过努力获得实际成效的条件、手段和方法，是事实之间的因果逻辑关系，诸如韦伯所述的资本主义现代企业生产与管理的"簿算方式"和资本主义"官僚制化"的行政制度等；其"价值合理性"是源于某种信念、信仰的价值判断和行为准则，价值理性隶属社会文化范畴，是在现代发展中凝结形成的稳定的思想规范与秩序观念，价值理性从内在层面影响和制约着现代人的生产方式和活动样式。其实早在韦伯提出这一分析方法之前，马克思虽没有明确相关概念，但对资本主义生产力发展肯定与资本主义生产关系对人性的异化批判中，已经从历史唯物主义理论视野中进行工具合理性和价值合理性的双重界分：马克思对资本增殖逻辑所带来的社会生产力的极大解放给予充分肯定，认为科技创新、机器发明与运用所创造的史无前例的现代文明成果构成向未来社会过渡的物质前提，其所涉猎工具理性的范围不仅是韦伯所指涉的簿算方式、专业知识等具体领域，而是所有有利于生产效率提高的方式方法、知识理念与管理模式；马克思现代性思想中价值理性也不仅是韦伯所认为处于某种纯粹的信念、信仰与价值判断等思想观念，而是在经济发展、政治组织、文化导向、主体状态等方面都致力于人的全面而自由发展的价值领域整体。因此马克思现代性视域中工具理性与价值理性所涵涉的范围更广泛、追求的目标更真实、实现的路径更有效。

  从马克思现代性思想批判中可以发现，资本主义国家尽管实现了由传统到现代的"华丽"转型，但是华丽的外衣无法遮蔽工具理性对价值理性的座架与僭越。标榜"理性""自由"的现代性启蒙在资本主义制度下开始畸变，工具理性对价值理性的僭越使人们成为资本操控下的社会零部件，马克思、韦伯等现代性理论家对资本主义现代性批判，尼采、利奥塔等后现代性学者对资本主义现代性解构就成为有力佐证；但如果一味畏惧资本、远离资本主义搞所谓"平均主义"价值至上，最终也必然引致普遍贫困。马克思对资本主义现代性批判并不是主张回归到前现代社会中去，更不是对资本主义现代文明成果的简单否定，未来新现代性的建构反而还要以对现代文明成果的继承为前提。马克思在分析德国状况时指出："我们也同西欧大陆所有其他国家一样，不仅苦于资本主义生产的发展，而且苦于资本主义生产的不发展。"当代中国尽管建立了先进的社会主义制度，但是这个制度脱胎于半殖民地半封建的苦难深渊，古老陈腐的封建陋习和落后的生产方式还附着在先进的社会主义生产方式之中，中国就是苦于现代社会不发展的状态，所以当前的主要任务不是实现对现代的跨越，而是从各种传统阻滞中实现向现代的转型。如何破解现代性转型中工具理性与价值理性错乱，用启蒙价值引领市场、科技等工具理性服务于人的全面自由发展目标成为现代社会发展一个难题。

中国式现代化的正式起步以及社会主义现代性的华丽转型严格来说始于十一届三中全会之后，伴随改革开放的步伐逐步展开。以邓小平、江泽民和胡锦涛为代表的中国共产党人继续坚持马克思现代性思想的精神实质，把继承与发展、改革与创新辩证结合在一起，不断完善和发展中国特色社会主义制度，通过制度理性保障社会主义价值理性的行进方向，合理规制工具理性的运行范围，把资本、市场限制在制度可控的范围之内，破解了经济增长与人类社会发展的迷津，开辟一条中国特色社会主义现代化新路，逐步建构一条具有社会主义制度特色与现代风格的中国社会主义现代性新样式。

第一节　工具理性：社会主义现代性的路行杖

工具理性作为发展手段有些并没有制度属性，如市场、科技等；有些则具有鲜明的资本主义制度性质，但如果利用得当、把控合理也可以为社会主义发展服务，如私有制、资本、雇佣关系等。毛泽东在社会主义现代化探索时期尽管提出利用资本与市场、借鉴资本主义现代科技与管理等思想，但在处理与资本主义现代性关系上试图进行跨越性的尝试，以致出现急功冒进的倾向，继而折返，从生产关系角度强化社会主义价值理性的优先性，一时忽略生产力发展的基础地位。以邓小平为代表的中国共产党人实现工作重心转移，坚持以经济建设为中心，强调发挥工具理性在财富创造中的作用。

一、生产工具理性

生产决定分配、交换与消费，如何生产、为谁生产、生产什么从根本上制约着产品的分配方式、交换的范围与消费的水平高低，马克思非常肯定资本主义因科技进步所带来现代生产的快速发展，未来新现代性的建构不仅要充分继承现代社会所创造的一切文明成果，关键还要在这一成果的基础上进一步推动社会生产发展。

邓小平强调要把生产力发展作为最根本任务，他认为"我们革命的目的就是解放生产力，发展生产力"，唯有通过生产发展才能实现国家富强和民族振兴，也只有通过生产力水平的提高，才能改善人民的生活，人民才能相信社会主义。从马克思现代思想的理论原则得出现阶段发展生产力的重要意义，邓小平认为马克思主义最理想的社会制度就是未来共产主义，社会产品实行各尽所能、按需分配的原则；但是按需分配绝不仅仅是一个口号，而是以切实的社会产品的极大丰富为前提的，这就需要大力发展社会主义生产力，尤其对于经济文化水平还比较低的社会主义中国。生产力发展贯穿人类社会发展始终，社会主义制度比资本主义制度优越就体现在能够更大地促进生产力发展，并且通过这一发展不断改善人民群众的物质文化生活，所以马克思主义的基本原则就是要发展社会主义生产力。江泽民也强调"生产力是社会发展的最终决定力量。社会主义的根本任务是发展生产力"，并且把始终代表先进生产力的发展要求作为"三个代表"重要思想之一写入党章，把解放发展生产力作为实现现代化、发挥社会主义制度优越性和提高人民生活水平的重要手段。胡锦涛也很注重发展的意义，并告诫全党"一个真正的马克思主义政党在执政以后，一定要致力于发展生产力，并在这个基础上逐步提高人民的生活水平"，明确将推动经济社会发展作为科学发展观的第一要义，其发展主要也就是发展生产力，并且更加注重发展的质量和效益，重点围绕经济结构战略性调整为重点，主要依靠科技进步和创新驱动，致力于人民生活水平的逐步提升。

二、市场工具理性

市场经济是相对自然经济而言地随着人们交往范围的扩大和生产能力的提高而产生的产品交换类型，只是到了资本主义制度建立以后才形成其比较完备的形态，但就其根本而言本身并没有制度属性。从资源配置方式来看，市场经济与计划经济都只是一种经济发展的调节方式，但长期以来，由于受苏联模式影响及思想偏见，国内一直有把市场经济等同于资本主义制度的偏见。

毛泽东在社会主义现代化建设中曾区分了市场经济的制度属性，但是在现代化实践中对市场经济的利用程度却比较低。导致这一问题因素有很多，从现实角度来看，新中国成立后由于我国经济社会发展水平不高，现代工业基础比较薄弱，国际社会对新生的社会主义中国还采取敌视孤立的态度，想要集中现有人力物力财力保卫国家政权，计划经济体制就是最佳选择；从理论角度来看，马克思对现代社会的批判性分析是立足资本主义民族国家，以及在资本驱动下市场经济竞争所带来的生产力破坏、人民生活更加穷困等问题，鉴于此马克思设想的未来新现代性是消灭市场与货币、通过劳动为尺度参与社会产品分配的新形式，但这一切都是以生产力极大发展为前提的；此外受苏联计划经济体制效应的影响，新中国成立后我们在相当长时间主要采取计划经济体制。

其实计划与市场都是作为资源配置的一种方式，并非完全属于哪一制度所特有，前现代社会就已经具有市场交换，只是由于生产力水平所限没有成为主要资源配置方式。邓小平进一步明确市场经济与计划经济的工具理性特征，他认为"我们必须从理论上搞懂，资本主义与社会主义的区分不在于是计划还是市场这样的问题"，"计划和市场都是经济手段"，社会主义现代化发展可以而且应当更好发挥市场机制和政府调控这两种手段在经济发展中的重要作用，以更好地服务于社会主义现代化发展。江泽民明确提出我国经济体制改革的目标就是建立社会主义市场经济体制，"使市场在社会主义宏观调控下对资源配置起基础性作用"，十四届三中全会详细勾勒了社会主义市场经济体制的基本框架，解决了社会主义与市场经济的兼容性，把市场激励效能与社会主义制度属性有效结合，破解了资本主义现代性市场与价值的矛盾困境。胡锦涛也强化市场作为手段在建设社会主义现代国家中的重要意义，积极"探索发展社会主义市场经济条件下集中力量办大事的有效途径"，要求广大干部要不断提升驾驭社会主义市场经济的能力，把社会主义制度优势和市场经济体制优势有机结合起来，努力实现人力、物力、财力最佳组合，从而形成巨大合力以推动生产发展。

三、科技工具理性

科学技术是推动生产发展的强大杠杆，其实科技本身是作为与生产力的实体性要素（即劳动者、劳动对象和劳动资料）相对应的渗透性要素而存在的，现代科学技术运用于生产过程，可以与生产力中的劳动资料、劳动对象和劳动者等因素相结合而转化为实际生产能力：科学知识与生产技术可以提高劳动者的生产能力，科技发明与创新会不断促进劳动工具的改进和劳动范围的拓展，以此带动整个社会的深刻变革和巨大进步，科学技术应用于生产的组织管理，还能够大幅度提高生产效率，因此现代科技日益成为生产发展的决定性因素。

科学技术作为工具手段可以促进现代社会发展，但其本身并没有制度属性。邓小平认为"科学技术本身是没有阶级性的，资本家拿来为资本主义服务，社会主义国家拿来为社会主义服务"，并提出社会主义现代化建设要尤其凸显科技的重要作用，社会主义现代性转型必须要以生产力的发现为基础，生产力的发展离不开现代科技的武装，加快科技发展是加强国家实力、改善人民生活与巩固社会主义制度的可靠保障，这样邓小平就把提高科学技术与生产力发展、国家实力增强和人民生活水平提高有机结合起来，得出"科学技术是第一生产力"

的论断。江泽民也非常重视科技创新在生产力发展中的意义，认为"科技进步和创新是发展生产力的决定性因素，是经济社会发展的主导力量"，社会主义现代化不能仅仅追求量的增长，而是要把发展的质与量统一起来，把"科教兴国"战略作为国家现代发展的重大战略，科教兴国战略的提出与实施，对中国现代化提出更为明确的"质"的要求。胡锦涛也反复强调发挥科技在生产发展和社会生活中的重要作用，认为在"科学技术越来越成为综合国力竞争的核心，我们比以往任何时候都更需要加快科技进步和创新步伐"，并在 2006 年全国科技大会讲话中提出到 2020 年通过科技发展建设创新型国家的目标。

四、效率工具理性

现代社会相对于传统社会的重要区别就在于生产管理效率的飙升。马克思也分析由于机器的发明及使用极大提高了生产效率，使个别企业单位时间内生产的价值高于社会平均价值，从而获得超额剩余价值，当然工人工资依然维持在极低水平，甚至还可能因为机器的使用而排挤了工人。但现代社会发展必须要致力于生产效率的提高，现代理性对于传统愚昧的突破也体现在通过计算精于经济效率的提高、通过科层化得于行政效率的高效，总之，正是由于各个方面效率的彰显才使现代社会最终形成。社会主义发展也应当体现效率原则，但新中国成立以来在关于公平与效率的关系问题上我们更多关注公平问题，忽视了效率的工具理性效能。

邓小平非常重视效率在社会发展中的意义，他认为社会主义初级阶段实行按劳分配原则就应当体现效率性，"按劳分配就是按劳动的数量和质量进行分配。根据这个原则，评定职工工资级别时，主要是看他的劳动好坏、技术高低、贡献大小"，按劳分配的效率激励机制反过来也会进一步促进效率的提升；邓小平还提出两个大局战略、先富后富最终共富的理论、向外国学习科技的思想都是对发挥效率原则的充分运用。以江泽民为代表的第三代中央领导集体针对我国经济发展偏数量求速度的状况，以及其造成经济发展质量不高、效益不理想的后果，提出"要正确处理速度和效益的关系，必须更新发展思路，实现经济增长方式从粗放型向集约型转变"，从而把经济社会发展数量速度与质量效益辩证统一起来。胡锦涛也很关注提高效率对经济发展、行政管理和社会进步等方面的重要意义，同时强调效率的提高要同实现社会公平结合起来，既高度重视通过提高效率增强社会活力、促进经济发展，又高度重视在经济发展的基础上通过实现社会公平促进社会和谐，认为只有"讲求效率才能增添活力，注重公平才能促进和谐，坚持效率和公平有机结合才能更好体现社会主义的本质"，这样就把提高效率同促进社会公平正义相结合，把整体效益、人民共同利益的价值理性作为引领效率工具理性的基本原则。

生产、市场、科技与效率等工具理性固然构成现代社会转型与发展的物质基础，但片面强调工具理性的优先性必然导致更加严重的社会问题，比如公共利益与公共价值得不到保障，效率优先性致使财富分配不均引起社会公正失衡等，工具理性作为手段要以科学规范的价值理性为向导。

第二节　价值理性：社会主义现代性的指向标

现代性的价值维度从其内涵来看主要包括广为人知的理性、信任、主体性、自由、自我意识、社会参与性和批判精神等。马克思对资本主义现代性批判主要针对的是资本主义生产并没有促进人的价值实现，反而把广大无产阶级降低到非人的水平，并从探究这一问题根源出发，真正实现人类解放和每个人的全面自由发展。本文阐释的价值理性主要从社会总体而言侧重现代民族国家发展层面的价值理性，因为国家层面的价值理性决定制约着个体价值理性，社会总体的非理性也必然引致个体价值理性的缺失或扭曲。国家层面价值理性主要解决现代化发展为了谁、依靠谁的问题，以相应伦理的、政治的、人文的价值诉求为前提，如果工具理性是基于不同事实之间的因果逻辑判断，那么价值理性则是关于不同群体之间道德规范的选择。我国现代性转型从制度属性而言的价值理性大体包括以下几个方面。

一、共同富裕的社会主义方向

实现社会主义现代化是当代中国发展的重要主题，但现代化除了要解决怎样现代化之外，还必须要涉及为了谁而现代化、现代化成果由谁共享等问题，这就是现代化发展的价值理性审思。马克思所致力于构建的新现代性就是实现每一个人的全面自由发展，现代社会所取得一切文明成果属于联合起来的每一个人所有，邓小平把这一目标外化为现阶段的"共同富裕"，并且作为贯穿于社会主义现代化建设的价值方向，这就是共同富裕的社会主义方向。邓小平首先强调实现共同富裕的社会主义制度前提，"只有社会主义，才能有凝聚力，才能解决大家的困难，才能避免两极分化，逐步实现共同富裕"，社会主义方向是实现共同富裕的前提和保障；其次，共同富裕是社会主义现代化发展的价值目标，社会主义相对于资本主义现代性最本质的区别就是生产发展的文明成果属于全体人民所共享，社会主义的目的就是要实现全体人民共同富裕；最后，为了实现共同富裕目标必须坚持社会主义原则，也就是发展生产与共同富裕的统一。社会主义初级阶段的现实国情要求社会主义现代性构建必须以社会主义现代化大力发展为基础，在贫穷落后的国情下奢谈现代国家的建构无异于痴人说梦；同时社会主义制度属性必然使中国现代性建构以人民的发展为中心，社会主义现代化创造的财富属于人民，社会主义致富就是党领导下的全民共同致富。江泽民也强调"我们搞社会主义，是要解放和发展生产力，消灭剥削和贫穷，最终实现全体人民共同富裕"，明确提出并实施西部大开发战略作为先富带动后富以逐步实现共富的国家发展战略。胡锦涛也认为"共同富裕是中国特色社会主义的根本原则"，由此可以看出工具理性与价值目标的层次结构。改革开放和市场经济是发展社会生产力和国家综合国力、提高人民生活水平的实现路径，而作为根本目的的生产力发展、综合国力增强与人民生活水平提高的最终目标是实现全民共富，工具理性是社会主义价值实现的前提这一层理关系清晰可见。

二、人民利益的价值评判准则

根据马克思现代性思想，资本在增殖本性的驱动下不断扩大积累规模，导致社会财富在越来越少人手中逐渐膨胀，广大人民却陷入更加贫困的边缘。马克思从物质资料生产方式是决定社会发展的最终因素的分析出发，得出人民群众是历史的创造者与推动社会发展的决定力量的结论。

邓小平坚持马克思主义群众路线的工作方法，强调社会主义生产是为了最大限度地满足人民的物质文化需要，关于这一点"资本主义社会永远不可能有"，认为社会主义的共同富裕是全体劳动人民的共同富裕，如果离开人民的支持现代化实践将沦为无源之水、无本之木，中国现代性转型也必须充分汲取人民的智慧，发挥人民主人翁意识；邓小平时刻把人民群众的利益放在心中最高位置，把人民利益得失作为社会主义现代化各项工作必须遵循的价值评判准则，把"人民拥护不拥护，人民赞成不赞成，人民高兴不高兴，人民答应不答应"作为衡量一切工作得失的根本标准。江泽民也多次告诫全党"任何脱离群众、任何违反群众意愿和危害群众利益的行为都是不允许的"，党的十六大把始终"代表最广大人民的根本利益"作为"三个代表"重要思想的价值指引，成为党长期坚持的指导思想和现代化建设新要求，立党为公、执政为民成为全党和国家推进社会主义现代化根本的价值宗旨。随着经济社会发展和市场经济体制改革渐次推进，胡锦涛也明确把"以人为本"作为科学发展观的核心立场，所谓以人为本"就是坚持全心全意为人民服务，……坚持发展为了人民、发展依靠人民、发展成果由人民共享"，充分彰显了人民作为历史创造主体与发展共享主体与价值评价主体即"三位一体"的辩证统一。

三、"四有"公民的价值培育目标

现代社会转型是涵盖社会生产、经济发展、政治民主和精神文明等全方面过渡的过程，社会主义现代化也不仅仅指经济现代化，仅仅实现经济现代化也绝不意味着我们已经完全步入现代社会，还要建立社会主义现代文明秩序和价值规范以引领社会发展。邓小平提出我们不仅要建设高度的社会主义物质文明，还要不断提高科学文化水平，丰富人民的文化生活，建设高度的社会主义精神文明，不仅把建设高度物质文明作为我国社会主义现代化的目标，同时也明确了现代化建设的精神文化要求。关于要遵循什么样的价值准则培育现代公民这一问题，邓小平提出培育"四有"公民的价值目标，"教育全国人民做到有理想、有道德、有文化、有纪律，这四条里面，理想和纪律特别重要"，按照"四有"要求培育现代公民是中国特色社会主义公民建设的价值指针。江泽民也坚持认为"社会主义精神文明建设的根本任务是培养有理想、有道德、有文化、有纪律的社会主义公民"，在建党80周年讲话中将培育"四有"新人作为建设有中国特色社会主义文化的目标，培育社会主义现代公民凝结着中国共产党人对现代化理想关于人的发展的价值遵循与不懈追求，也是中国现代性转型的应有之义。胡锦涛提出"把培养有理想、有道德、有文化、有纪律的'四有'新人作为我们的目标"，十六届六中全会明确提出建设社会主义核心价值体系的战略任务，到党的十八大则进一步凝练 24 个字的社会主义核心价值观，其实无论是核心价值体系还是核心价值观，它们都不仅是中国文化现代化的价值指引，也是凝结培育社会主义时代新人的价值诉求。

价值理性规范既要防止理想性原则对现实生活与制度设计的道德绑架，把要实现的理想性原则直接现实化，以理想化的价值预设规制现实制度设计，将不合乎理想的现实存在斥之为不合理和不道德的东西，还要防止传统平均主义对工具理性的指责与僭越，尤其在向市场社会转型中容易出现利益失衡等问题，在原有分配规则已经打破、更加合理有效的新秩序尚未建立之前，传统平均主义价值规范极易死灰复燃。在工具理性与价值理性之间还应保持适度张力，通过制度理性进行规约。

第三节　制度理性：社会主义现代性的安全网

现代性从传统中"脱域"之后形成理性化社会主导的文化模式，不仅作为科技和价值熔铸于现代生产和社会行为活动之中，而且必然作为自觉的制度安排，构成社会体制机制运行的内在机理。韦伯不仅分析现代性的伦理和文化精神，还从经济合理性、行政科层化等视角详尽阐释了现代性作为理性化的制度模式。马克思也分析认为资本主义制度遵循资本逻辑尽管极大激发了资本的增殖效能，但建制于资本逻辑的资本主义制度体系必然引致启蒙理性的畸形发展，使工具理性无视价值理性的人文需求，把一切都统摄于资本迷雾的笼罩之下。社会主义制度的优越性就在既能充分激发工具理性的增殖效能，又能保障社会主义价值理性的人文关怀。邓小平认为评价国家政治体制与制度结构的标准主要有三条：其一是国家政局稳定，其二是增进人民团结，其三是促进生产发展。其中第一条要求社会主义现代化要加强民主法制建设，第二条和第三条则是要通过政治体制改革保障工具理性得以充分发挥，同时把工具理性控制在社会主义制度的领地，包括对资本的驾驭以更好服务价值理性的张扬与需求。我国政治体制改革与社会主义现代性建构必然也要以发展物质生产、巩固社会制度、健全民主法治作为主要目标。

一、制度优势激发工具理性的增殖效能

马克思批判了资本主义制度并非人类发展最理想制度类型，尽管相对于前现代社会而言它创造了大量的生产力，但资本主义是建制于资本逻辑之上的制度体系，其实质职能为巩固资产阶级政治统治服务，绝非服务于人的价值实现。吉登斯在对资本主义制度维度进行现代性分析时也得出现代性的四个特征，即资本主义企业竞争促进技术的持续创新；技术创新的结果使经济关系支配着其他制度关系；资本所有权与雇佣劳动商品化相关联，阶级关系内化于资本主义生产之中；国家自主性受制于资本积累规模与程度。综合而言无论是资本主义技术创新、社会制度、阶级关系与国家自主性无不受制于资本总体逻辑的宰制。

通过新民主主义革命与社会主义革命的胜利，我国建立了人民民主专政的国家政权；为了充分发扬人民民主，结合中国国情我们确立了人民代表大会制度、共产党领导的多党合作和政治协商制度以及民族区域自治制度等基本制度。邓小平更多侧重从生产力发展角度强调社会主义制度优越性，"它的优越性应该表现在比资本主义有更好的条件发展社会生产力"，通过推动政治体制、经济体制、科技体制等各方面体制改革更好适应社会化大生产的发展要求，更好发挥市场机制在资源配置中的积极效用，把资本的增殖效能驾驭在社会主义制度范围之内，同时以更加健全完善的社会主义制度避免财产分配的两极分化现象，为最终实现共同富裕奠定坚实的物质基础。江泽民也认为在社会主义条件下，要通过社会主义制度优势充分激发科技等工具理性更好地服务于生产的效能，"把社会主义制度的优势同市场经济的优势结合起来"，调动一切可以用资源为社会主义现代化建设服务；但是社会主义利用市场经济等工具理性手段又不同于资本主义社会，我们是在社会主义制度下发展市场经济，这些工具手段是为了更好实现人民利益这一价值目标，要把我国社会主义制度优势与更好促进生产发展的增殖优势相结合，形成制度理性与工具理性的良性运转。胡锦涛也强

调社会主义发展手段的制度理性特质，在谈到社会主义市场经济时他指出："我们正在建立的社会主义市场经济体制，是与社会主义基本制度联系在一起的，是要探索并确立一种比资本主义条件下运行得更好的新经济体制。"中国一方面运用市场经济的一般规律和有益经验，另一方面坚持社会主义制度属性，使两个方面优势互补、相得益彰，创建出一种比在资本主义条件下运行得更好的新经济体制。

二、制度优势保障价值理性的人文关怀

马克思深刻批判资本理性主导的资本主义制度泯灭了属人的价值追求，人越发沦为非人格力量统治世界的独立化原子。韦伯则把现代官僚制归结为资本主义行政制度的主要特征，认为行政管理科层化虽具有精确、迅速、高效等特征，但行动的工具理性逐渐排斥价值因素作用，最终致使自由意志的丧失，人们完全置身于一张由官僚制化、专业化所编制的"铁笼"之中。社会主义制度不仅在于能够极大激发工具理性的增殖效能，关键还在于能够使得增殖的财富属于全民共享，以实现人的全面自由发展为价值旨归。

邓小平反复强调"我们为社会主义奋斗，不但是因为社会主义有条件比资本主义更快地发展生产力，而且因为只有社会主义才能消除资本主义和其他剥削制度所必然产生的种种贪婪、腐败和不公正现象"，并且提出四项基本原则是社会主义制度优越性得以发挥的根本保障，如果动摇其中任何一项，必然撼动整个社会主义事业，现代化建设也就失去价值方向与灵魂。这就必须强化社会主义现代化发展的价值导向，无论是对内改革还是对外开放都不能迷失价值理性的人文关怀，社会主义制度优势不仅在于具有比资本主义发展更快的生产力，还能避免两极分化以保障人的价值实现与自由发展。江泽民也多次阐述政治体制改革必须遵循人民的价值立场，指出我们"要从我国国情和维护广大人民群众的根本利益出发，自觉进行调整和改革，以利把社会主义制度的优越性充分发挥出来"，社会主义制度既要保证生产持续发展，又要沿着社会主义方向切实改善人民生活的价值目标。胡锦涛认为"中国特色社会主义制度，是当代中国发展进步的根本制度保障，集中体现了中国特色社会主义特点和优势"，必须结合社会主义制度特点充分发挥制度优势加速推动社会主义现代化、更好实现最

广大人民利益。党的十六大以来，以胡锦涛为代表的中国共产党人在持续推进社会主义制度完善与发展基础上提出构建社会主义和谐社会的战略任务，通过制度建设着力发展社会事业、促进社会公平正义，推动社会与经济、政治、文化、生态各方面制度建设协调发展。

三、制度优势推进民主法治的保障机制

现代性在社会整体运行和管理层面集中体现为权利民主化和法治化，民主权力与法治国家是现代性背景下公共权力理性化的重要特征，民主、契约与法治构成现代性的本质特征，但正如马克思所批判的那样，现在资本主义民主和法治存有很多限制性条款，并通过现代科技对公共领域的监督由管理走向集权。韦伯则通过对资本主义法律诉讼的分析，揭示了资本主义法律程序合理性与实质非理性之间的冲突，民主只是富有阶层剥夺占有私有财产的华丽外衣，法律成为维护富有阶级私有财产神圣不可侵犯的坚固堡垒。

我国是人民民主专政的社会主义国家，封建专制统治持存数千年之久，新中国成立后民主法制建设也经历了一个坎坷的探索历程。邓小平比较强调社会主义民主法制建设对于社会主义现代转型的重要意义，提出"没有民主就没有社会主义，就没有社会主义的现代化"的重要判断。当然社会主义新中国的解放是中国共产党领导下的全体中国人民的解放，社会主义制度是为了真正保证人民主权的民主制度形式，要想破除马克思所批判的资本主义政治解放所带来的人作为政治公民与社会市民的双重对立，唯有再次实现二者的统一，把从人身上夺取的普遍性权利重新回归人本身，不仅需要物质利益保障还需要全面贯彻人民当家作主的制度体系，也就是要把资本主义形式民主转变为真实广泛的人民民主。保障人民真正享有民主权利，还必须加强社会主义法制建设，"必须使民主制度化、法律化"，把高度的社会主义民主与完备的社会主义法制结合起来，使市场经济、资本增殖沿着社会主义价值方向前进，使全体人民共同富裕、每个人全面自由发展的价值目标建立在充实的物质基础之上。以江泽民为核心的第三代中央领导集体继续推进社会主义民主制度化、法制化进程，提出依法治国、建设社会主义法治国家的基本方略，党的十五大提出依法治国是在党的领导下治理国家的重要举措和基本方略，是确保市场经济沿着社会主义方向前

进的必然要求，是实现国家富强、民族振兴和国家长治久安的重要保障，并且把社会主义民主法制建设纳入制度化轨道。胡锦涛也认为我国是人民民主专政的社会主义国家，必须加强适合中国国情、符合制度属性的社会主义民主法制建设，通过中国特色社会主义民主法制建设，"以民主的制度、民主的形式、民主的手段支持和保证人民当家作主"，使党和国家各项工作、社会生活各个方面都走上制度化、法律化轨道，把党的领导、人民当家作主、依法治国统一于社会主义民主政治实践和现代化建设全过程，为全面推进社会主义民主法治建设、建设现代国家奠定制度基础。

第七章
新时代马克思现代性思想的守正创新 ↗

　　现代性肇始于西方国家，虽然实现了西方社会由传统向现代的过渡转型，但也给西方社会带来系统性的现代危机，并通过全球化机制散布于世界各地。20 世纪以来资本主义现代性危机全面暴露，尽管西方学者也曾给予深刻的批判性反思，探索破解现代性危机的理想图式，却都未能提出切实可行的解决方案而沦为乌托邦泡影。资本主义现代性是人类走向现代文明的第一种形态却并非唯一形态，这就促使不同国家探索不同于资本主义的新现代性模式。近代中国是在西方列强坚船利炮、殖民入侵攻击下被西方资本主义"裹挟"进资本主义世界体系遭遇现代性的，救亡图存与思想启蒙相互交织开启了与现代接轨的步伐。资本主义现代性是"自发内生型"，其生成发展到制度建制、价值导向到生存法则都有其深刻的内在逻辑；中国现代化经历了"被动外生型"向"主动开放型"的转型，其独特历史经历与制度优势从理论与实践双重破解了资本主义现代性危机之谜，批判性审视资本主义现代性诸种弊端，开辟了超越资本主义现代性危机的有效路径。以习近平为代表的中国共产党人，继续坚持马克思现代性思想的基本原则，并结合时代特点不断开辟当代中国马克思主义、21 世纪马克思主义新境界，做出原创性贡献，批判资本主义现代性危机内在逻辑，逐步破解新时代中国社会主义现代性超越资本主义现代性危机的逻辑密码，走出一条既具时代特色又具民族风格、既批判借鉴又辩证超越西方现代性的中国社会主义现代性之路。

第一节　中国社会主义现代性的历史方位

明确时代方位不仅是个重大理论课题也是重大实践课题，通过时代方位明确自身所处的时空坐标才能够以此制定正确政策，推动历史向前发展。马克思现代性批判的方法论前提就是历史唯物主义，唯物史观在科学分析社会发展基本规律和人类历史趋势进程中，对社会时代的本质内涵、判断标准、阶级属性、阶段特征等方面给予科学界定，指出社会历史时代是一个动态的发展过程，经济基础是判断和划分时代的基本标准，在阶级社会历史时代具有鲜明的阶级性特点，历史时代与社会发展趋势同向，是一个螺旋式上升、波浪式前进的历史过程。在《共产党宣言》中马克思、恩格斯提出了"我们的时代，资产阶级时代"的重大论断，并形象描述这个时代的特点。列宁在科学分析垄断阶段资本主义特征和人类社会发展趋势基础上根据俄国历史方位和社会特点领导十月革命并取得胜利；毛泽东科学分析了中国半殖民地半封建社会的国情特质，提出中国革命处于新民主主义革命阶段的时代判断，带领中国革命取得胜利建立了新中国，建国后又根据中国国内外环境，提出中国已转变为新民主主义社会并进行社会主义改造建立了社会主义基本制度；改革开放后，邓小平作出和平与发展是当今时代主题和中国处于并将长期处于社会主义初级阶段的时代判断，开启了中国特色社会主义道路新征程。

对于当代中国的时代定位，改革开放 40 多年以来，尽管我们经济社会发展发生翻天覆地的变化，但是从整个国际环境和世界社会主义大视野来看，"我们依然处在马克思主义所指明的历史时代"，也就是由资本主义向社会主义过渡的时代。但从中国社会发展来看，党的十八大以来我们党和国家事业发展呈现出一些新特点，以习近平同志为核心的党中央在科学把握时代特点和国际形势、科学分析世情国情党情、科学总结改革开放尤其党的十八大以来发展成就基础上，作出中国特色社会主义进入新时代的历史判断，新时代的时空定位构成中国特色社会主义在新的起点上建构中国现代性的历史坐标。

首先，中国特色社会主义新时代的历史方位，是对党的十八大以来中国社会发展的总结，在实现中国现代化过程中走出了一条超越资本主义现代性的道路。党的十八大以来，在世界经济复苏乏力、全球性问题加剧的情况下，我国在经济、政治、文化、社会、生态等方面取得现代化建设的历史性成就，2020年以来新冠疫情飞速蔓延并席卷全球，我国不仅有效阻断疫情传播态势，取得新冠抗疫的决定性胜利，同时迎难而上，胜利完成脱贫攻坚的重大战役，全面建成小康社会圆满落幕，党的二十大提出以中国式现代化全面推进中华民族伟大复兴的历史任务，事实证明我们比历史上任何时候都更接近、更有信心和能力实现中华民族伟大复兴的目标，进一步彰显了中国特色社会主义现代性的时代优越性。其次，中国特色社会主义新时代的历史方位，意味着科学社会主义在21世纪的中国焕发出强大生机活力，形成了一条科学社会主义的现代性之路。20世纪80年代以来，东欧剧变、苏联解体致使世界社会主义发展跌入低谷，许多国家共产党人动摇了马克思主义信仰与共产主义信念。中国共产党领导中国人民抵制来自内外的巨大威胁与挑战，稳步推进改革开放，推动经济社会保持了近40年的稳步增长，展示了社会主义美好的发展前景。中国特色社会主义进入新时代，意味着科学社会主义在21世纪的中国焕发出强大生机活力，在世界上高高举起了中国特色社会主义伟大旗帜，在世界社会主义发展史上展现了社会主义无限生机和活力，走出一条超越西方现代性的中国特色社会主义现代性之路。最后，中国特色社会主义新时代的历史方位，拓展了发展中国家实现现代化、建构现代性的新路径，既坚持马克思现代性思想的理论原则和价值立场，又结合民族国家的自身特点进行理论与实践创新，给落后国家进行现代化建设和现代性转型提供全新的选择，为解决人类问题提供了中国智慧和中国方案。近年来西方"逆全球化""反全球化"逆流涌动，发轫西方的全球化遭遇波折，中国始终秉持和平、发展、合作、共赢的外交理念，坚持走和平发展之路，倡导同世界各国人民共建共享风雨同舟、荣辱与共的人类命运共同体，积极参与全球治理，为世界各国现代化发展贡献中国经验和中国力量。

第二节　中国社会主义现代性的理想愿景

1840 年鸦片战争以后，在西方列强坚船利炮攻击下，近代中国危机四伏、民不聊生，陷入半殖民地半封建社会的黑暗深渊，实现中华民族伟大复兴是近代以来中国人民最伟大的梦想。十九大报告提出实现社会主义现代化和中华民族伟大复兴中国梦的任务目标，擘绘了中国梦的宏伟蓝图，其中国家富强、民族振兴、人民幸福构成了中国梦的核心要义，构成了新时代中国现代性构建的理想愿景。

一、国家富强的中国梦是中国社会主义现代性超越的物质性基础

马克思认为无产阶级要完成人类解放的使命，面对资产阶级的责难与进攻，无产阶级在取得政权以后，在由资本主义向未来共产主义过渡的环节，还必须要不断巩固无产阶级民族国家的物质基础，实现国家富强就是巩固这一基础的前提，也是中国社会主义转型的前提。

古代中国作为一个礼仪之邦，疆土辽阔、地大物博，但晚清由于闭关自守逐渐脱离世界民族之林；与此同时西方国家先后进行资产阶级革命确立资本主义制度，完成产业革命确立现代工业物质基础，在资本增殖逻辑驱使下开始拓展海外市场，物产富饶的中国成为他们觊觎良久的目标。中国资源丰富但国家实力不强，在强大的武力震慑面前只能不断签订各种条约。据不完全统计晚清政府与列强赔款折算白银超过十亿两之巨，间接损失多至无法统计。富而不强是近代中国饱受欺凌最深刻的教训，经过新民主主义革命我们取得国家独立和人民解放，为实现国家富强提供了政治保障；经过改革开放我们推动经济保持 30 多年的高速增长跃升为世界第二大经济体，为实现国家富强奠定了物质基础；十九大做出"两步走"的战略部署，提出到 21 世纪中叶把我国"建成富强民主文明和谐美丽的社会主义现代化强国"的目标，中国社会主义现代性转型与建构必须要以国家富强为基础，在积贫积弱的落后国家是不可能真正建立现代文明的。

二、民族振兴的中国梦是中国社会主义现代性超越的共同体前提

马克思认为市民社会与国家的分离是现代社会形成的重要体现，这一分离把人二重化为政治公民和社会市民，要真正整合市民社会唯有通过无产阶级革命扬弃国家与市民社会的分裂。在已经取得无产阶级政权的"后革命时代"如何巩固新生政权，首要任务就是要正确处理民族国家建构问题，纵观现代各国，民族国家是构成国际关系最广泛的主体。我国作为一个民族国家，"中华民族"是涵盖 56 个社会民族的命运共同体，为了实现民族振兴，全国各族人民在中国共产党领导下进行艰苦卓绝的斗争，推翻压在人民头上的三座大山，实现了民族独立与人民解放，为近代中国由传统向现代转型解除了障碍，为当代中国社会主义现代性转型奠定了政治前提和制度保证；通过改革开放破除民族国家现代转型的思想和体制障碍，为中国社会主义现代性构建提供物质基础和文化前提。近代以来，中华民族在实现中华民族伟大复兴过程中谱写了气壮山河的壮丽诗篇，为中国社会主义现代性建构提供保障。

三、人民幸福的中国梦是中国社会主义现代性超越的价值性指引

现代理性启蒙的主要目标就是实现人的自由个性，资本主义现代性把这一自由界定为契约自由或抽象政治自由，马克思就是深入生产领域，批判了资本主义工具理性对人的价值理性的宰制，资本主义所实现的价值只是少数有产者占有绝大多数资本的价值。

习近平强调中国梦作为中国人民和中华民族共同的价值追求，"是国家的、民族的，也是每一个中国人的"，彰显了国家情怀、民族情怀与人民情怀的辩证统一，中国梦要实现的不是哪一部分人民，而是要造福于 56 个民族 14 亿中国人民，中国梦实现最深沉的根基与力量源泉是人民，最根本的价值归宿也是人民，要把国家富强、民族振兴与人民对美好生活的向往结合起来，致力于实现人的全面自由发展。当然，正像习近平所引证"一花独放不是春，万紫千红春

满园"，追求更加美好幸福的生活也是世界各国人民的共同愿望，以中国梦汇聚中国社会主义现代性建构不是"扩张之梦""霸权之梦"，而是"和平之梦"，中国梦与世界各国人民的美好梦想息息相通，中国愿意将自己的发展经验与各国共享，欢迎各国搭乘中国发展的"顺风车"，共同建构更加美丽的新世界。

四、人类命运共同体的中国梦是中国社会主义现代性超越的人道性关怀

现代性的形成构成了全球化发展的历史境遇，全球化究其本质而言其实就是现代性的世界流动与扩张，伴随现代科技与世界交往的密切，全球现代性成为不可逆转的时代潮流。资本主义时代是个弱肉强食的时代，马克思指出资本主义由于世界交往把各民族国家都卷入资本主义世界市场，并且滋生了全球现代性的矛盾悖论：全球化的过程是资本主义全球拓展的过程，现代性通过国际交往整合了世界资源，加速了世界闻名的同化趋势，也伴生着国际社会"中心—边缘"结构的分裂趋势。马克思主张通过无产阶级革命的世界联合克服民族国家阶级对立，通过自由人联合体超越民族国家之间的矛盾悖论。

今天民族国家是国际社会的主体，民族国家现代性转型离不开世界历史环境，现代文明发展只有在世界历史的意义上才是可能的。在全球资本高度集中、跨国流动加速的背景下，民族国家之间的世界交往更加紧密。以习近平为代表的中国共产党人从人类发展、世界前途和国家发展的立场出发，提出构建人类命运共同体的战略思想，他指出"人类生活在同一个地球村里，生活在历史和现实交汇的同一个时空里，越来越成为你中有我、我中有你的命运共同体"，建设"持久和平、普遍安全、共同繁荣、开放包容、清洁美丽的世界"是当代人类社会共同的价值追求。我国倡导并积极推动建设相互尊重、公平正义、合作共赢的新型国际关系，为构建人类命运共同体开辟道路、积累条件；同时秉持人类命运共同体构建坚持共商共建共享的原则，使全球治理体系变革的主张转化为各国普遍共识，维护以联合国宪章宗旨和原则为核心的国际秩序，开创人类光明美好的未来。人类命运共同体是对当代世界发展特点与出路的高度概括与总结，是对马克思自由人联合体思想在新的时代条件下的创新性发展，超越了资本主义现代性"中心—边缘"的两元世界格局。

第三节　中国社会主义现代性的价值标准

中国特色社会主义现代化建设坚持以人民为中心的发展理念，是马克思关于人的自由全面发展思想的中国实践，在社会发展价值逻辑上实现了对资本主义现代性主体异化的超越。

首先，人民是社会主义现代化建设的评价主体，要保证全体人民在共建共享发展中有更多获得感，在推动发展基础上着力解决好发展不平衡不充分问题，实现对资本主义现代生产中劳动产品与劳动者相异化的超越。中国共产党领导是中国特色社会主义最本质特征和中国特色社会主义制度最大优势，也是人民利益得以保障和实现的忠实捍卫者，党的执政水平和政治成效只能由人民来评判，要把人民拥护不拥护、赞成不赞成、高兴不高兴、答应不答应作为衡量一切工作得失的根本标准，这是对资本主义现代政治、经济、文化等制度体制都服务于资本增殖逻辑以致价值理性缺场的超越。

其次，人民是推动社会发展进步的历史主体，社会主义现代化建设要充分调动人民积极性，实现全体人民共同富裕，实现对资本主义现代性人与自身相异化的超越。人民群众是历史的创造者，也是决定中国革命取得胜利的根本力量，中国特色社会主义能够取得不断前进的根本动力源泉也在于人民群众，"改革开放在认识和实践上的每一次突破和发展，改革开放中每一个新生事物的产生和发展，改革开放每一个方面经验的创造和积累，无不来自亿万人民的实践和智慧"，要最大限度激发人们的创造热情，团结和带领全国各族人民团结奋斗、不断创造美好生活、逐步实现全体人民共同富裕。发展为了人民、发展依靠人民、发展成果由人民共享，实现对资本主义生产关系劳资对立、人的主体性异化的超越。

最后，人民是美好生活建设的共享主体，美好生活创建要致力于人民全面、广泛与动态的生活需要，坚持以人民为中心的发展，实现对资本主义社会人与人相异化的超越。全面、广泛、动态致力于人民对美好生活的向往与追求：第一，满足人民全面的美好生活需求，不仅涵盖人口要全面，是包含 56 个民族的中华大家庭和 14 亿多人口的中华好儿女，同时涉及的领域也全面，要"让人民共享经济、政治、文化、社会、生态等各方面发展成果，有更多、更直接、更实在的获得感、幸福感、安全感"；第二，满足人民广泛的美好生活需求，不仅包括对物质文化的更高需求，而且在民主参与、依法治理、社会公正、总体安全、美丽环境等方面都有同步需求；第三，满足人民动态的美好生活需求，人民在不同历史时期对生活的需求也不是固定不变的，随着人民生活水平不断提高，人民期盼具有更好的教育、更稳定的工作、更满意的收入、更可靠的社会保障、更优美的环境等，党和国家要以不断满足人民日益增长的美好生活需要为己任，不断满足人民全方位、多层次、立体化的不同需求，推动人的全面发展和社会的全面进步。这既是对马克思关于人的自由全面发展思想的继承，又是对资本主义现代化强化工具理性导致主体异化的价值超越。

第四节　中国社会主义现代性的总体布局

自步入现代性以来，西方一些现代性学者针对现代性弊病进行反思批判，对现代性病因进行分析总结，对超越现代性路径进行剖析探索：康德、黑格尔和韦伯将现代性矛盾归结为观念理性与制度理性的自我分裂；尼采对现代性虚无主义导致的主体性迷失进行非理性主义批判，企图通过价值体系重估与权力意志张扬形塑极具创造力的"超人"；海德格尔从批判"忘在"的形而上学出发去"思"存在以摆脱现代人的"无家可归"宿命。这些现代性思想家无一例外都从思想观念、文化心理、制度结构等层面理解与寻求现代性的矛盾与出路，对现代性矛盾的诊断必然是隔靴搔痒，诊治现代性的药方或无力或乏力。马克思抓住现代性矛盾的病根，从生产方式出发分析资本逻辑审视现代性弊病，通过消灭资本主义私有制、实行无产阶级专政进而过渡到无阶级共产主义社会等路径实行资本主义现代性的内在超越。习近平坚持马克思主义现代性思想，结合当代实际拓展新时代中国现代性之路，实现了对现代性诊治路径的时代超越。

一、建设中国特色社会主义市场经济，充分发挥市场和政府的双重效能

通过推动中国特色社会主义市场经济体系，中国实现对资本价值增殖的制度性驾驭。现代社会资本是占统治地位的主体性存在，资本具有追求剩余价值、进行自我增殖的扩张本性，个人以致整个社会都表现为资本增殖的手段和工具，但它使整个社会生活都成为资本增殖的工具与资源加以调配和使用，实现资本增殖成为个人和社会生活的最高目标。但资本与资本主义不可等同，前者是一种生产关系类型，后者是源于资本并建立一整套为之服务的社会制度和社会形态。资本基础之上的市场经济虽然具有盲目性、自发性等先天性不足，但社会发展的"理论和实践都证明，市场配置资源是最有效率的形式"。

社会主义国家可以利用资本增殖本性以促进生产力发展，但要确保资本基础上市场经济的价值理性沿着社会主义方向发展。十八届三中全会提出使市场在资源配置中起决定性作用和更好发挥政府作用，包括两方面的含义：一方面切实发挥市场在资源配置中的决定性作用。市场决定资源配置以利于资本有效发挥其增殖本性，推动资源配置依据市场规则、市场价格与竞争规律实现效益最大化和效率最优化。另一方面更好发挥社会主义制度优越性，健全政府宏观调控。政府在市场经济中保持宏观经济稳定，优化公共服务、保障公平竞争、加强市场监管、维护市场秩序，推动持续发展最终实现共同富裕。将社会主义和市场经济相结合既有利于转变经济发展方式以促进生产力健康发展，也有利于抑制权力寻租、权钱交换等消极腐败现象蔓延。

二、发展中国特色社会主义民主政治，巩固人民当家作主的制度体系

通过巩固坚持人民当家作主的制度体系，中国实现对西方"自由民主"悖论的超越。英国社会学家吉登斯指出世界各国在竞相效仿"民主楷模"的欧美国家时，欧美国内的自由民主却日趋丧失吸引力而陷入民主的合法性危机。这种合法性危机源于资本逻辑的双重悖论，即资本作为自为存在的自由竞争属性

和为增殖而限制、排斥自由的属性，资本主义民主制深深依附于这种资本逻辑悖论：资本所催生出的是形式民主与自由，但在商品经济自由交换下隐藏着人们之间经济剥削、政治统治、阶级对抗等不自由和不平等，这是有限民主掩盖下社会政治、经济、文化等领域真实民主的缺失。

民主是社会主义的灵魂，人民当家作主是社会主义民主政治的本质和核心。习近平指出"我国社会主义民主是维护人民根本利益的最广泛、最真实、最管用的民主……"。坚定走中国特色社会主义政治发展道路就是要坚持党的领导、人民当家作主和依法治国的有机统一，推进国家治理体系和治理能力现代化，不断完善人民代表大会制度、共产党领导的多党合作和政治协商制度、民族区域自治制度和基层民主制度，加快社会主义民主法治建设，建设中国特色社会主义法治体系和法治国家，切实保障人民群众的合法权益。中国特色社会主义自由、民主是建立在公有制经济基础上人民民主专政的真实、广泛的自由和民主，实现了对资本主义现代自由、民主的超越。

三、弘扬中国特色社会主义先进文化，巩固全体人民团结奋斗的思想基础

通过推动发展中国特色社会主义先进文化，实现了对资本逻辑基础上文明进程逆转的超越。资本推动了世界"文明化"进程，也塑造了"文明—野蛮"的双重文化结构。资本一方面通过科技发展与机器改进解放了劳动力，另一方面突破民族国家界限形成了国际市场和普遍交往，在世界范围内推动政治民主化、法律规范化、信仰自由化和文艺自律化进程，带动了世界文明程度的发展和提高。但伴随资本"文明"的还有野蛮和暴力的"反文明"：在"文明"国家内部，资本主义文明化进程（如资本"原始积累"）把雇佣工人从野蛮落后状态中"解放"出来，继而将其纳入新的野蛮强制与剥削之中；在民族国家之间，"先进的文明国家"在全球范围内通过种族屠杀、商品倾销、资本输出等暴行进行殖民侵略，其野蛮行径真可谓罄竹难书。当前发达资本主义国家依然通过资本殖民、科技殖民、货币殖民、文化殖民等方式，加剧民族国家之间"中心—边缘"结构。

中国特色社会主义文化是发展面向大众的、民族的、科学的文化，中华传

统文化内含安民富民、和而不同、崇德向善、孝悌忠义等丰富的和谐理念，蕴含讲仁爱、守诚信、崇正义、尚和合、求大同等丰富的和合思维，"走和平发展道路，是中华民族优秀文化传统的传承和发展，也是中国人民从近代以后苦难遭遇中得出的必然结论"。习近平新时代中国特色社会主义文明推崇和平发展、合作共赢的现代性模式，由于各民族形成历史不同、民族风格各异，各国之间要相互尊重各自文明的多样性，摒除民族文化优劣论，使各民族国家在相互交流中增进彼此友谊，推动整个人类社会和谐共处、共同繁荣。中国现代性建构的文明模式实现了对资本主义现代性文明发展悖论的超越。

四、构建中国特色社会主义和谐社会，满足人民日益增长的美好生活需要

通过构建中国特色社会主义和谐社会，中国实现了对资本逻辑基础上社会进步代价的超越。资本逻辑把整个社会关系都通过交换价值体现出来，最终引发社会分化：社会进步成果被极少数人占有，社会进步的代价却由绝大多数人来承担；多数人承担着物质贫穷、精神困乏等代价，少数人则垄断了社会物质、精神财富并加剧了这种不平衡发展。这种分化还表现在社会地位划分的精细化，形成了比传统社会更加精细的社会地位划分逻辑：个体或群体社会地位的高低越来越取决于生产和占有知识、信息、资源的能力及将其转化为资本的能力，文化资源匮乏的人群被排斥到社会底层和边缘。现代社会被分割成原子化的个人、阶级、阶层等碎片，又将这些碎片编织到社会等级、权力体系之中以服务于社会生产的需要。

现代中国社会发展就是要创造让每个人获得充分自我发展的机会，全面提高人民收入水平，建设共同发展、共同繁荣、共同富裕的和谐社会。保障社会公平正义是现代社会建设的重要目标，习近平强调要始终坚持以人民为中心的发展思想，把增进民生福祉作为发展的根本目的，不断促进社会公平正义，依法保障人民权益。2020年全面建成小康社会取得决定性胜利，2021年"十四五"规划已全面开启，现代社会发展将向着充分保障人人平等参与、平等发展的权利方向努力，城乡差距和居民生活水平差距也会进一步缩小，全体人民共同富裕将迈出坚实步伐，将逐步建立以权利公平、机会公平、规则公平为主要内容

的社会公平体系，营造更加公平正义的社会环境，共享人生出彩的机会，共享梦想成真的机会。

五、建设中国特色社会主义生态文明，促进人与自然和谐共生

通过推进中国特色社会主义美丽中国建设，中国实现了对资本驱动下工具理性的超越。资本增殖逻辑对社会控制导致现代社会系统性危机，对自然奴役导致生态危机，科技进步和广泛使用增强了人们对自然界普遍性占有和掠夺式开发能力，成为开发利用自然最强大的工具和武器，使自然服从于人的需要。马克思曾批判资本主义现代性科技发展不过成为资本增殖的工具，"自然界的独立规律的理论认识本身不过表现为狡猾，其目的是使自然界（不管是作为消费品，还是作为生产资料）服从于人的需要"，资本主义制度是现代社会生态危机的制度性根源。党的十九大将建设生态文明作为中华民族永续发展的千年大计，首先坚持"生态兴则文明兴，生态衰则文明衰"的生态文明观，把生态文明建设融入经济建设、政治建设、文化建设、社会建设各方面，指出良好的生态环境是人与社会持续发展的基础；其次坚持"绿水青山就是金山银山"的生态发展观，把生态发展提高到生产力高度，强调保护环境就是保护生产力，改善生态环境就是发展生产力的思想，树立绿水青山就是金山银山的生态理念，制定出一系列生态环境保护制度，作为生态文明建设的法制保障；最后坚持"构建人类命运共同体"的生态价值观，在国际社会倡导构建一个清洁美丽的世界，推动世界可持续发展和人的全面发展，推进联合国2030年可持续发展议程，为全球生态安全做出贡献，构筑尊崇自然、绿色发展全球生态体系，保护好人类赖以生存的地球家园。中国特色社会主义现代性的总体规划就是立足于新时代的历史方位，以人民为中心贯穿现代化建设始终，从而建成富强、民主、文明、和谐、美丽的社会主义现代化强国，实现中华民族伟大复兴中国梦和和谐共荣的人类命运共同体。

第五节　中国社会主义现代性的价值目标

社会发展是为了人的发展，满足人对美好生活的需要彰显了未来现代性建构的价值关怀；但在社会已经发展却又发展程度不高的情况下，会产生争夺生产资料的斗争，为了维持社会秩序便采取国家的形式，资本主义是人类社会发展最后一个对抗的阶级社会。我国是人民民主专政的社会主义国家，习近平做出"人民对美好生活的向往，就是我们的奋斗目标"的庄严承诺，党的二十大强调"把实现人民对美好生活的向往作为现代化建设的出发点和落脚点"。其实"人民对于美好生活需要"也是贯穿马克思主义理论逻辑与中国特色社会主义政治逻辑的逻辑主线与价值诉求，是当代中国社会主义现代性转型的价值遵循。

一、美好生活蕴含着新时代中国现代性建构的价值向度

"人民日益增长的美好生活需要"是基于中国社会发展事实的历史总结与时代开启，更是党在领导人民进行社会主义现代化建设中的政治承诺和价值旨归，其中内蕴着价值主体、价值客体、价值事实与价值标准四维向度。

（一）人民作为现代社会发展与美好生活共享的价值主体

人民是历史发展的决定性力量，但阶级社会人民作为社会财富的创造主体却日渐失去生产资料，标榜人人平等的现代启蒙最终沦为阶级统治的辩护言辞，马克思早就说过"'思想'一旦离开'利益'，就一定会使自己出丑"。我国是人民民主专政的社会主义国家，人民不仅是美好生活的共建主体更是其利益成果的共享主体，是历史主体与价值主体的辩证统一。

人民的价值主体向度首先体现为人民创造历史的实践结果规定着价值主体创建美好生活的程度与水平。人民作为历史主体在生产活动所创造的物质财富，构成价值主体实现美好生活最基本的物质前提，人民创造的精神产品构成自身文化生活必需的精神结构，人民从事的实践活动所引起的主体性需要构成主体

价值实现的内生动力，人民历史创造活动的结果构成美好生活价值实现的基本结构。此外，人民创造历史的自主性表现为美好生活创建行为的"为我性"。马克思指出人区别于动物的地方在于人"懂得按照任何一个种的尺度来进行生产"，生产生活的存在样式就是人民历史创造与价值选择的自主样式。这种自主性体现为美好生活创建的"为我性"：人民遵循"真"的尺度改变着客体以符合人的生活需要，秉持"善"的信念协调人际关系以实现"各美其美、美美与共"的社会目标，按照"美"的追求生产和再生产着美好的生活目标，最终创设一个"真善美"的为我世界。最后，人民创造历史的必然性与选择性体现为美好生活行为方式的自律性与他律性。人民创造历史活动的范围与程度受到生产发展水平制约，是在认知利用客观规律基础上进行主体选择过程，同时人民作为美好生活的共享主体，其目标实现既要考虑主体内在尺度与主观欲求，还要遵照客观尺度而不能"为所欲为"，通过主客体关系调整使创建的"生活"符合主体"美好"的需要。

（二）需要作为现代社会发展与满足美好生活的价值客体

需要不同于需求，需求是人主体欲求的思想表达，而需要是将这一表达付诸行动主客体状况，不能满足主体所求的物质不能成为价值客体，无法纳入实践领域的客体也不能成为价值客体，需要就是主观选择与客观制约的辩证统一。满足人民美好生活之"需要"具有价值客体的多重向度。

首先，美好生活"需要"是现实性需要，具有价值客体客观性向度。不能实现的需要只是思想中可欲不可求的"想要"，能够实现的需要才具现实意义，也就是说需要必须以价值客体事实性实存为前提，离开这种客体事实关系，客体必然失去满足主体美好生活需要的性质和意义。其次，美好生活"需要"是超越性需要，具有价值客体"异质性"向度。美好生活需要的实现样态优于当前可能状态，这种未来的现实具有异质于当下的超越维度，作为物的价值客体具有不同于人之需求的异质结构，价值主体就是要突破客体的异质性才能使客体满足主体需要，达到超越现实与更加"美好"的目的。最后，美好生活"需要"是规律性需要，具有价值客体他律性向度。美好生活"需要"的实现既要符合主体主观需求也要遵照客体客观规律，主体实践活动之所以没有超出合理限度而导致主观随意化的失控，根本原因就在于客体尺度对主体行为的规制与约束，建设美好生活必须把握客体他律性，做到主体价值尺度与客体真理尺度相统一，才能真正实现人民所期许的美好生活目标。

（三）生活作为现代社会发展与实现美好生活的价值事实

价值事实是主客体间形成的、不依赖主体意志的事实关系，它既是客体对主体的实际意义又是客体现存的客观事实状况。马克思指出人类"生活对他是对象。仅仅由于这一点，他的活动才是自由的活动"，生活的对象性存在构成人自由活动与价值实现的事实前提。生活的价值事实向度有如下体现。

首先，美好生活是"现实"的生活，蕴含着价值事实的向客体性。人民生活空间构成美好生活价值实现的感性基础：价值客体对于构建美好生活的意义关系取决于主体的生活现状，对美好生活的认知评价也源于人们的社会关系，生产关系、交往活动、社会组织等都构成了美好生活的客体结构与核心内容。因此生活作为人民对象性活动的客观实存，规定了人们从事活动的领域与范围，形成了主体意义生成和自我超越的限度与可能。其次，美好生活是"属人"的生活，蕴含着价值事实的向主体性。生活是客观现实的存在状态，也是作为价值主体所向往的美好样态，离开主体性的人，生活美好与否也就失去了存在意义。价值事实是具有主体规定性的客观事实，其是否具有意义及具何种意义最终取决于主体需要。最后，美好生活是"多样"的生活，蕴含着价值事实的多维性。人的本质是社会关系的总和，复杂社会关系塑造了丰富多样的生活诉求，蕴含着价值事实的多维向度。价值事实是主体需求等表现出来的主体性事实，随着生产发展"人民美好生活需要日益广泛，不仅对物质文化生活提出了更高要求，而且在民主、法治、公平、正义、安全、环境等方面的要求日益增长"，美好生活实践要立足于人民价值事实的多维需求。

（四）"美好"作为现代社会发展与创建美好生活的价值标准

对"美好"生活追求是人类诞生以来孜孜以求的理想愿景，也是新时代美好生活构建的参照指标和行为准则，蕴含着价值评价的标准向度，主要体现如下。

首先，美好生活实现之人民性趋同于价值标准的主体性。人民是美好生活共建与共享主体，这种历史主体与价值主体的人民性与价值评判标准的向主体性不谋而合，主体尺度是价值评价最根本、最基础的参照，生活的意义取决于主体内在设定及满足需要意义状态，美好生活对主体产生的体验状态与主体客观需要和能力状态相关联。其次，美好生活实现之条件性趋同于价值标准的实践性。美好生活的实现从其主观来看生活主体应具备"美好"标准的价值共识并通过这种共识凝聚共建美好生活的整体合力，客观而论主体必须遵循客体属性规律才能促使客体沿着主体设定的目标改进，实现美好生活必须建基于实践基础之上。价值客体纳入实践成为主体取舍参照也由具体实践关系而定，实践是"事物同人所需要它的那一点的联系的实际确定者"，脱离主体实践的任何价值标准都不过是抽象的目的论预设。最后，美好生活实现之社会历史性趋同于价值标准的动态多样性。人民对于美好生活的向往不是蛰居尘世之外的幻想，而是基于历史实践与具体环境相结合的现实诉求，实践具体历史性决定"美好"标准的动态多样性，价值主体对美好生活的判断标准因主体生活样态变化而变化，恒定的价值标准仅是思想意识的逻辑预设和无法实现的乌托邦。

二、"美好生活"蕴含着新时代中国现代性建构的现实诉求

美好生活的四维价值向度蕴含着建设现代美好生活的价值坐标，折射出新时代中国现代性建构的现实诉求：人民价值主体向度要求美好生活建设必须坚持人民群众利益至上，需要作为满足美好生活的价值客体向度必须保障社会供需动态平衡，生活的价值事实向度必须推动生活方式持续和谐，"美好"生活的价值标准向度必须秉持价值评价科学规范。

（一）人民群众利益至上

人民作为美好生活共享的价值主体，其结构规定性、行为"为我"性、自律他律性要求中国现代性超越与美好生活实现要统筹人民创造美好生活之共建共享的辩证统一。人民是历史的创造者，新时代中国特色社会主义事业，必须发挥人民群众的主体性力量和全力激发人民群众的创造潜能，"依靠人民创造历史伟业"；人民也是美好生活建设必然的共享主体，"社会主义最大的优越性就是共同富裕，这是体现社会主义本质的一个东西"，社会主义就是要全体人民都过上美好富足的生活，真正坚持"发展为了人民、发展依靠人民、发展成果由

人民共享"。建设美好生活还要统筹社会主体与个人主体辩证统一。美好生活的实现是包括国家富强、民族振兴和人民幸福的全方位巨变，社会与个人是美好生活共建共享不同层次的价值主体，创建美好生活要处理好社会主体与个人主体辩证关系：个人美好生活的实现是社会创造更大价值的前提，同时社会价值实现也是个人完善与发展的保障，没有社会价值实现个人美好生活必然失去根基，共建美好生活既要充分发挥中国特色社会主义制度优越性以保障个体美好生活渐次提升，个人主体也要心怀祖国，为中华民族伟大复兴尽力献策。

（二）社会供给动态平衡

人民是生活主体，坚持人民利益至上最根本就是要满足人民日益增长的多样化美好生活需求，需要趋向的价值客体客观性、异质性与他律性向度内在要求现代供给结构客观有效、供给层次科学合理与供给重心动态多样。

首先是供给结构客观有效。马克思认为"人不是抽象的蛰居于世界之外的存在物"，"人们的存在就是他们的现实生活过程"，需要的客观现实性要求美好生活供给要围绕人民最直接最现实的利益问题展开，"以推动高质量发展为主题，以深化供给侧结构性改革为主线，以改革创新为根本动力，以满足人民日益增长的美好生活需要为根本目的"，在更高水平上实现供求关系动态均衡。其次是供给层次科学合理，人民对美好生活的需要并不是无差别的同等需要、同步需要，会因主体所处环境不同、生存状况差异而有所差别，社会供给要充分考虑群体差异、客观所需与供给能力等因素，健全适合不同群体的内容丰富、形式多样、层次合理的供给体系。最后是供给重心动态多样，人民在特定时期具有最基本的需求点，但并非是单一性需求，生产发展"一旦满足了某一范围的需要，又会游离出、创造出新的需要"，美好生活需要是围绕人民需求重心变化不断调整的过程。社会供给要立足初级阶段的基本国情，理性引导民众合理化需求，还应全面提供动态多样的供给服务，以实现人民日益增长的美好生活需要。

（三）生活方式绿色和谐

人民是美好生活实现的历史创建主体与价值共享主体，在追求自身利益、维系社会供需同时还要处理好人与自然、人与社会及人与自身之间的关系，践行绿色协调的生产方式、和谐包容的生活范式与理性自由的生活样式。

社会发展史证明人类对自然界的掠夺开发必然招致自然的报复，绿色协调的生产方式是人们开启美好生活的逻辑前提。马克思认为共产主义新现代性，社会化的人作为联合起来的生产者，自然界既非人类的奴隶而无尽地受到人类生产的掠夺性开发，人也并非完全臣服于自然规律的奴役之下，联合体中的生命个体会根据人类本性的实际需求合理调控人与自然之间的物质能量变换，自然作为人的无机的身体也能满足人类生产生活需求。协调推进全面建设社会主义现代化国家"既要创造更多物质财富和精神财富以满足人民日益增长的美好生活需要，也要提供更多优质生态产品以满足人民日益增长的优美生态环境需要"，用以指引新时代美好生活建设的价值理路。此外，和谐的人际关系可以极大激发人们创造美好生活的动力潜能，实现美好生活就是要在全社会积极构建和谐包容的社会生活范式。既包容不同价值主体的多样化需求，也要融汇社会主义核心价值观调节不同主体矛盾冲突，妥善处理各种复杂的利益关系，最后形成个体自由全面的生活样式。人作为一个总体的人唯有全面占有自己的本质才能实现人之为人的美好生活样式，马克思在《德意志意识形态》中曾描绘这一样式："任何人都没有特殊的活动范围，而是都可以在任何部门内发展，社会调节着整个生产……"现代美好生活就是以实践为基础的物质、精神、活动与个性等方面组成的有机生活样态。

（四）价值规范科学合理

"美好"作为价值标准并非价值绝对主义玄思冥想的目的论预设，也不是价值相对主义亦是亦非的价值观虚无，而是包含主体内在尺度、客体外在尺度及主客交互的实践尺度三者相互制约的规范体系。

坚持"以人民为中心"的主体规范。人民作为美好生活创建与共享的双重主体，也是最终的评价主体，人民拥护不拥护、赞成不赞成、高兴不高兴是美好生活价值评价的主体规范尺度。中国现代性美好生活构建必须紧密团结在以习近平同志为核心的党中央周围，不忘初心、牢记使命，保障全体人民在共建共享发展中有更多获得感、幸福感，以只争朝夕、不负韶华的奋斗姿态向人民交出一份满意的答卷。坚持"以经济建设为中心"的客体规范。经济基础决定、制约着人们的生产状况和生活水平，目前我国仍处于社会主义初级阶段，仍然是世界最大发展中国家，美好生活构建必须要立足我国国情与发展实际，牢牢把握以经济建设为中心这条党和国家的生命线、人民的幸福线，大力提升经济发展质量和效益，为人民在民主法治、公平正义、安全环境等方面日益增长的美好生活需要提供最坚实的物质保障，这是美好生活价值评价的客体规范尺度。坚持主客体动态交互的实践规范。人民需要体系是涵盖物质需要和精神需要、生存需要和发展需要、长期需要和短期需要的复合矛盾体，哪些是需要重心而上升为主要矛盾，哪些是边缘性需求而退居其次，究其根本而言是由人们实践能力和实践水平决定的，要在持续推动发展的基础上不断提升美好生活的实践水平。

三、秉持"美好生活"价值诉求推进现代性建构的有效路径

"美好生活"价值向度的内在要求在其实现路径上要充分激发人民共创美好生活的主体性力量，促进满足美好生活需要的供需动态平衡，全力打造极具时代特色与中国风格的现代生活样式，大力积极弘扬"美好"的生活价值理念，在全面建设社会主义现代化和中国社会主义现代性建构中不断提升人民美好生活的幸福感与满意度。

（一）激发创建美好生活的主体性力量

美好生活共建关键要激发人民群众的创新活力。人民是社会发展进步的主体性力量，新时代美好生活建设"只要有人民支持和参与，就没有克服不了的困难，就没有越不过去的坎，就没有完成不了的任务"，将坚持人民主体地位与尊重人民首创精神统一起来，充分调动人民的生活热情和创新潜能，使全体人民满腔热情投身到现代化建设美好未来和创建自身幸福生活中去。

现代美好生活共建还要形成勤劳致富的价值共识。人民创造历史，劳动铸就未来，勤劳致富首先要形成尊重劳动的社会风气，唯有通过劳动才能保障人民生存发展等生活需要，离开劳动美好生活创建就是镜中花、水中月；人民是劳动最广泛主体，美好生活是劳动人民创造的，还要形成尊重劳动人民的社会氛围，要在全社会形成尊重劳动人民、保护劳动人民、劳动人民最伟大的社会氛围；随着社会生产发展与需求多样化，产生形态各异的劳动形式，但只要是诚实劳动、合法经营都应当得到社会保障、尊重与认可。美好生活共建最根本

要坚持中国共产党的领导，中国共产党是领导人民创建美好生活的核心主体。毛泽东指出"领导我们事业的核心力量是中国共产党"，邓小平也强调"要建设社会主义，没有共产党的领导是不可能的"，十九大更明确了"党是最高政治领导力量"。中国改革发展实践证明只有中国共产党才能发展中国，只有坚持党的领导才能全面建设更加美好的生活。

（二）促进达成美好生活的供需动态平衡

美好生活的实现体现为人民在经济文化等方面的全方位需求与价值客体在生存发展等方面的立体化的满足，对此必须加强对主体需求的价值性引领、供给侧的结构性改革达到供需的动态平衡。

加强对美好生活需求的价值理性引导。随着生活水平提高，人民在生活质量、消费等级等方面提出更高需求是理所当然的，但是要加强对人们美好生活需求状况的价值引导，合理调控需求范围与程度，遵循适度原则，反对纵欲浪费，建立科学合理、绿色和谐的需要体系，以一种自尊自信、理性平和的积极心态对待生活。深化对美好生活满足的供给侧改革。推进供给侧结构性改革满足人民日益增长的美好生活需要：一要着力解决有效供给不平衡状态，有效调整不同区域、领域、行业之间财产分配的协调性、平衡性，补全居民医疗、公共安全、生态环境等方面短板；二要通过发展解决社会供给不充分状态，在质量效益明显提升的基础上实现经济持续健康发展；三要适应生活新需求变化，优化市场供给结构，提升供给质量，满足人们不同层次的消费需要。构建供需动态平衡的有效机制。供需两侧并非单向度、静态化的线性对接，而是动态非均衡的动态循环，供需两侧要在动态平衡、良性互动、循环交互基础上实现供需的最大化、内在化统一。既要破除生产决定消费、供给决定需求的单线逻辑，摒弃生产至上论，更加强调经济发展的社会效益；也要反对消费主义的谬论，有效抵制攀比性消费、符号化消费和炫耀式消费等异化消费蔓延。无论生产还是消费都是更好地服务于人的生活，既要通过科学的供给引导合理化需求，又要通过需要的转型升级引领供给侧结构性改革，建立供需动态平衡的"良性互动体系"。

（三）打造现代美好生活的现代样式

新时代美好生活构建要在推进中国特色社会主义现代化进程中，在全社会形成与现代社会生产发展相适应的既具时代特色、又有中国风格的现代性生活样式。

用优秀传统文化滋养现代性生活样式。中国优秀传统资源是确保中华文化历史持续与内在连贯的根基，也是打造具有中国风格和中国特色现代生活样式的独特优势。传统生活方式在主体生活气质的生成、生活意义的彰显、生活规范的创制、生活情趣的导引等方面具有不可或缺的现代价值，要充分挖掘优秀传统文化资源，据斥进步主义与保守主义的偏见，促进传统文化与新时代中国现代转型的有效融合，不断推进传统生活方式的现代性转型，让中华传统文化的精华广大于新时代美好生活的践履之中。用现代文明"武装"现代生活样式。中国特色社会主义新时代离不开现代化的时空坐标，现代美好生活创建不能脱离市场主义、工业主义以及全球化科技化的世界洪流。现代生活样式就是要充分发挥现代科技武装生产、优化生活的效能，在对过去的批判性反思中创设自己的规则与生活标准，在促进经济增长、社会公正、道德提升过程中促进生活主体全面自由发展；同时还要承继现代社会人类文明成果，绘制人类社会更加发展和日臻完善的现代理性蓝图，构建以富强、民主、和谐、自由、公正为取向的现代生活图景。打造现代生活样式还要超越现代性弊病。现代性的光辉作为"特殊的以太"使人类告别物资匮乏却陷入资本逻辑的宰制，意识物欲化、生活物役化、信仰危机、环境恶化等现代性后果无不是资本增殖逻辑的"杰作"。打造现代生活样式要打破对现代性的迷恋，拓展日常生活的多元化空间，由对生产效率的簿记量化向对生活效益的意义提升转化；此外，还要摒弃工具理性迷信、科技盲目崇拜、价值理性虚无等对人类历史与文化的单向扭曲，让现代文明发展回归人类日常本真生活，提升并服务于人民对美好生活的向往与追求。

（四）弘扬"美好"的生活价值理念

美好生活是全国各族人民孜孜以求的理想目标，更是全面建设社会主义现代化国家必须遵循的"美好"价值理念，要将其渗透于经济社会发展与价值理性引领的方方面面。

首先，在实施五大发展理念中贯彻"美好"的生活价值理念。五大发展理念从不同角度回应并满足了人民对"美好"生活的期待：创新发展包含提高生活质量与品质的"文明进步性生活信念"，协调发展蕴含人、自然与社会协调一致的"和谐性生活信念"，开放发展彰显"包容性生活信念"，绿色发展践履"人地共生的生态型生活信念"，共享发展催化"正义性、境界性生活信念"，现代美好生活的创建必须坚定不移贯彻创新、协调、绿色、开放、共享的发展理念，并将美好的生活价值理念渗透并贯穿于五大发展理念的现代化实践中去。其次，在践行社会主义核心价值观中培育"美好"的生活价值理念。"美好"的价值理念是社会主义核心价值观的价值本质，社会主义核心价值观是"美好"价值理念在国家、社会与个人三个价值层面的具体体现与内在要求，为美好价值理念的生成锻造了坚实的价值根基，美好社会生活创建是培育社会主义核心价值观的现实基石。要在总结提升社会主义核心价值观的理论创新中强化对美好生活的价值关照，以美好生活理念引领社会生活实践并增强人们对社会主义核心价值观认同度，促进社会主义核心价值观与美好生活价值理念相互促进、相得益彰。最后，在坚定文化自信中弘扬"美好"的生活价值理念。文化自信是推动一个国家与民族实现美好生活的持久动力，稳定和谐的美好生活需要文化自觉和文化自信来保障。习近平指出"每个时代都有每个时代的精神，每个时代都有每个时代的价值观念"，新时代美好生活就是人们最朴实、最真挚的价值追求，要在文化自信中承载着"美好"的生活理念与追求，保障美好生活理念的价值在场，关系到美好生活的真正实现，也关系到国家富强、民族复兴、人民幸福的全面实现。

第六节　中国式现代化对资本主义现代性的超越

资本主义现代性逻辑具有其自身无法超克的内在矛盾，但也正如马克思"两个绝不会"中所述那样，资本主义生产关系通过不断调整与变革依然能够容纳其生产力的进一步发展，资本主义的灭亡与社会主义的胜利尽管无法避免却也是一个长期的历史过程，中国式现代化新道路就是在充分汲取现代人类文明成果基础上，把马克思主义普遍原理与中国传统文化和中国改革发展实际相结合，既加快推进中国现代化进程，又超越制约资本主义现代性逻辑的瓶颈，形成一条既具时代特色又有中国智慧和民族风格的现代性人类文明新形态。

一、新时代的历史方位突破资本权力主导的生成逻辑

党的十九大提出中国特色社会主义进入了新时代的历史论断。这个新时代不仅是中国特色社会主义在改革开放的伟大实践中所处的特定历史方位，也是划过资本主义世界体系黑夜长空的一道曙光，超越了资产阶级时代资本权力主导的生成逻辑。

首先，从这个新时代的产生来看，中国特色社会主义新时代是全体中华儿女奋力拼搏实现中华民族伟大复兴中国梦的时代。党的十八大以来我国现代化建设创造了举世瞩目的历史奇迹，这些成就的取得既非对外殖民侵略亦非对内暴力掠夺，而是全体中华儿女在改革开放伟大实践中、在民族复兴历史进程中通过辛勤努力共同创造的。同时中华民族也是爱好和平的民族，中国发展不依附别人、更不掠夺别人，而是同各国人民共同努力把世界建设得更加美好，超越了资本主义时代建立的残暴性。其次，从这个新时代的运作来看，中国特色社会主义新时代是全国各族人民同舟共济、创造美好生活、逐步实现共同富裕的时代。中国特色社会主义现代化建设坚持把实现好、维护好、发展好最广大人民的根本利益作为最高标准，带领人民创造美好生活、实现共同富裕是我们党的奋斗目标。中国特色社会主义发展既强调生产力发展的根本性，又始终将为民发展目标贯穿始终，有效实现了工具理性与价值理性的有机统一，突破了资本主义时代资本运行的危机性。最后，从这个新时代的发展来看，中国特色社会主义新时代是我国通过自身不断发展壮大、继而为人类做出更大贡献的时代。世界上没有一成不变的发展道路，各国家选择什么样的模式应由各国人民自己去选择。中国始终坚持独立自主的和平外交政策，倡导构建人类命运共同体，决不会以牺牲别国利益为代价发展自己，更不会把自己的意志强加于人，实现对资本主义世界体系"中心—边缘"两极格局的超越。

二、"五位一体"的总体布局破解资本主义总体性危机的现实逻辑

新时代中国特色社会主义事业贯穿统筹"五位一体"的总体布局，致力于富强民主文明和谐美丽的强国目标，实现了对资本主义现代性整体危机的实践性超越。

第一，建设中国特色社会主义市场经济，充分发挥政府与市场的双重效能。全面贯彻新发展理念，发挥市场在资源配置中的决定性作用，完善政府对市场的宏观调控职能，既能最大激发资本的增殖效能，又将资本控制在社会主义制度范围之内，有效防止权力寻租、权钱交换等资本腐败现象，实现对资本价值增殖的制度性驾驭。第二，发展中国特色社会主义民主政治，巩固人民当家作主的制度体系。资本主义"三权分立"创立了现代民主制的第一形态，相较于封建专制而言具有历史进步性，但这一民主制也只是代表部分有产者利益的虚假民主制。中国式现代民主是建立在公有制为主体、多种所有制共同发展基础上的人民民主，中国共产党建立了人民民主的组织制度、运行规范与价值体系，在党的领导下，全过程民主以实现人民切身利益旨归，有效防止西方民主"党争纷沓、相互倾轧"等整治乱象，形成既具有中国特色又能极大助推社会主义现代化进程的民主体制机制，为全面建设社会主义现代化提供制度保障，实现了对资本主义民主虚假性的超越。第三，弘扬中国特色社会主义先进文化，汇聚全体人民团结奋斗的思想基础与价值共识。美国社会学家丹尼尔·贝尔在《资本主义文化矛盾》中指出近代以来资本主义世界文明日益陷入狄奥尼索斯式的个人狂欢，在物欲横流、消费爆炸的现代社会人们陷入无尽的失落与迷茫之中。中国特色社会主义先进文化始终坚持人民的价值导向，坚持马克思主义科学文化的指导方向，创造性转化优秀传统文化的丰厚资源，大力弘扬社会主义核心价值体系，坚守中国价值，凝聚中国力量，为全面建设社会主义现代化提供精神支撑，推动经济社会发展工具理性与价值理性辩证统一。第四，构建中国特色社会主义和谐社会，满足人民日益增长的美好生活需要。坚持以人民为中心的发展理念，不断促进社会公平正义，保障人民权益，为当代中国现代化建设创设一个和谐温馨的社会家园，实现了对现代性社会发展贫富两极分化的

超越。第五，建设中国特色社会主义生态文明，促进人与自然和谐共生。把发展生态文明、建设美丽中国作为现代化发展的千年大计，突破资本主义现代性生态危机的制度藩篱。习近平新时代中国特色社会主义现代化实践中推进"五位一体"总体布局，是在经济健康发展基础上不断满足人民在政治、文化、社会、生态等方面日益增长的需求，更好推动人的全面发展与社会全面进步。

三、以人民为中心的价值导向超越资本主义主体异化的价值逻辑

中国特色社会主义现代化建设坚持以人民为中心的发展理念，是马克思关于人的自由全面发展思想的中国实践，在社会发展价值逻辑上实现了对资本主义现代性主体异化的超越。

首先，"保证全体人民在共建共享发展中有更多获得感"，实现对资本主义现代生产中劳动产品与劳动者相异化的超越。人民主体地位不仅体现为其推动历史发展的主导力量，同时也是这一发展成果的共享主体，人民能在共建共享中拥有更多的发展机会，这是超越劳动产品与劳动者异化的根本路径，也是对资本主义现代政治、经济、文化等制度体制都服务于资本增殖逻辑以致价值理性缺场的超越。其次，"坚持人民主体地位，充分调动人民积极性"，实现全体人民共同富裕，实现对资本主义现代性人与自身相异化的超越。中国式现代化能够在艰难险阻中披荆斩棘、攻坚克难，其根本动力的源泉在于人民群众，要最大限度激发人们的创造热情，团结和带领全国各族人民团结奋斗、不断创造美好生活、逐步实现全体人民共同富裕，实现对资本主义生产关系劳资对立、人的主体性异化的超越。最后，"人民对美好生活的向往，就是我们的奋斗目标"，实现对资本主义社会关系人与人相异化的超越。全面、广泛、动态致力于人民对美好生活的向往与追求：第一，满足人民全面的美好生活需求，不仅涵盖人口要全面，是包含 56 个民族的中华大家庭和 13 亿多人口的中华好儿女，同时涉及的领域也全面，要"让人民共享经济、政治、文化、社会、生态等各方面发展成果"；第二，满足人民广泛的美好生活需求，不仅包括对物质文化的更高需求，而且在民主参与、依法治理、社会公正、总体安全、美丽环境等方面都有同步需求；第三，满足人民动态的美好生活需求，人民在不同历史时期

对生活的需求也不是固定不变的，随着人民生活水平不断提高，党和国家要以满足人民日益增长的美好生活需要为己任，不断满足人民全方位、多层次、立体化的不同需求，推动人的全面发展和社会的全面进步。这既是对马克思关于人的自由全面发展思想的继承，又是对资本主义现代化强化工具理性导致主体异化的价值超越。

四、人类命运共同体的大国外交摒弃资本主义国强必霸的丛林逻辑

真理的力量加上道义的力量，才能行之久远。马克思主义通过对人类社会发展规律和资本主义政治经济规律的研究得出"资产阶级的灭亡和无产阶级的胜利是同样不可避免的"科学结论，无产阶级肩负解放全人类的历史使命。我国是坚持以马克思主义为指导思想的社会主义国家，伴随我国日益走进世界舞台中央，我们呼吁构建人类命运共同体是对马克思主义国际人道关怀的当代体现。

中国作为社会主义大国是捍卫世界和平的中坚力量，坚决反对各种形式的霸权主义和强权政治，推动构建政治经济新秩序。鞋子合不合脚只有脚知道，世界各国选择什么样的社会制度、采取什么样的发展模式由各国人民自己说了算。资本主义无论采取凯恩斯主义还是新自由主义，都是资本逻辑宰制下的强权模式，并通过不合理的国际政治经济秩序把国际社会撕裂为发达国家与发展中国家，遵从国强必霸的丛林竞技法则。一直以来我们继续秉持合作共赢的外交理念，推动构建相互尊重、公平正义、合作共赢的新型国际关系与持久和平、普遍安全、共同繁荣、开放包容、清洁美丽的新世界。此外，中国还通过"一带一路"倡议推动沿线经济贸易共同发展。"一带一路"通过陆地与海洋联通世界，将所有发展中国家作为合作对象，把不同地域、不同民族、不同文化的国家和民族纳入共同发展的航舟。习近平新时代中国特色社会主义倡导共建合作共赢的世界新秩序和人类命运共同体，从国际社会发展的道义维度超越了政治经济旧秩序"先进—落后"的二元国际格局，实现了对资本主义主导的世界旧秩序、"贸易自由"虚假性的超越。

资本主义的产生是一个自然历史过程，创造了极大的社会生产力为人类走

向更高文明形态提供了物质准备，但肇始于资本主义社会的现代性只是具有发生学的先发权。资本主义用血和火的文字编成的历史一再证明资本主义现代性只是由传统向现代转型的第一形态，而非最终形态，资本主义现代性的系统性危机也昭示人们资本主义并非人类最理想的文明形态，"西方中心论"的强势话语终成明日黄花，留下的只是对历史的回味。中国特色社会主义现代化道路立足新时代的历史方位，坚持以人民为中心的价值导向，统筹推进"五位一体"的现代化发展布局，倡导构建人类命运共同体和国际政治经济新秩序，超越资本主义权力主导的时空场域，有效克服了资本主义主体异化，破解了资本主义整体性危机的困局，摒弃了资本主义国强必霸的丛林法则，致力于实现人的全面发展和社会全面进步，实现了对资本主义现代性的总体性超越，为人类走向更高形态的现代文明提供了现代性发展的中国智慧与中国方案。

结　语

　　人类社会继续向前发展，从大的时代背景来看目前依然处于资本主义向共产主义转变的过渡时期，资本主义现代文明在虚华外衣笼罩下其内部矛盾日渐暴露，两次世界大战给人们留下的创伤未愈，2008 年金融危机席卷全球，2020年新冠疫情不仅考验着政府组织与现代科技联动防控能力，更是对人类文明与现代理性的权衡较量，现代性危机成为人们普遍关注的焦点，如何把准现代性脉搏有效展开现代性救赎是当前诸多理论派别研讨的理论主题。马克思现代性思想从现代社会的病根即生产方式着手，针对现代性的各种症状找准现代性危机的症结即资本逻辑，进行现代性的政治哲学批判与政治经济学批判的双重批判，开出超越现代性的药方即消灭私有制、建立自由人联合体的共产主义社会。通过本文研究初步得出以下几个结论。

　　第一，通过对马克思现代性思想直接影响的德国古典哲学、英国古典政治经济学和英法空想社会主义代表人物思想的分析对比，把马克思关于现代性理论放进现代文明的大视野中追溯马克思现代性思想的缘起。如若全面把握马克思现代性思想必须展开跨时空的理论对话，那么如本文一段不仅与古典思想也包括与后现代思想进行碰撞对比，才能更加深刻体认马克思现代性思想相关观点的理论厚度与历史穿透力。

　　第二，通过对马克思的思想文本进行研究梳理，分析不同时期马克思现代性思想的理论基点、批判方法与重心转移。马克思并非是与生俱来的马克思主义者，其思想历经理性主义去追随自由民主与理性启蒙，中转费尔巴哈人本主义在"类本质"的"应然"与非理性的"实然"之间政治哲学批判，在理性主义与人本主义双重清理、批判与辩证扬弃中确立唯物史观，以历史唯物主义为方法论前提，进行政治经济学现代性批判，最终得出科学社会主义现代性救赎的未来方案。贯穿马克思现代性思想脉络改变的是现代性分析的方法依据与阶段性结论，不变的是对现代社会现实的敏锐洞察性和历史使命感以及探求全人类解放的献身精神。

第三，通过对马克思现代性思想问题域的研究，理解理性启蒙构成马克思现代性分析的理论起点，对资本主义现代性的批判与超越贯穿现代性分析的理论主题，资本主义现代性历史生成、运行机制、逻辑悖反与内在超越的分析构成马克思现代性思想的问题域。马克思对现代性的肯定超出任何现代主义者，对现代性批判也超出任何后现代或反现代主义者，对现代性危机开具的药方也比任何单纯从方案设计、社会改良、公共理性等方面进行的缝缝补补更加彻底、更加有效。对马克思现代性思想既要坚守其奠基性的思想原则，又要运用发展的眼光客观面对其时空限度，科学对待马克思现代性思想。

第四，针对中国现代性问题，笔者通过研究初步形成以下认识或结论：首先，中国的现代化建设尤其是党的十八大以来可谓取得举世瞩目的成绩，可以说我们已经形成卓有成效的现代化模式，但目前言说已经建构中国现代性模式还为时尚早。文章将新民主主义革命以来到改革开放之前界定为以毛泽东等人对中国现代性转型的积极探索，改革开放以来到党的十八大之前是邓小平等人从社会主义制度层面对中国现代性建构的初步尝试并取得显著成效，党的十八大以后在比较成熟定型社会主义现代化模式、社会主义制度优势、社会主义价值体系基础上，可以理解为在中国社会主义现代性建构中初步彰显对西方现代性的超越。其实总体而言中国社会主义现代性的转型、建构与超越的努力并非界限明确，实则相互融汇、彼此贯通。其次，论析中国现代性转型必须明确是"社会主义"的现代性转型，由于现代性是个西方话语，西方国家工具理性的强势话语往往遮蔽价值理性的光辉，甚至冠以具有普世价值的民主、自由、人权等进行现代性对话与渗透，笼统界定现代性转型很容易被误导为向西方社会的转型，必须坚守马克思现代性思想的阶级立场与价值方向。最后，近代中国的现代转型是伴随社会现代化逐渐展开的，尽管有几次典型的思想启蒙，但对中国现代社会发展和民众思想具有明显效应的还是现代化推动所带来的影响，因此很有必要廓清现代化与现代性之间的边界与关联，以期从现代化方案中梳理现代性成果，这也是本文第五章围绕以毛泽东、邓小平等为代表的中国共产党人在社会主义现代化建设中论述其现代性思想的主要原因。

中国现代性建构必须处理好国内与国外、传统与现代、现代与后现代、现在与未来、资本与价值、民主与法治、现代化发展与现代性启蒙等多重关系，形成既具时代风格又有文化品格，既具制度优势又有国际话语的中国社会主义现代性规范，才能真正实现全面建成社会主义现代化强国的目标。

参考文献

中文著作类:

[1] 马克思恩格斯全集 [M]. 第 2 版,第 1 卷,北京:人民出版社,1995.

[2] 马克思恩格斯全集 [M]. 第 2 版,第 3 卷,北京:人民出版社,2002.

[3] 马克思恩格斯全集 [M]. 第 2 版,第 30 卷,北京:人民出版社,1995.

[4] 马克思恩格斯全集 [M]. 第 2 版,第 31 卷,北京:人民出版社,1998.

[5] 马克思恩格斯全集 [M]. 第 2 版,第 34 卷,北京:人民出版社,2008.

[6] 马克思恩格斯全集 [M]. 第 2 版,第 43 卷,北京:人民出版社,2016.

[7] 马克思恩格斯全集 [M]. 第 2 版,第 44 卷,北京:人民出版社,2001.

[8] 马克思恩格斯全集 [M]. 第 2 版,第 46 卷,北京:人民出版社,2003.

[9] 马克思恩格斯全集 [M]. 第 2 版,第 47 卷,北京:人民出版社,2004.

[10] 马克思恩格斯全集 [M]. 第 12 卷,北京:人民出版社,1962.

[11] 马克思恩格斯全集 [M]. 第 16 卷,北京:人民出版社,1964.

[12] 马克思恩格斯全集 [M]. 第 18 卷,北京:人民出版社,1964.

[13] 马克思恩格斯全集 [M]. 第 40 卷,北京:人民出版社,1972.

[14] 马克思恩格斯全集 [M]. 第 47 卷,北京:人民出版社,1979.

[15] 马克思恩格斯文集 [M]. 第 1—8 卷,北京:人民出版社,2009.

[16] 马克思恩格斯选集 [M]. 第 2 版,第 1—4 卷,北京:人民出版社,1995.

[17] 列宁选集 [M]. 第 3 版,第 2 卷,北京:人民出版社,1995.

[18] 列宁选集 [M]. 第 3 版,第 4 卷,北京:人民出版社,1995.

[19] 毛泽东文集 [M]. 第 1 卷,北京:人民出版社,1993.

[20] 毛泽东文集 [M]. 第 6 卷,北京:人民出版社,1999.

[21] 毛泽东文集 [M]. 第 7 卷,北京:人民出版社,1999.

［22］毛泽东文集［M］. 第 8 卷，北京：人民出版社，1999.

［23］毛泽东选集［M］. 第 2 版 . 第 1—4 卷，北京：人民出版社，1991.

［24］邓小平文选［M］. 第 2 版 . 第 1 卷，北京：人民出版社，1994.

［25］邓小平文选［M］. 第 3 卷，北京：人民出版社，1993.

［26］毛泽东著作专题摘编（上）［M］. 北京：中央文献出版社，2003.

［27］十四大以来重要文献选编［M］. 北京：人民出版社，1996.

［28］江泽民文选［M］. 第 1—3 卷，北京：人民出版社，2006.

［29］胡锦涛文选［M］. 第 1—3 卷，北京：人民出版社，2016.

［30］习近平谈治国理政［M］. 第 1 卷，北京：外文出版社，2018.

［31］习近平谈治国理政［M］. 第 2 卷，北京：外文出版社，2017.

［32］习近平谈治国理政［M］. 第 3 卷，北京：外文出版社，2020.

［33］刘少奇选集［M］. 上卷，北京：人民出版社，1981.

［34］周恩来选集［M］. 下卷，北京：人民出版社，1984.

［35］王民安 . 现代性读本（上下册）［M］. 郑州：河南大学出版社，2005.

［36］陈嘉明 . 现代性与后现代性十五讲［M］. 北京：北京大学出版社，2006.

［37］衣俊卿 . 现代性的维度［M］. 哈尔滨：黑龙江大学出版社，2011.

［38］杜艳华，贺永泰 . 马克思恩格斯现代性思想体系及其影响研究［M］. 上海：上海人民出版社，2017.

［39］邢蓉 . 马克思的现代性与中国社会转型［M］. 北京：中央编译出版社，2015.

［40］周丹 . 马克思主义现代性思想研究［M］. 北京：中国社会科学出版社，2015.

［41］郗戈 . 现代性的矛盾与超越——马克思现代性思想与当代社会发展［M］. 北京：中国人民大学出版社，2014.

［42］康文龙，彭冰冰 . 马克思现代性批判理论及其当代价值研究［M］. 武汉：长江出版社，2011.

［43］田冠浩，袁立国 . 重建现代性的三次浪潮［M］. 北京：中央编译出版社，2015.

［44］季陶达 . 英国古典政治经济学［M］. 天津：南开大学出版社，2019.

［45］蒲国良.社会主义思想——从乌托邦到科学的飞跃（1516—1848）［M］.北京：北京师范大学出版社，2018.

［46］陈志刚.现代性批判及其对话［M］.北京：社会科学文献出版社，2012.

［47］罗骞.现代性的存在论批判——论马克思的现代性批判及其当代意义［M］.北京：人民出版社，2019.

［48］孙伯鍨.探索者道路的探索：青年马克思恩格斯哲学思想研究［M］.南京：南京大学出版社，2002.

［49］吴晓明.马克思早期思想的逻辑发展［M］.上海：上海人民出版社，2016.

［50］黄楠森.马克思主义哲学史［M］.北京：高等教育出版社，1998.

［51］段志文，钟学敏，詹于虹.中国现代化进程［M］.杭州：浙江大学出版社，2007.

［52］赵士发.现代化进程中的马克思主义中国化［M］.北京：人民出版社，2016.

［53］吴晓明，邹诗鹏.全球化背景下的现代性问题［M］.重庆：重庆出版社，2009.

［54］方松华，马丽雅.社会主义现代化强国目标及其建设方略研究［M］.北京：人民出版社，2019.

［55］谭来兴.中国现代化道路探索的历史考察［M］.北京：人民出版社，2008.

［56］张明.现代性的中国方案：基于毛泽东的理论与实践探索研究［M］.南京：江苏人民出版社，2020.

［57］秦晓.当代中国问题：现代化还是现代性［M］.北京：社会科学文献出版社，2009.

［58］丰子义.发展的反思与探索——马克思社会发展理论的当代阐释［M］.北京：中国人民大学出版社，2006.

［59］韩秋红.西方马克思主义现代性批判理论研究论集［C］.北京：人民出版社，2017.

外文译著类：

［1］（德）康德．纯粹理性批判［M］．邓晓芒译，北京：人民出版社，2004.

［2］（德）康德．历史理性批判文集［M］．何兆武译，北京：商务印书馆，1990.

［3］（德）康德．未来形而上学导论［M］．庞景仁译，北京：商务印书馆，1978.

［4］（德）康德．道德形而上学原理［M］．苗力田译，上海：上海人民出版社，1986.

［5］（德）康德．单独理性限度内的宗教［M］．李秋零译，北京：中国人民大学出版社，2003.

［6］（德）黑格尔．法哲学原理［M］．范扬等译，北京：商务印书馆，1961.

［7］（德）黑格尔．逻辑学［M］．梁志学译，北京：人民出版社，2002.

［8］（德）黑格尔．宗教哲学［M］．魏庆征译，北京：中国社会出版社，1999.

［9］（德）黑格尔．精神现象学（下卷）［M］．贺麟等译，北京：商务印书馆，1979.

［10］（德）黑格尔．黑格尔早期神学著作［M］．贺麟译，北京：商务印书馆，1988.

［11］（德）费尔巴哈．基督教的本质［M］．荣震华译，北京：商务印书馆，1995.

［12］（德）费尔巴哈．费尔巴哈哲学著作选集（下卷）［M］．北京：生活·读书·新知三联书店，1984.

［13］（英）亚当·斯密．国富论（上卷）［M］．郭大力，王亚南译，上海：三联书店，2009.

［14］（英）大卫·李嘉图．政治经济学及赋税原理［M］．郭大力，王亚南译，北京：商务印书馆，1962.

［15］（法）圣西门．圣西门选集［M］．第1卷，王燕生译，北京：商务印书馆，1979.

［16］（法）傅立叶．傅立叶选集［M］．第1卷，赵俊欣等译，北京：商务印书馆，1979.

［17］（法）傅立叶.傅立叶选集［M］.第3卷，汪耀三等译，北京：商务印书馆，1982.

［18］（法）傅立叶.欧文选集［M］.第2卷，柯象峰等译，北京：商务印书馆，1981.

［19］（法）傅立叶.欧文选集［M］.第2卷，柯象峰等译，北京：商务印书馆，1981.

［20］（英）安东尼·吉登斯，克里斯多弗·皮尔森.现代性——吉登斯访谈录［M］.尹宏毅译，北京：新华出版社，2001.

［21］（德）海德格尔.形而上学导论［M］.熊伟等译，北京：商务出版社，1996.

［22］（德）霍克海默，阿道尔诺.启蒙辩证法［M］.渠敬东，曹卫东译.上海：上海人民出版社，2006.

［23］（美）马泰·卡林内斯库.现代性的五副面孔［M］.顾爱彬等译，北京：商务印书馆，2002.

［24］（法）米歇尔·福柯.何为启蒙，福柯集［M］.上海：上海远东出版社，1998.

［25］（英）皮尔森.现代性与自我认同［M］.赵旭东等译，北京：新华出版社，2001.

［26］（美）马歇尔·伯曼.一切坚固的东西都烟消云散了［M］.徐大建，张辑译，北京：商务印书馆，2003.

［27］（法）阿尔都塞.保卫马克思［M］.北京：商务印书馆，2006.

［28］（英）吉登斯.现代性的后果［M］.田禾译，南京：译林出版社，2000.

［29］（德）马克斯·韦伯.新教伦理与资本主义精神［M］.北京：三联书店，1987.

［30］（匈）卢卡奇.历史与阶级意识［M］.杜章智等译，北京：商务印书馆，2004.

［31］（德）于尔根·哈贝马斯.现代性的哲学话语［M］.曹卫东译，南京：译林出版社，2004.

［32］（美）斯塔夫里阿诺斯.全球通史（下）［M］.吴象婴等译，北京：北

京大学出版社，2005.

[33]（德）于尔根·科尔.资本主义简史［M］.徐庆译，上海：文汇出版社，2017.

[34]（英）戴维·麦克莱伦.马克思主义以前的马克思［M］.李兴国等译，北京：社会科学文献出版社，1992.

[35]（波兰）科尔科夫斯基.马克思主义的主要流派［M］.唐少杰等译，哈尔滨：黑龙江大学出版社，2015.

[36]（南斯拉夫）普雷德拉格·弗兰尼茨基.马克思主义史［M］.胡文建等译，哈尔滨：黑龙江大学出版社，2015.

[37]（德）弗·梅林.马克思传（上下册）［M］.樊集译，北京：人民出版社，1965.

[38]（英）戴维·麦克莱伦.卡尔·马克思传［M］.第3版，王珍译，北京：中国人民大学出版社，2005.

[39]（法）让·鲍德里亚.消费社会［M］.刘成富，全志钢译，南京：南京大学出版社，2001.

学位论文类：

[1]张鹏.马克思关于"现代性"的批判与超越［D］.长春：吉林大学，2018.

[2]王鑫.马克思的现代性批判思想及其当代价值［D］.大连：辽宁师范大学，2018.

[3]余艳.马克思现代性批判理论及其当代价值［D］.西安：陕西师范大学，2017.

[4]刘艳.马克思的法的现代性思想研究［D］.北京：中共中央党校，2019.

[5]卢维良.马克思市民社会理论与现代性思想的内在关联研究［D］.北京：中共中央党校，2019.

[6]梁玉水."马克思与现代性批判"研究［D］.长春：吉林大学，2013.

[7]赵慧.现代性背景下的交往异化问题研究［D］.北京：中共中央党校，2019.

［8］卞邵斌.现代性视域中马克思的"社会"概念［D］.长春:吉林大学, 2008.

［9］张盾.现代性问题图景中的马克思哲学革命［D］.长春:吉林大学, 2004.

［10］冯新颖.西方马克思主义现代性批判理论及其当代意义［D］.北京: 中共中央党校,2012.

［11］刘霞.马克思的个人观及其现代性研究［D］.北京:中国社会科学院 研究生院,2018.

期刊报纸类:.

［1］欧阳康.马克思现代性理论的价值取向及其当代意义［J］.江海学刊, 2006（1）:31—38.

［2］丰子义.马克思现代性思想的当代解读［J］.中国社会科学,2005 （4）:53—62.

［3］邹广文.马克思的现代性视野及其当代启示［J］.中国人民大学学报, 2004（5）:59—66.

［4］衣俊卿.现代性的维度及其当代命运［J］.中国社会科学,2004（4）: 13—24.

［5］俞吾金.马克思对现代性的诊断及其启示［J］.中国社会科学,2005 （1）:4—10.

［6］罗骞.现代性批判的两种不同定向——论马克思资本批判与现代性哲学 话语的基本差异［J］.教学与研究,2005（7）:16—22.

［7］贺来.马克思哲学与"现代性课题"［J］.吉林大学社会科学学报, 2000（3）:24—29.

［8］吴晓明.论马克思对现代性的双重批判［J］.学术月刊,2006（2）: 46—52.

［9］俞吾金.现代性现象学（续）［J］.江海学刊,2003（2）:5—11.

［10］俞吾金.论马克思对德国古典哲学遗产的解读［J］.中国社会科学, 2006（2）:11—22.

［11］王虎学,王娟.马克思对德国古典哲学的"双重超越"［J］.理论探索,

2009（5）：24—27.

　　［12］张盾，袁立国．论马克思与古典政治经济学的理论渊源［J］．哲学研究，2014（3）：3—11.

　　［13］付泽宇．马克思对古典经济学的三重超越［J］．学术研究，2020（7）：37—42.

　　［14］薛俊强．论马克思对古典经济学抽象性的批判［J］．辽宁大学学报（社会科学版），2011（2）：23—27.

　　［15］俞吾金．马克思对康德哲学革命的扬弃［J］．复旦学报（社会科学版），2005（1）：28—34.

　　［16］鲁克俭．马克思思想的德国古典哲学来源［J］．马克思主义与现实，2010（4）：157—163.

　　［17］郗戈．"新现代性"：马克思现代性理论的建设性维度［J］．马克思主义研究，2013（4）：95—102.

　　［18］张鹏，李桂花．马克思"现代性"批判的双重解读和内在超越［J］．社会科学家，2018（2）：61—65.

　　［19］白刚．资本逻辑与现代性——马克思哲学视野中的现代性批判［J］．学海，2013（2）：149—153.

　　［20］张明．"革命的现代性"：毛泽东重构中国现代性的双重维度［J］．现代哲学，2018（5）：338—345.

　　［21］任平．论现代性的中国道路及其世界意义［J］．马克思主义与现实，2018（1）：1—8.

　　［22］卢德友，杨士喜．"中国道路"与新型现代性构建［J］．天津社会科学，2019（2）：17—21.

　　［23］曹峰．超越西方现代性：对中国道路本质的尝试性解读［J］．中共天津市委党校学报，2013（5）：45—53.

　　［24］曹峰．论中国道路对西方现代性道路的三重超越［J］．云南行政学院学报，2013（4）：4—7.

　　［25］陈志刚．中国特色社会主义道路与现代性模式的新探索［J］．毛泽东思想研究，2009（1）：8—13.

　　［26］陈学明．从马克思的现代性批判理论看中国道路的合理性［J］．马克

思主义与现实，2018（6）：153—161.

［27］刘同舫.启蒙理性及现代性：马克思的批判性重构［J］.中国社会科学，2015（2）：4—23.

［28］唐爱军.中国道路：超越资本现代性［J］.北京大学学报（哲学社会科学版），2020（3）：23—31.